IT에
몸담은 이들을 위한
지적생산기술

ENGINEER NO CHITEKI SEISANJUTSU: KORITSUTEKI NI MANABI, SEIRISHI, OUTPUT SURU by Hirokazu Nishio

Copyright ⓒ 2018 Hirokazu Nishio

All rights reserved

Original Japanese edition published by Gijutsu-Hyoron Co., Ltd., Tokyo

This Korean language edition published by arrangement with Gijutsu-Hyoron Co., Ltd., Tokyo in care of Tuttle-Mori Agency, Inc., Tokyo through Danny Hong Agency, Seoul.

이 책의 한국어판 저작권은 대니홍 에이전시를 통한 저작권사와의 독점 계약으로 제이펍에 있습니다.
저작권법에 의해 한국 내에서 보호를 받는 저작물이므로 무단전재와 복제를 금합니다.

1쇄 발행 2019년 10월 14일   **2쇄 발행** 2020년 4월 30일

지은이 니시오 히로카즈
옮긴이 김완섭
펴낸이 장성두
펴낸곳 주식회사 제이펍

출판신고 2009년 11월 10일 제406-2009-000087호
주소 경기도 파주시 회동길 159 3층 3-B호
전화 070-8201-9010 / **팩스** 02-6280-0405
홈페이지 www.jpub.kr / **원고투고** jeipub@gmail.com
독자문의 readers.jpub@gmail.com / **교재문의** jeipubmarketer@gmail.com

편집팀 이종무, 이민숙, 최병찬, 이주원 / **소통·기획팀** 민지환, 송찬수 / **회계팀** 김유미
진행 이주원 / **교정·교열** 배규호 / **내지디자인** 최병찬 / **표지디자인** 미디어픽스
용지 에스에이치페이퍼 / **인쇄** 한승인쇄 / **제본** 광우제책사

ISBN 979-11-88621-71-2 (03000)
값 24,000원

제이펍은 독자 여러분의 아이디어와 원고 투고를 기다리고 있습니다. 책으로 펴내고자 하는 아이디어나 원고가 있는 분
께서는 책의 간단한 개요와 차례, 구성과 제(역)자 약력 등을 메일로 보내주세요.   (보내실 곳: jeipub@gmail.com)

IT에 몸담은 이들을 위한 지적생산기술

니시오 히로카즈 지음 / 김완섭 옮김

제이펍

차례

제 1 장 | 새로운 것을 배우려면 ──────── 1

옮긴이 머리말

이 책의 저자가 2012년에 집필한 《코딩을 지탱하는 기술》은 일본뿐만 아니라 한국에서도 많은 사랑을 받았고, 아직도 언급되는 개발서 중 한 권이다. 해당 도서는 내가 번역 일을 막 시작했을 때(두 번째 책) 우연히 맡게 된 책이다. 이번에 공교롭게도 같은 저자의 다른 책을 한국에 소개하는 역할을 약 7년 만에 다시 맡게됐다. 어느새 세월이 흘러서 이번 책이 40여 번째 번역서다(자세하게 세어 보지 않아서 정확하지는 않다).

이번 책을 번역하면서 느낀 점은 그간 성장한 것이 나만이 아니라는 점이다. 저자 역시 대학교수까지 겸임하며 여러 대학에 출강하고 있는데, 그런 데서 오는 연륜이 이 책에 고스란히 담겼다. 그동안 발전한 저자의 생각 방식이나 논리적인 글의 흐름은 혀를 내두를 정도다.

이 책은 IT 서적이라 보기에는 다루는 범위가 너무 방대하다. 책에서 다루는 지적 생산 기술은 IT를 넘어서 일반적인 직장 생활이나 가정에서도 다룰 수 있는 실용적이며 구체적인 기법이다. 정보를 어떻게 수집할 것인지, 아이디어는 어떻게 만들어 내는지, 이를 장기간 기억하려면 어떻게 해야 하는지 등에 대해 상세하게 다룬다. 또한, 결정적으로 여타 IT 서적과 크게 차별화되는 것은 시간이 흘러도 적용할 수 있는 기법을 알려 준다는 것이다. IT 기술 자체가 빠르게 변하기에 대부분의 관련 서적은 1~2년 사이에 쓸모없는 지식이 되기 쉽다. 하지만 이 책은 10년, 20년이 지나도 활용할 수 있는 내용으로 가득 차 있다.

《코딩을 지탱하는 기술》이 한국의 많은 IT 종사자들에게 영향을 주었듯이, 이 책도 또 다른 좋은 바람을 몰고 오길 기대해 본다. 그리고 저자의 말대로 오랜 세월이 지나도 사랑받는 스테디셀러로 자리 잡기를 기대해 본다.

싱가포르에서
옮긴이 **김완섭**

시작하며

이 책의 목적

지적 생산 기술을 가르쳐 주는 참고 서적이 필요했다. 이 말은 내가 지적 생산 기술을 다른 사람에게 가르칠 때 추천해 줄 말한 책이 필요했다는 이야기다.

사이보즈에서 지적 생산 기술을 연구하기 위해 10년을 매달렸다.[1] 업무의 일환으로 교토대학 서머 디자인 스쿨에서 생각을 정리해서 결과를 창출하는 방법을 가르치거나, 수도대학도쿄의 비상근 강사로 대학생을 대상으로 연구와 관련된 새로운 지식을 창출하는 방법에 관해 가르쳤다. 하지만 제한된 시간 동안 모든 것을 가르칠 수 없었다. 참고 서적을 소개한다고 해도 너무 많이 소개하면 읽지 않는다. 내가 전달하고 싶은 것이 모두 담긴 한 권의 책이 필요했다.

하지만 그런 책이 존재하지 않았다. 굳이 한 권을 추천해야 한다면 가와키타 지로(川喜田 二郎)의 《발상법》[2]을 추천하지만, 이 책은 1966년에 출간된 책이다. 이 책이 가르치는 추상적인 사고방식은 지금도 충분히 유효하지만, 구체적인 방법론은 50년 전의 기술 수준을 전제로 하고 있어서 적용이 어렵다는 사람도 많다.

---

1   사이보즈(Cybozu)는 그룹웨어를 개발하는 소프트웨어 회사다. 그룹웨어는 여러 명으로 구성된 그룹에서 사용하기 위한 소프트웨어로, 기업이 그룹웨어를 도입해야 하는 이유는 직원의 생산성이 오르기 때문이다. 저자는 그룹웨어가 단순한 작업의 생산성뿐만 아니라 지식을 창출하는 일의 생산성도 높일 수 있다고 생각하고 있다. 따라서 기업은 그룹웨어를 통한 지식 창출에 주력해야 한다고 본다.
2   《발상법-창의력 개발을 위해서(発想法——創造性開発のために)》(가와키타 지로 저, 중앙공론신사, 1966). 개정판으로 《발상법 개정-창의력 개발을 위해서(発想法 改版——創造性開発のために)》가 2017년에 출판됐다.

그래서 다음 50년을 위한 책이 필요해 보였고, 없다면 직접 만들어 보자는 생각에서 이 책이 탄생했다.

2013년에 프로그래밍 언어를 비교를 통해 배우는 《코딩을 지탱하는 기술》[3]을 집필했다.[4] 이 책은 출간 후 수년이 지난 지금도 언급되는 스테디셀러가 되었다. 집필 과정에서 지적 생산이 이루어진 것이 분명하다. 그렇다면 집필 과정에서 사용한 기법을 다른 사람도 사용할 수 있도록 설명하고 싶었다.

《코딩을 지탱하는 기술》의 집필 시점에는 가와키타의 KJ법을 사용했다. 또한, 서적 내용에서는 '여러 프로그래밍 언어를 비교해서 다른 점과 같은 점을 이해해 보자'는 접근법과 '프로그래밍 언어는 사람이 만든 것으로 목적이 있었기 때문에 만든 것이다. 그 목적에 주목하자'라는 접근법을 사용했다. 이번에는 '프로그래밍 언어' 대신에 '지적 생산 기술'에 동일한 접근을 사용하고 싶었다. 그렇게 해서 탄생한 것이 이 책이다.

지적 생산이란?

지적 생산이란 지식을 이용해서 가치를 창출하는 것이다. 구체적으로는 집필이나 프로그래밍 등이 이에 해당한다. 이외에도 다양한 곳에 지적 생산 기술의 기회가 있다. 나는 스스로 만들어 낸 새로운 지식이 높은 가치의 지적 생산을 위해 중요하다고 생각한다. 다른 사람에게서 받은 지식을 사용하는 것만으로는 의미 있는 가치가 만들어지지 않는다.

프로그래밍을 예로 들어 생각해 보자. 교과서에 나오는 코드를 단순히 복사해서 실행하면 대부분의 경우는 달성하고자 하는 목적을 달성할 수 없다. 목적을 이루기 위해서는 예제 코드를 완전하게 이해해서 자신의 상황에 맞게 수정하고 조합해서 새로운 프로그램을 만들어 보아야 한다. 지적 생산 기술도 마찬가지다. 책에 있는 지식을 복사만 하는 것이 아니라 수정하고 조합해서 새로운 기법을 만들어 보아야 한다.

---

3   《코딩을 지탱하는 기술(コーディングを支える技術)》(니시오 히로카즈 저, 김완섭 역, 비제이퍼블릭, 2013)
4   옮긴이 역자가 번역해서 한국에 소개한 책이기도 하다.

이 책을 통해 얻을 수 있는 것

이 책을 읽으면 지적 생산 기술을 배울 수 있다. 다음으로 이 책을 검수해 준 분들의 몇몇 후기를 소개한다.

- 이전에는 전혀 생각해 보지 못한 것들을 깨닫게 됐다
- 무의식적으로 해왔던 것들을 언어화할 수 있게 됐다
- 실제로 적용할 수 있는 내용으로 가득 차 있어서 빨리 실행해 보고 싶다

이 책을 통해 자기가 모르던 단점을 깨닫고, 자신의 경험이 언어화돼서 실제로 적용(개선)할 수 있을 것 같아 설렌다는 감상이 주된 평이었다.

한편, 반대 의견도 있었다.

- 내용이 구체적이지 않다
- '그래서 어떻게 하면 되지?'를 가르쳐 주지 않는다

재료가 갖추어지지 않으면 결합할 수 없다. 내용이 구체적이지 않다고 느끼는 것은 자신의 경험이 부족하기 때문이다. 이 책을 읽고 와닿지 않는다면 재료(경험)가 부족한 것이다. 하지만 걱정하지 않아도 된다. 경험은 일상을 통해 여러분 안에 쌓여 가고 있다. 언젠가 '아, 이거구나' 하고 깨닫는 날이 올 것이다. 반년이 지난 후에 다시 이 책을 읽어 보자. 분명 그동안 깨달은 것이 있을 것이다.

프로그래밍은 어떻게 배워야 하나?

지적 생산 기술을 터득하려면 '학습 방법'에 관해 배워야 한다. 학습 방법은 추상적이므로 먼저 프로그래밍이라는 구체적인 예를 통해 접근하겠다. 프로그래밍 학습 과정은 '정보 수집, 모델화, 검증'의 3요소를 반복하는 것이라 생각한다.[5]

---

5   참고: 《엔지니어의 학습법(エンジニアの学び方)》(니시오 히로카즈 저, 기술평론사, 2014)

학습은 정보 수집, 모델화, 검증의 반복

먼저, 구체적인 정보를 수집한다

첫걸음은 구체적으로 정보를 수집하는 것이다. 프로그래밍을 배울 때 대부분은 다른 사람이 작성한 프로그램을 읽는 것부터 시작한다. 또한, 읽는 것에 그치지 않고 따라서 작성해 보는 기법도 자주 사용된다. 이것이 '구체적인 정보 수집'에 해당한다. 이 책에서도 정보 수집을 위해 지적 생산과 관련된 몇 가지 과제와 그 해결책을 제시한다. 이것은 프로그래밍에서의 예제 코드에 해당한다.

추상화해서 모델을 만든다

구체적인 정보 수집을 거쳐 머릿속에 재료가 모였다면 다음은 '추상화'가 필요하다. 추상화는 여러 구체적인 정보로부터 공통된 패턴을 발견하거나 중요한 부분이 어디인지 판단하는 것과 연관돼 있다.

여러 가지를 비교해서 공통점을 찾아내는 것이 추상화에 도움을 준다. 'Hello, World!로 표시되는 코드'를 프로그래밍 언어인 파이썬(Python)으로 작성한 코드를 살펴보자.

Hello, world!로 표시되는 코드 ①
```
print("Hello, world!")
```

출력 결과
```
Hello, world!
```

파이썬에 관한 지식이 없는 사람도 이 코드의 출력 결과를 보면 공통 부분을 찾아낼 수 있다. 이것이 패턴의 발견이다.

여러분이 도출해 낸 패턴
```
print("분명 여기에 적은 것이 표시된다")
```

만약 'Bye, world!를 출력하고 싶다'면 어디를 어떻게 변경하면 되는지 알 수 있을 것이다. 즉, 패턴을 발견하면 자신의 목적에 맞게 프로그램을 수정할 능력이 생기는 것이다.

다음의 코드도 파이썬으로 작성한 것으로서 'Hello, world!로 표시되는 코드'이지만, 파이썬을 처음 접하는 사람에게 보여 주면 수정할 수 없다. 출력되는 'Hello, world!'와 코드 사이에 공통점을 찾을 수 없기 때문이다.[6]

Hello, world!로 표시되는 코드 ②
```
print("". join( map( chr, [72, 101, 108, 108, 111, 44, 32, 119, 111, 114,
108, 100, 33])))
```

이 책에서는 지적 생산 기술을 비교해서 스스로가 지적 생산 모델을 만들 수 있게 도움을 줄 것이다.

실행을 통해 검증한다

여기까지 패턴을 도출해서 '파이썬으로 Bye, world!를 출력하고 싶을 때 이 부분을 이렇게 수정하면 될 것 같은데'와 같이 생각할 수 있는 능력을 얻었다.

여러분이 도출해 낸 패턴
```
print("분명 여기에 적은 것이 표시된다")
```

'Bye, world!'를 출력할 것으로 생각되는 코드
```
print("Bye, world!")
```

---

6   눈치가 빠른 사람은 코드 1과 코드 2를 비교해서 "". join부터 시작하는 복잡한 코드가 "Hello, world!"라는 문자열을 만들고 있다는 것을 생각할 수도 있다. 정답이지만, 이 책은 파이썬 기술서가 아니므로 자세히 설명하지는 않는다.

하지만 이것은 어디까지나 가설이다. 정말 그 방법으로 'Bye, world!'를 출력한다'
는 목적을 달성할 수 있는지는 실제로 시도해 보지 않으면 모른다. 이 구체적인
예에서는 시도를 통해 목적을 달성할 수 있음을 알 수 있다.

그러면 여러 줄로 나누어 'Hello, (줄바꿈) world!'를 출력하고 싶다면 어떻게 해야
할까? 가설이 맞다면 이렇게 작성하면 된다.

```
'Hello, (줄바꿈) world!'를 출력할 것으로 생각되는 코드
print("Hello,
world!")
```

실행해 보면 구문 오류가 발생해서 원하는 대로 동작하지 않는다. 이것은 실패가
아니다. '이 방법으로는 잘 안 된다'라는 구체적인 정보를 발견한 것이다. 이것은
'학습 기회'다. '왜 생각한 대로 동작하지 않는 거지?' 하고 고민하므로 더 깊이 있
게 이해할 수 있게 된다.

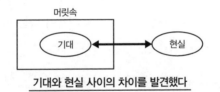

기대와 현실 사이의 차이를 발견했다

이 예에서는 '줄바꿈을 print하고 싶을 때 단순히 줄바꿈을 넣어서는 안 된다'라
는 사실을 발견했다. 다음은 이 과제의 해결 방법을 찾아보자. 예를 들어, 검색
엔진 등을 사용해 찾아보면[7] 도움이 될 만한 정보를 가진 코드를 발견할 수 있
다. 이 예제 코드는 'Hello, (줄바꿈) world!'를 출력하는 방법을 직접 가르쳐 주는
것은 아니다. 분명 다른 무언가를 표시하기 위한 코드일 것이다. 하지만 이 새로
운 예제 코드를 지금까지 발견한 정보와 비교하면 패턴을 도출해서 '아, 이렇게
작성하면 목적을 달성할 수 있겠다'라는 새로운 가설을 만들어 낼 수 있다.

---

7   구체적으로는 구글에서 "파이썬 줄바꿈 print" 또는 "Python linefeed print"라고 검색해 보면 된다.

구체적인 정보를 수집해서 비교하고, 패턴을 발견해서 실행을 통해 검증한다. 그리고 기대와 현실 사이의 차이를 발견하고 다시 정보를 수집한다. 이 사이클을 반복하면 프로그래밍 능력을 얻을 수 있다. 즉, 사이클을 반복하다 보면 새로운 프로그램을 만들어 내는 능력이 향상되는 것이다. 지적 생산 기술의 학습 방법도 같다. 구체적인 정보 수집, 비교를 통한 패턴 발견, 실행을 통한 검증을 반복해서 학습해 나가는 것이다.[8]

이 책의 흐름

'**1장 새로운 것을 배우려면**'에서는 정답이 없는 것을 어떻게 배우면 될지 생각해 본다. 즉, 암기력이 아닌, 상황에 따른 능력을 얻기 위해서 '사이클을 반복해서 학습하는 방법'을 자세히 설명한다.

학습 사이클을 반복하려면 연료로 '동기부여'가 필요하다. '**2장 동기부여를 하려면**'에서는 어떻게 하면 의욕을 지속할 수 있는지 의욕이 없는 사람들 1만 2,000명의 데이터를 바탕으로 설명한다.

배운 것은 기억해야 한다. '**3장 기억을 단련시키려면**'에서는 뇌라는 하드웨어의 구조 및 학습 방법과 관련된 실험 결과 그리고 소프트웨어를 통해 기억 효율을 개선하는 방법을 소개한다.

책을 너무 많이 사서 책이 쌓여 있는 사람이 많을 것이다. '**4장 효율적으로 읽으려면**'에서는 독서를 중심으로 한 정보 입력의 효율 개선을 위해 속독과 느리게 읽는 방법을 비교해 본다.

'**5장 생각을 정리하려면**'은 출력에 관한 내용이다. '배운다 = 입력'이라고 생각하기

---

8 (옮긴이) 개인적으로도 많이 공감하는 학습 방법이다. 새로운 프로그래밍 언어를 배울 때 다른 언어에 어느 정도 경험이 있으면 이 사이클을 통해 언어를 쉽게 익힐 수 있다. 즉, 다른 언어를 통해 얻은 경험을 바탕으로 새로운 언어의 패턴을 쉽게 파악할 수 있다.

쉽지만, 입력만이 아니라 출력해서 검증해 보는 것이 중요하다. 하지만 입력이 많아서 지식량이 늘어나면 그것을 정리해서 전달하는 것이 어려워진다. 사람은 머릿속의 지식을 다른 사람에게 통째로 복사해 줄 수 없다. 뇌 속의 지식 신경망을 자르거나 묶고 재정렬해서 언어나 그림으로 변환하는 작업이 필요하다. 이 장에서는 수많은 입력을 다른 사람에게 출력할 수 있게 정리하는 방법을 소개하는데, 가와키타의 KJ법과 나의 집필 방법을 바탕으로 설명한다.

지적 생산 기술은 새로운 아이디어를 떠올리는 능력이라고 생각하는 사람이 많다. 나는 '아이디어를 떠올린다'와 '깊이 있게 이해한다', '패턴을 발견한다'에는 공통적인 요소가 있다고 본다. **'6장 아이디어를 떠올리려면'**에서는 아이디어를 도출해서 실행하는 방법을 생각해 본다.

이외에도 다루고 싶은 내용이 많지만, 지면이 한정돼 있다. 1장~6장에서는 '무엇을 배울 것인가(what)'는 정해져 있다는 것을 전제로 '어떻게 배울 것인가(how)'를 설명한다. 하지만 나는 how보다 what이 중요하다고 생각한다. **'7장 무엇을 배울지 정하려면'**에서는 이에 대해 알아볼 것이다.

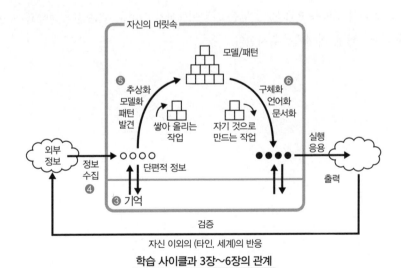

학습 사이클과 3장~6장의 관계

감사의 글

이 책은 집필 단계부터 많은 독자가 검수에 참여했으며, 3주에 한 장꼴로 공개하고 수정하는 애자일(Agile) 개발 기법을 적용했다. 감사의 마음을 담아 검수에 참여해 준 분들을 아래에 소개한다(존칭 생략 및 순서 의미 없음).

나카야마, 콘도, kuboon, 타로, KUBOTA Yuji, 하라다, 스즈키, 카토, 쇼지, 시부, @windhole, hatone, 아다치, Takuya OHASHI

그리고 나의 설명을 인내심 있게 듣고서 이해하기 어려운 부분을 지적하고 개선안을 제안해 준 아내에게 감사한다.

베타리더 후기

🦋 박기훈(한국생산성본부)

체계적으로 새로운 지식에 대한 학습 방안과 공부법에 대해 잘 설명하고 있습니다. 프로그래밍 학습은 마치 목공소에서 의자를 만드는 것과 같아서, IT 측면으로만 생각하고 막연한 두려움을 갖는 사람들에게 거리감을 줄일 수 있게 합니다. 또한 IT뿐 아니라 동기부여 방법, 우선순위를 정해 효율적으로 일하는 방법과 지식의 생산이란 관점에서 아이디어의 경작 ➡ 발아 ➡ 성장 단계별로 바로 활용할 수 있도록 만들어진 멋진 책이라고 생각합니다. 아울러 대부분 단순히 소개에만 그치는 책들이 많은데, 저자 본인이 직접 활용하여 체득한 경험이 녹아 있는 내용으로 잘 작성되어 있습니다. 게다가 이해하기 쉽도록 정리가 깔끔하고, 실생활에 바로 적용할 수 있는 내용으로 번역과 다듬기가 잘 되어 있어서 옮긴이와 편집자의 수고가 느껴지는 좋은 책이었습니다.

🦋 이현수(무스마 기술연구소)

이 책의 저자는 무언가를 배우면 체계적으로 정리를 잘해서 지식을 쌓고 확장해 가며 활용을 잘하는 분인 것 같습니다. 그래서 다른 사람에게도 이 방법을 알려 주려고 이 책을 썼다고 합니다. 저자의 뜻에 완전 설득당할(?) 수 있도록 곁에 두고 계속 읽고 따라 해볼까 합니다. 매끄러운 번역으로 인해 내용도 잘 이해할 수 있었습니다.

🦋 조형재(웨이비(WAVY))

종종 "프로그래밍 실력을 키우려면 어떻게 해야 하나요?"라는 질문을 받습니다. 그러면 저는 프로그래밍을 직접 해봐야 실력이 느니까 프로그래밍을 많이 하라고 답했습니다만 이 책을 보고 조금 생각이 바뀌었습니다. 프로그래밍 실력을 최대한 빠르게 키우고 싶은 분이라면 이 책에서 힌트를 얻으실 수 있다고 생각합니다. 책이 참 깔끔하고 좋네요. 내용도 어렵지 않고 좋습니다. 일본어를 몰라 번역이 정확한지는 잘 모르겠지만 한글로 읽었을 때 평이하게 잘 읽히는 문장이었습니다.

🦋 최용호(넥슨 코리아)

이번 책을 읽으면서 저자가 공부 방법과 생산성 향상을 위해 굉장히 많은 고민과 연구를 했음을 느낄 수 있었습니다. 최근에 다양한 업무를 맡게 되어 머릿속이 복잡하고 무엇을 먼저 해야 할지 난감하고, 이로 인해 생산성이 떨어지는 경험을 했었는데, 책에서 이런 경우에 대한 해결책도 제시해 주어 많은 도움이 되었습니다. 또한, 출/퇴근 시간에도 책에서 제안하는 방법을 적용하여 더 효율적으로 업무를 해낼 수 있었습니다. 업무 생산성 향상에 관심이 많은 독자들에게 추천합니다!

제이펍은 책에 대한 애정과 기술에 대한 열정이 뜨거운 베타리더들로 하여금
출간되는 모든 서적에 사전 검증을 시행하고 있습니다.

제 **1** 장

새로운 것을 배우려면

'시작하며'에서 학습 사이클이 '정보 수집, 모델화, 검증'의 3요소로 구성된다는 것을 간략히 소개했다. 이 장에서는 이 3요소를 하나씩 자세히 살펴볼 것이다.

학습 사이클

이 장에서 다룰 내용을 쉽게 이해하기 위해, 먼저 내가 어떻게 학습 사이클을 생각하고 있는지 그림을 통해 소개하겠다.

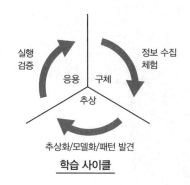

학습 사이클

'시작하며'에서 다룬 학습 사이클에서는 정보를 수집하고 모델화해서 검증한다는 세 가지 요소를 보았다. 이 세 가지 요소는 각각 세 개의 방향을 가리킨다. 정보수집은 수평으로 뻗어가는 모습이다. 모델화는 높게 쌓아 올라가는 모습이고, 검증은 뒤에 숨어 있는 모습이다.

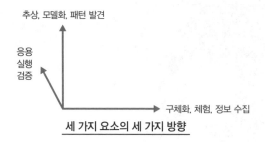

세 가지 요소의 세 가지 방향

정보 수집

여기서는 정보를 상자에 비유해 보겠다. 정보 수집은 많은 상자를 모아서 일렬로 배열하는 작업이다. 하지만 정보 수집만 많이 하면 상자가 계속 옆으로 늘어날 뿐 쌓여 올라가지는 않는다.

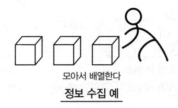

모아서 배열한다
정보 수집 예

모델화 및 추상화

모델화 및 추상화는 상자를 쌓아 올리는 것과 같다.[1] 정보 수집을 통해 모은 상자 위에 새로운 상자를 하나씩 쌓아 간다. 지지가 될 토대 없이 공중에 상자를 쌓을 수는 없다. 따라서 정보 수집을 통해 모은 상자를 토대로 그 위에 상자를 쌓으므로 높은 곳을 목표로 할 수 있다. 이 예에서 '추상적'이란 말은 높은 곳에 위치한 것이고, '구체적'이란 말은 낮은 곳에 위치한 것을 뜻한다.

토대 없이 공중에 상자를 두려고 하면 아래로 떨어진다. 추상적인 개념만 배우려고 하면 단순히 정보를 통째로 외우는 것에 지나지 않는다. 상자가 떨어진 사람은 해당 개념을 구체적으로 이해할 수 없다.

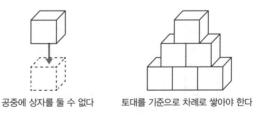

공중에 상자를 둘 수 없다   토대를 기준으로 차례로 쌓아야 한다
모델화와 추상화 예

---

1   우리말로는 '깊이 있는 이해'로 아래 방향을 의미하지만, 이 책에서는 수집한 지식이 토대가 되므로 위로 쌓아 올리는 것이 더 자연스러운 해석으로 보고 있다.

위에 쌓을 수 있는 것에는 수집한 상자만 있는 것은 아니다. 수집한 상자를 관찰해서 새로운 상자를 만들 수도 있다. 이 새로운 상자를 만드는 작업, 즉 추상적인 지식을 만들어 내는 것이 '모델화'다. '모델'이란, 위에 쌓이는 상자와 같다.

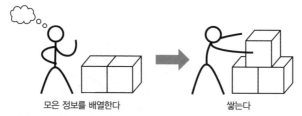

모은 정보를 배열한다   쌓는다

모델화: 모은 정보를 배열한다. 그리고 생각을 거쳐 위에 상자를 쌓는다

예를 들어, 책에 있는 문장은 이미 글로 표현되는 단계에서 저자의 구체적인 경험이 아닌 여러 정보가 누락된 추상적인 정보가 된다. 저자는 구체적인 예 등을 넣어서 토대가 될 상자를 제공하려고 노력하지만, 여러분이 어떤 지식을 가지고 있는지 모르므로 토대가 되는 상자가 모자랄 수도 있다. 이럴 때는 스스로 생각해서 부족한 상자를 만들어야 한다.

상자는 쌓는 도중에 무너질 수 있다. 수학적 지식은 정사각형 블록과 같다. 반면, 다른 분야의 블록은 모양이 규칙적이지 않다. 수학에서는 블록을 정확하게 쌓아서 매우 높은 성을 만들 수 있다. 추상도가 아주 높은 지식에 도달하는 것이다. 하지만 다른 분야에서는 수학과 같은 수준으로 상자를 쌓으려고 하면 무너져 버린다. 따라서 많은 정보를 수집해서 많은 상자를 지탱하려면 피라미드 형태로 쌓아야 한다.

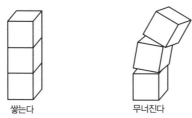

쌓는다   무너진다

수학에서는 정확하게 쌓을 수 있지만, 다른 분야에선 무너져 버린다

여기서는 정보 수집의 구체적인 예를 들어 보겠다. 먼저, 파이썬에는 리스트(List)라는 것이 있다.

파이썬: 리스트 예
```
[1, 2, 3]
```

튜플(tuple)이라는 것도 있다.

파이썬: 튜플 예
```
(1, 2, 3)
```

지금 여러분은 두 가지 새로운 정보를 얻었다. 이것이 정보 수집에 의해 두 개의 상자를 얻고 배열한 상태다.

리스트(List)와 튜플(Tuple)은 매우 닮았다. 도대체 뭐가 다른 것일까? 이 의문이 학습의 원동력이 된다. 그리고 이 원동력에 자극을 받아 차이점을 조사하거나 프로그램의 리스트 부분을 튜플로 바꿔 보거나 튜플을 리스트로 바꿔 보게 된다. 이런 활동으로 새로운 지식을 얻을 수 있다. 나는 이 활동을 두 개의 상자 위에 새로운 상자를 쌓는 것이라 여긴다.

실행 및 검증

실행을 통해 자신이 이해한 것을 검증하는 행위는 정보 수집이나 모델화에 비해 눈에 잘 띄지 않는다. 예를 들어, 프로그램을 작성할 때 실행을 통해 잘못된 것을 발견하면 수정한 후에 다시 실행한다. 이런 식의 시행착오를 거쳐서 작성된 최종 코드에는 중간 변경 과정이 남지 않는다. 실험을 반복해서 새로운 것을 만들고 그것을 발표한다고 하자. 이때도 역시 수많은 실패 케이스는 언급되지 않는다. 실행을 통한 검증 과정은 최종 결과 뒤에 숨겨져 있으므로 학습 사이클 내에서도 이 검증 단계를 놓치기 쉽다.

토머스 에디슨(Thomas Alva Edison)은 백열전구를 완성하기까지 수백만 번의 실험을 했지만, 그 실험의 대부분은 실패했다. 이것을 '수많은 실패'라고 언급한 한 기자에게 에디슨은 이렇게 말했다. "나는 실패한 적이 없다. 1만 번의 잘못된 방법을 찾은 것뿐이다."[2]

프로그래밍도 그렇다. 프로그램을 작성해서 처음 실행할 때는 제대로 실행되지 않을 확률이 매우 높다. 기대와 현실 사이의 차이에 주목해 보자. 왜 기대한 대로 실행되지 않는 것일까? 어디까지 기대한 대로 실행되고 어디가 틀린 것일까? 이 의문을 해결해 가며 몇 번이고 수정해서 결국에는 제대로 실행되는 프로그램이 완성된다.

이 시행착오의 과정은 다른 사람에게는 잘 보이지 않지만, 적어도 나는 하나의 성공 사례를 공개하기 위해 수많은 시행착오를 거치고 있어서 이것을 잘 알고 있다. 또한, 교과서에 없는 질문에 대답하려는 사람들도 이런 시행착오를 거치고 있다는 것을 안다.

상자를 예로 들면, 시행착오는 상자가 안쪽 방향으로 놓이는 것과 같다. 정면에서 보면 마지막에는 성공한 방법의 상자만 보인다. 다른 사람의 활동을 보고 '어떻게 이 방법을 생각해 낸 거지? 나는 할 수 없는 생각이야. 이 사람은 천재인 것이 분명해'라고 생각할 수도 있다. 이것은 여러분이 가장 앞에 놓인 상자만 보고 있기 때문이다.

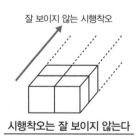

잘 보이지 않는 시행착오

시행착오는 잘 보이지 않는다

---

2   "I have not failed. I've just found 10,000 ways that won't work." 참고로 에디슨이 실제로 이 말을 했는지는 아직 명확하지 않다.

학습 사이클을 돌리는 원동력: 의욕

학습 사이클을 돌리려면 원동력이 필요하다. 이 원동력은 의욕에서 온다. 2장에서는 의욕에 관해 언급한 1만 2,000명 이상의 조사 데이터를 바탕으로 상세히 설명하겠지만, 여기서는 그 전제가 되는 부분을 간단히 살펴보겠다.

대학 이전과 이후의 학습 방법 차이

중고등학교의 전형적인 학습 방법은 선생님이 가르치는 방식이고, 대학교부터는 점차 스스로 공부하는 방식으로 바뀐다. 이 두 가지 방법을 비교해 보자. 전자를 수동적 학습법, 후자를 능동적 학습법이라고 부르기로 한다.

■── 교과서가 주어진다

먼저, 수동적인 학습법에서는 무엇을 배울지 결정하는 것은 타인이다. 중고등학교에서는 정해진 시간표를 따른다. 교과서에 있는 것은 맞고 그렇지 않은 것은 틀리다고 인식된다. 어떤 교과서를 사용할지도 스스로 결정할 수 없다. 여러분이 할 수 있는 것은 교과서가 주어지면 그냥 받는 것이다. 한편, 능동적 학습법에서는 무엇을 배울지를 자신이 정한다. 어떤 교과서를 사용할지도 자신이 정한다. 분야에 따라서는 원하는 교과서가 존재하지 않을 수도 있다.

수동적 학습법과 능동적 학습법의 비율은 대학교부터 역전된다.

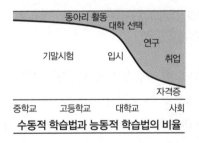

수동적 학습법과 능동적 학습법의 비율

대학에서는 '선생님이 가르치는 것이 아니라 스스로 배운다'는 자세가 요구된다. 예를 들어, 선택 과목이라는 형태로 자신이 무엇을 배울지 결정해야 한다. 또한,

참고 도서를 알려 주어도 그것을 구매할지의 판단은 본인이 해야 할 경우가 많다. 졸업 연구에서는 자신이 주제를 정하고 공부해서 새로운 지식을 만들어 내야 한다. 하지만 이런 능동적 학습법을 따라가지 않고서 그냥 대학을 졸업하는 사람도 꽤 있다.

중학교의 기말시험에서는 정해진 답과 일치해야 정답이라고 인정된다. 하지만 대학의 연구에서는 아직 누구도 정답을 발견하지 않은 문제에 대해 답을 찾아야 한다. 중학교 기말시험의 문제는 수업 시간에 배운 '바른 방법'대로 하면 반드시 답이 나오게 만들어져 있다. 하지만 대학이나 사회에서 접하는 미해결 문제에는 확실한 답이 정해져 있지 않다. 만약 확실하게 답을 낼 수 있는 방법이 있다면 그 문제는 이미 누군가가 해결한 문제다. 지도 교수가 연구 방법을 조언해 줄 수는 있지만, 그것은 '확실한 해결 방법'이 아니라 '해결할 가능성이 높은 방법'에 지나지 않는다. 배운 대로 행동한다고 해도 확실한 성과를 얻을 수 있다는 보장은 없다. 자신이 능동적으로 배우고 생각해야 한다.

수동적인 학습법에만 머무른다면 주변 사람들은 '이 사람은 지시한 것밖에 하지 않는 사람'이라고 생각해서 정해진 패턴의 일만 제공하려 들 것이다. 스스로 학습하는 것이 불가능한 사람의 사고방식을 바꾸기 어렵기 때문이다.

■── 학습 시간은 어느 정도인가?

다음은 시간에 관해 생각해 보자. 중학생 때는 일주일에 5~6일 정도 학교에 가서 하루에 몇 시간씩 강제로 수업을 들어야 했을 것이다. 반대로 말하면 하루의 학습 시간이 어느 정도 유지돼 있었다. 대학생도 배우고 싶은 것을 배우려면 많은 시간을 할애해야 한다.

일반 사회인이 되면 학생 때 학습을 위해 사용했던 시간은 일을 위해 사용된다. 학습을 위한 시간을 별도로 주는 사람이 없으므로 자신이 스스로 시간을 확보해야 한다. 출근 시간이나 새벽 시간을 학습에 사용하는 사람도 있다. 근무 시간 중에 배우고 싶은 것을 배울 수 있는 환경이라면 매우 운이 좋은 경우다.

■── 학습에 필요한 돈은 누가 지불하나?

학습에 드는 비용에도 시간과 비슷한 점이 있다. 예를 들어, 대부분의 중학생은 생활비인 식비, 주거비와 학습 비용인 학비를 부모가 지불한다. 따라서 비용을 걱정하지 않고 공부에 전념할 수 있다.[3] 반면, 사회인은 생활비와 학비를 모두 자신이 지불한다. 먼저, 생활비를 벌기 위해 시간을 사용해야 한다. 그리고 학습을 위한 비용도 스스로 지불한다. 기술 서적이 한 권에 3만 원이고 한 달 식비가 30만 원이라면, 한 권의 책은 3일분의 식비와 같다.

■── 역풍

중학생 때와 비교해서 사회인이 무언가를 배우려고 하면 강한 역풍을 맞이하곤 한다. 이 역풍에 흔들리지 않고 주어진 시간이나 비용을 배우는 데 사용하려면 강한 '의욕'이 필요하다. 이것이 사이클을 돌리는 원동력이다. 보트를 예로 들면 엔진에 해당하는 것이다.

나는 '그러니까 의욕을 가져'라고 말하고 싶은 것이 아니다. 의욕을 가지라고 해서 의욕이 생긴다면 고생할 필요가 없다. 오히려 나의 주장은 반대다.

만약 여러분이 사회인이고 지금 '공부해야 하는데'라고 생각한다고 가정해 보자. 예를 들어, '영어 공부를 해야 하는데'와 같은 식이다. 이를 위한 강한 의욕이 생기지 않는다면 영어를 공부하는 것은 불가능하다. 역풍 속에서는 약한 엔진을 아무리 가동해도 배가 앞으로 나가지 않는다. 이때는 배우고자 하는 것을 포기하고 의욕(동기)이 생길 수 있는 다른 것으로 눈을 돌려야 한다. 의욕은 매우 중요한 자원이므로 어떤 주제를 택해야 의욕이 생길 수 있는지 자신을 잘 관찰해야 한다. '해야 하는데 의욕이 없어'라며 미루는 것은 시간을 아깝게 낭비하는 것이다. 능동적인 학습에서 의욕이 생기는 주제를 선택해서 무엇을 배울지 정하는 것은 여러분 자신이다.

만약 재미있는 주제를 찾아서 의욕이 활활 타오른다면 꺼지지 않도록 연료를 계속 공급해야 한다. 어떻게 의욕을 유지할 수 있는지 그 방법을 알아보자.

---

3   물론 세상에는 가정 사정 때문에 스스로 학비를 벌어야 하는 학생도 있다.

의욕을 유지하려면

의욕은 행동과 보상의 사이클에 의해 유지된다. 행동에 대한 보상을 신속하게 하는 것이 핵심이다. 구체적인 예를 들어 생각해 보겠다.[4]

■── 목표를 명확하게

프로그래밍을 배우고 싶은 프로그래밍 미경험자가 있다고 하자. 이때 '프로그래밍 언어인 파이썬을 정복하자'라는 목표를 정하는 것은 전형적인 패턴이다.[5]

목적지가 어디인지 모르는 마라톤을 완주할 수 있을까? 의욕을 유지할 수 있는 사람은 드물다. 프로그래밍 언어 학습도 마찬가지다. 어디까지 배워야 '정복했다'라고 실감할 수 있는지 명확하지가 않다. 이 상태로는 의욕을 유지하는 것은 어렵다. 의욕을 유지하려면 목표를 명확하게 정해야 한다.

■── 튜토리얼은 목표를 가깝게 만든다

또한, 목표는 가능하면 가까운 것이 좋다. 처음부터 42.195km의 마라톤에 도전하는 것은 무모하다. 먼저, 짧은 거리부터 시작해서 완주의 기쁨과 성취감을 빨리 느끼는 것이 중요하다. 이것을 활용하고 있는 것이 게임에서 자주 사용되는 튜토리얼이다.

대부분의 게임은 조작 방법을 익히지 않으면 플레이할 수 없다. 사람들은 어떻게 게임 조작 방법을 익히는 것일까? 설명서를 펴서 '좋아, 조작 방법을 익히자'라며 읽는 것일까? 대부분의 게임에서는 조작 방법을 배우기 위한 특별한 시나리오를 제공한다. 일반적으로 이를 '튜토리얼'이라고 한다.

튜토리얼은 어떻게 구성될까? 먼저, 정보가 주어진다. 예를 들면, 'X 버튼을 누르면 무기를 사용한다'와 같다. 다음은 실전 과제가 주어진다. 예를 들면, '적이 나

---

4   여기서 말하는 '보상'은 성취감이나 즐거움, 다른 사람의 인정이나 칭찬 등 스스로를 기분 좋게 해주는 것들을 총칭한 것이다. 금전적인 것만 가리키는 것은 아니다.
5   언급하기 쉽도록 이 패턴에 '달성 조건이 불명확'하다는 이름을 붙이도록 하겠다. 애자일 개발 기법의 하나인 스크럼(Scrum)에서는 달성 조건을 'Done의 정의'라고 부른다.

타났다! 공격하자!'와 같다. 여러분은 주어진 정보를 바탕으로 어떻게 하면 좋을
지 생각해서 실전 과제를 진행한다. 이렇게 과제를 달성하면 성취감을 느끼게 된
다. 이 일련의 흐름이 짧은 시간 안에 반복된다. 여러분은 스트레스 없이 즐겁게
조작 방법을 익힐 수 있다.

이것이 잘 구성된 튜토리얼의 효과다. 사실은 프로그래밍 언어 학습에도 같은 효
과를 보여 주는 '튜토리얼'이 많이 존재한다. 짧은 프로그램을 상호 작용을 통해
실행하거나 간단한 프로그램을 실제로 만들어 보도록 해서 수 분에서 수 시간
내에 성취감을 느낄 수 있게 구성돼 있다.

C o l u m n

SMART criteria

'목표를 명확하게'(앞 절에서 설명)와 관련해서 목표를 설정할 때 주의해야 할 것으로 1981
년에 고안된 SMART criteria를 소개한다.[i] Specific, Measurable, Assignable, Realistic,
Time-related의 앞글자를 따 SMART(현명하다는 뜻의 영어 단어)라고 한다.

이 5개 항목을 간단히 설명하면 다음과 같다.[ii]

- **Specific**: 개선해야 할 영역이 명확하고 구체적인가?
- **Measurable**: 양(量) 또는 적어도 진행 상황을 알 수 있는 지표가 있는가(측정 가능)?
- **Assignable**: 누가 계획을 실행하는지 명확한가?
- **Realistic**: 현실적으로 달성 가능한가? 달성에 필요한 리소스가 주어졌나?
- **Time-related**: 언제 결과를 얻을 수 있는지 명확한가?

이것은 조직의 목표 설정을 전제로 만들어진 것이라서 개인이 목표를 세울 때는 다소 범위를
벗어난 항목도 있다. '이 기준들을 달성해야지'라고 생각하면 목표를 세우는 자체가 심리적
으로 부담될 수 있다. 하지만 나쁜 목표가 왜 나쁜지 이해하는 데는 도움이 되리라 생각된다.

---

i Doran, G. T. (1981). 〈There's a S. M. A. R. T. way to write management's goals and objectives〉.
  Management Review, 70 (11), 35-36.
ii A를 Achievable(현실적으로 달성 가능한가, 필요한 리소스가 주어졌나), R을 Responsible(계획을 실행하
  는 데 책임자가 명확하게 정해져 있는가)로 해석하는 사람도 있다. 여기서 소개한 것과는 A와 R이 다르
  지만 내용은 거의 같다.

대학에 다시 들어가야 할까?

사회인 독자로부터 '체계적인 지식을 얻기 위해 다시 대학으로 가야 할까요?'라는 질문을 가끔 받는다. 이에 대해 조금 생각해 보고자 한다.

먼저, '체계적인 지식을 얻는다'라는 달성 조건이 명확하지 않다. '체계적'이라는 단어의 의미가 막연하기 때문이다.

또한, 대학에 가면 아무도 모르는 비밀스러운 지식을 배울 거라 오해하는 사람도 있지만, 대학이 존재하는 목적은 다르다. 대학에서 하는 '연구'는 아직 세상에 존재하지 않는 새로운 지식을 만들어 내는 활동이다. 교과서에 있는 것이나 다른 사람에게서 배우는 것은 이미 세상에 존재하는 지식이다.

특정 분야에 전문성을 지닌 교수가 참고 서적을 선택해 주거나 과제를 내주는 등의 장점은 있다. 하지만 대학은 능동적으로 학습하는 곳이다. 누군가 가르쳐 주기 바라고 대학에 간다면 얻을 수 있는 것은 많지 않다.

■── 좀 더 쉬운 방법

대학에 들어가려면 시간과 돈이 많이 들어 결정하기 쉽지 않다는 것을 이해한다. 사실, 세상에는 훨씬 낮은 비용으로 대학 수업을 들을 수 있는 방법이 있으니 그것을 먼저 시도해 보자.

먼저, MOOC(Massive Open Online Course)[6]라는 온라인 강의를 활용하는 방법이다. 구성은 서비스나 강의에 따라 다르지만, '강의 동영상 보기', '강의 내용 관련 퀴즈에 답하기'를 반복하는 형태가 일반적이다. 작은 목표를 순서대로 반복하는 튜토리얼과 비슷한 구조다.

또한, 대부분의 대학은 '청강생'이나 '학점은행제' 형태로 수강하기 쉬운 제도를 제공하기도 한다. 사회인 대학원생을 적극적으로 받는 대학에서는 수업을 토요일

---

6   2008년에 등장한 용어다. 구체적인 서비스로는 2018년 현재 Coursera나 edX가 유명하다.

이나 평일 저녁에 하는 등 사회인이 참여하기 쉬운 제도를 운영하고 있다.[7] 학위에 관심이 없다면 청강생으로 참여하면 된다. 학위가 목적이라면 학점은행제 등을 활용해서 편한 시간에 관심 있는 수업을 이수해서 조금씩 학점을 모으는 방법도 좋다.[8]

좋은 참고 서적을 찾는 비법

'참고 서적을 어떻게 선택해야 할까요?'라는 질문도 자주 받는다. 이것도 '체계적인 지식을 얻기 위해 다시 대학에 들어가야 하나요?'라는 질문과 관련 있다. 대학에서는 '체계적인 지식'을 얻기 위한 최적의 참고 서적들이 사용되고 있기 때문이다. 이에 대해 자세히 살펴보자.[9]

먼저, 종이책의 장단점에 대해 생각해 보고자 한다. '참고 서적'이라고 하면 종이책을 떠올리는 사람이 많다. 종이책이 신뢰를 얻고 있는 것은 분명하다. 예를 들어, 공작새의 수컷은 큰 꽁지를 가지고 있지만, 이 꽁지는 살아가는 데 아무런 도움을 주지 않는다. 그렇다면 이런 불필요한 것을 왜 만드는 것일까? 큰 꽁지를 만들려면 많은 영양분이 필요하므로 꽁지가 크다는 것은 '나는 먹이를 채집할 수 있는 능력이 있어'라며 암컷을 유혹하는 신호를 발산한다고 한다.[10] 암컷이 수컷을 선택할 때 먹이를 채집할 수 있는 능력을 직접 관찰할 수는 없다. 따라서 측정하기 쉬운 꽁지를 관찰하는 것이다.

마찬가지로, 사람의 지성도 관찰하기 어렵다. 종이책을 만드는 비용이 많이 들었던 시절에는 종이책의 저자라는 사실은 '출판사가 높은 비용을 지불하고 출판해도 사는 사람이 많아서 적자가 생기지 않는 책의 저자다'라는 의미로 받아들여졌다. 종이책에 대한 신뢰는 여기서부터 생겨난 것이다.

---

7   구체적인 예로, 내가 사회인 대학원생으로 재학하고 있던 동경공업대학의 기술경영전공에서 이 제도를 도입하고 있었다.

8   나는 2018년 4월부터 세이케이대학의 법학부 수업을 청강하고 있다.

9   '4장 책장 보기'에서는 책을 선택하기 위한 방법론을 소개하고 있다.

10   '핸디캡(Handicap) 이론'이라고 불린다.

하지만 전자 제품을 활용한 출판 기술의 발전으로 책을 만드는 비용이 줄어들었다. 종이책에도 다양한 종류가 생겨났다. 예를 들어, 주문형 인쇄[11]에서는 서적 유통 사이트에서 해당 서적의 주문을 받은 후에 필요한 양만 인쇄해서 판매한다. 이런 비용 절감에 의해 기존에는 받아들여지지 않던 출판 기획이 통과되면서 종이책이 더는 높은 품질을 의미하지 않게 됐다. 이제는 '종이책이라면 좋은 책'이라고 말할 수 없는 시대가 된 것이다.

또한, 종이책에는 물리적인 제약이 있다. 내가 파이썬과 관련된 자료[12] 중 가장 많이 참고한 것은 《파이썬 라이브러리 레퍼런스》[13]이지만, 이것은 인터넷상에 HTML과 PDF로 공개돼 있다. 전체가 1,000페이지 이상으로, 만약 종이책으로 출판된다면 물리적으로 매우 무겁고 판매 가격도 비싸질 것이다. 이미 전자책은 무상으로 공개돼 있으며 검색하기도 쉽다. 이 자료가 종이책으로 출판될 일은 분명 없을 것이다. 참고 서적을 종이책으로 한정한다면 이런 종류의 자료는 제외해야 한다.

종이 참고 서적을 선택하는 비법

이런 유의 사항을 참고하여 종이로 된 참고 서적을 선택하는 비법을 소개하겠다.

■── 대학 강의의 참고 도서로 선정된 것

많은 대학에서 강의 정보를 공개하고 있다. 거기에는 참고 도서가 적혀 있으므로 그것을 참고하면 좋다. 특히, 학부 1학년의 수업은 '작년까지 고등학생이었던 사람'을 대상으로 하는 수업이므로 기본 지식이 적어도 읽을 수 있는 것을 선택하는 경우가 많다. 단, 저자가 강사(교수) 본인이거나 강사의 제자 또는 동일 대학의 동료인 책은 제외한다. 여러 대학에서 선택된 책이라면 안심하고 고를 수 있다.

---

11 구체적으로는 Kindle Direct Publishing 등을 의미한다.
12 페이지 여는 것을 1회라고 치면 확실하게 1,000회 이상 읽고 있다.
13 2019년 현재 다음의 URL을 통해 다운로드할 수 있다. https://docs.python.org/3/download.html

■— 정오표가 상세히 기술돼 있을 것

아무리 주의를 기울여서 여러 명이 검수를 한다고 해도 사람은 실수하기 마련이다. 종이책은 바로 수정할 수 없으므로 정오표(정정 사항을 기록한 표)를 공개해 두고 다음 인쇄 시에 수정한다. 출판사의 웹사이트에는 해당 책에 대한 소개 페이지가 있으며, 대부분은 거기에 정오표가 있다. 정오표가 없는 책은 처음부터 완벽했든가, 저자가 개선의 의지가 없든가 둘 중 하나이지만, 전자일 가능성은 매우 낮다.

■— 개정판이 있는 스테디셀러일 것

개정판이 있다는 것은 조판을 다시 할 정도로 많은 추가, 수정이 있었음을 의미한다. 또한, 조판에 드는 비용을 감당해도 괜찮다고 출판사가 판단한 증거이기도 하다. 대부분의 경우는 오랫동안 많은 독자가 구매해 온 책이다. 내용의 좋고 나쁨이 보장되는 것은 아니지만, 시간이 변하는 동안에도 가치를 지니고 있는 책으로 참고가 될 것이다.

베스트셀러는 많은 사람이 구매한 책이다. 이것도 사회적으로 증명이 된 것이라 생각할 수 있지만, 약간의 주의가 필요하다. 베스트셀러가 된 책은 많은 사람이 단기간에 집중해서 구매한 것이다. 구매한 사람이 읽었는지, 그리고 읽고서 좋다고 생각했는지 알 수 없다. 많은 사람이 샀다면 여러분 주변에도 분명 산 사람이 있을 것이다. 그 사람의 의견을 물어보는 것도 방법이다.

정보 수집의 세 가지 방법

여기서부터는 학습의 세 가지 단계인 '정보 수집, 모델화, 검증'에 관해 하나씩 살펴보겠다. 먼저, 정보 수집을 보자.

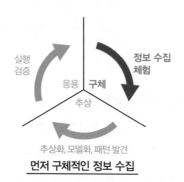

먼저 구체적인 정보 수집

'정보 수집'을 막연하게 생각하면 어디서부터 손을 대야 할지 모를 수도 있다. 달성 조건이 불명확한 것이다. 따라서 먼저 작은 단위로 분할해서 가까운 목표 지점까지 달려가도록 하자. 먼저, '정보 수집'을 분할하는 방법에 대해 본격적으로 알아보자.

알고 싶은 것부터

먼저, 여러분이 '알고 싶은 것'부터 시작해 보자. '알고 싶다'라는 생각이 '의욕'을 높이고, 학습 사이클을 계속 회전시켜 준다. 예를 들어, 이 장을 읽고 '파이썬의 리스트와 튜플의 차이를 알고 싶다'고 생각했다면 그 설명을 찾아서 읽으면 된다.

특히, 구체적으로 만들고 싶은 것이 있다면 적절한 기회다. 손을 움직이기 시작하면 알고 싶은 것들이 막 생겨난다. 이렇게 생겨난 호기심을 해소해 가다 보면 높은 의욕을 유지하면서 학습할 수 있다.

■── 지연 평가적인 공부법

이 방법은 '지연 평가적 공부법'[14]이라고 알려진 것이다. 지연 평가(Lazy Evaluation)
란, 프로그램의 실행 순서와 관련된 용어다. 예를 들어, 다음과 같은 코드가 있
다고 하자.

```
task3(tas1(), task2())
```

대부분의 프로그래밍 언어에서는 'task1을 실행해서 결과를 얻는다, task2를 실행
해서 결과를 얻는다, task3을 실행해서 결과를 얻는다'와 같은 순서로 실행된다.
반면, 지연 평가 언어에서는 'task3의 결과가 필요할 때 task3을 실행한다. 이 과
정 중에 task1의 결과가 필요하면 task1을 실행해서 결과를 얻는다. task2의 결과
가 필요하면 task2를 실행해서 결과를 얻는다'와 같은 순서로 실행된다. 필요하지
않으면 실행되지 않는다. 또한, 실행 순서는 'task1을 하고 나서 task2'가 아니라
'필요한 순'이다.[15]

공부도 같은 방식으로 하는 것이 좋지 않겠느냐는 것이 지연 평가적 공부법이다.
책을 1페이지부터 읽는 것이 아니라 목적을 분할해서 필요한 곳부터 읽어 나간
다. 이렇게 단편적으로 모은 정보가 그림 퍼즐이 맞춰지는 것처럼 연결된다고 보
는 것이다.[16]

■── '그런 거는 필요 없어요' YAGNI 원칙

YAGNI(You Aren't Gonna Need It) 원칙은 소프트웨어 개발 기법의 하나로, 익스트림
프로그래밍(Extreme Programming)에서 소개된 것이다. '필요할 때까지 기능을 추
가해서는 안 된다'라는 것이다. 이것을 개발한 사람 중 한 명인 론 제프리스(Ron
Jeffries)는 "필요할 것 같다고 생각되면 구현하지 마라. 정말로 필요한 때가 오면

---

14 '지연 평가적 공부법'이라는 용어는 2018년에 소프트웨어 엔지니어인 아마노 히토시(天野仁史)가 제안했다.
15 지연 평가 언어는 불필요한 것을 계산하지 않아서 효율이 좋다고 알려져 있다. 한편, '나중에 필요하면 계산한
    다'는 순서지 같은 것(Thunk)을 많이 만들어서 메모리 소비가 심하다.
16 사후에 연결한다는 개념은 '7장 과거를 돌아보고 점을 연결한다'에서 소개할 스티브 잡스의 연설과 관련 있다.

그때 구현하라"라고 주장한다.[17]

그 이유는 다음의 세 가지다.

- 지금 생각해야 하는 것은 '지금의 상태'이지 '미래에 이렇게 될 것이다'라고 생각 하면 원래의 목표로부터 벗어날 수 있다.
- 시간은 귀중하다.
- 구현했는데 막상 필요한 때가 오지 않는다면 그것을 구현한 시간과 해당 구현을 검토한 사람의 시간 그리고 해당 구현이 점유하는 공간을 허비하게 된다.

공부도 마찬가지다. 시간은 귀중하며, '필요할지 몰라'라며 배운 것이 필요한 때가 오지 않는다면 시간을 허비하게 된다. 반면, 학생일 때는 필요하다고 생각하지 못한 수학 공부가 10년이 지난 후에 직장에서 필요한 경우가 생길 수도 있다. '미래의 필요 가능성'에 관한 판단을 정확하게 할 수는 없다.

나는 《엔지니어의 학습법》[18]을 집필했을 때 소제목을 '알고 싶은 것부터'가 아닌 '필요한 곳부터 배운다'라고 정해서 오해를 불러일으켰다. 독자에 따라서는 '필요' 라는 용어를 다르게 해석하기 때문이다. '필요'에는 '자신이 하고 싶은 것이 있으 며, 그래서 필요하다'는 것과 '다른 사람이 필요하다고 하거나, 미래에 필요하다고 들었다'는 두 가지 상반된 의미가 있다. 내가 말하고자 하는 것은 전자였지만, 후 자로 해석한 독자도 많은 듯하다.

지금까지 배운 것을 떠올려 보자. 학습 사이클을 돌리려면 의욕을 유지하는 것이 중요하다. 그리고 목표가 멀면 의욕을 유지하기 어렵다. 그렇다면 '미래에 필요한 것'이 가까운 목표일까? 아니면 먼 목표일까? 먼 목표다. 이런 먼 목표를 바라보 는 것이 아니라 더 가까운, '지금 자신이 하고 싶은 것'을 향해 가는 것이 의욕을 높이는 비법이다.

---

17 "You're NOT gonna need it!" https://ronjeffries.com/xprog/articles/practices/pracnotneed/
18 《엔지니어의 학습법(エンジニアの学び方)》(니시오 히로카즈 저, 기술평론사, 2014)

■── 마츠의 소스 코드 읽는 법

프로그래밍 언어 루비(Ruby)를 개발한 마츠모토 유키히로(영어명 Matz)는 소스 코드 읽는 법에 대해 다음과 같이 얘기하고 있다.

> 과거에 내가 어떤 식으로 코드를 읽었는지 뒤돌아보면, 프로그래밍 능력 향상을 목표로 하는 코드 읽는 법의 힌트를 찾을 수 있을지도 모르겠다. 먼저, 전체를 읽으려고 하지 않는 방법이다. 코드에는 '스토리'가 없으므로 전체를 읽을 필요 없다. 재미있어 보이는 부분을 정독해서 다른 사람의 코드 작성 기술을 배우면 충분하다. 다른 하나는 '목적을 가지고 읽는 것'이다. 무언가를 배우려고 생각하고 코드를 읽으면 효과적으로 해석해서 지식을 얻을 수 있다.
>
> -제10회 소스 코드를 읽자(1/2)_ITmedia 엔터프라이즈
> http://www.itmedia.co.jp/enterprise/articles/0712/26/news015.html

즉, 무엇을 배울지 목적이 명확하다면 전체를 읽는 것이 아니라 부분을 이해하는 것이 중요하다.

지연 평가적 공부법, YAGNI 원칙, 마츠의 소스 코드 읽는 법 등 세 가지 방법을 소개했다. 이 세 가지의 공통점을 찾은 사람도 있을지 모르겠다.

▎알고 싶은 것부터 배우기 위한 전제 조건

알고 싶은 것에 집중하는 이 학습법은 의욕을 높여서 즐겁게 배울 수 있는 이상적인 학습법이다. 하지만 이 학습법에는 몇 가지 전제 조건이 있다.

■── 목표가 명확할 것

먼저, 달성 조건을 명확하게 정해야 한다. '공부한다'와 같은 식은 명확하지 않다. '루비를 마스터한다'도 명확하지 않다. 명확하지 않은 상태에서는 아무리 많은 시간을 들여도 달성할 수 없으며, 결국 좌절하고 만다. '루비의 처리용 코드부터 빌드한다'와 같은 식은 명확하다. '파이썬의 리스트와 튜플의 차이점 알기'는 '알기'의 정도가 명확하지 않다. '파이썬의 리스트와 튜플의 차이에 대해 검색해서 읽기'라고 해야 한다.

■── 목표가 달성 가능한가?

다음은 목표가 달성 가능해야 한다. 적당한 거리에 있는 목표 지점이 필요한 것이다. 이것은 다른 사람과는 상관없다. 자신에게 맞는 적절한 목표를 스스로 정해야 한다.

예를 들어, 지금부터 프로그래밍 언어를 배우려고 하는 사람이 굉장한 게임을 만들려고 한다고 해보자. 이것은 미래의 방향성으로는 좋지만 달성 방법을 알 수 없다. 알 수 없다면 게임 내에서 중요한 요소를 빼내서 더 가까운 목표를 만들 필요가 있다. 사용자 조작에 따라 반응하는 것이 중요하다고 생각했다면, 예를 들어 '컨트롤러의 버튼을 누르면 배경색이 바뀐다'라는 프로그램이 가까운 목표가 될 것이다. 이 목표도 달성 방법을 모른다면 더 가까운 목표를 찾아야 한다.

■── 대략적인 전체 모습 파악하기

목적이 명확하고 목표에 도달할 것 같더라도 아직 충분하지 않다. 필요한 정보를 찾기 위해서 어디를 찾아야 하는지 알아야 한다.

예를 들어, 자신의 집에서 조금 떨어진 곳에 문구점이 있다는 것을 안다면, 문구용품이 필요할 때 문구점에 갈 수 있다. 이 문구점에 어떤 용품이 있는지, 그리고 어떻게 진열돼 있는지를 알 필요는 없다. 거기에 가면 문구용품이 있다는 것만 파악하고 있다면 필요한 때 가서 진열대를 살펴보면 된다.

정보도 마찬가지다. 예를 들어, 프로그래밍 언어의 각종 라이브러리에서 사용되는 모든 함수명을 미리 알고 있을 필요는 없다. 어디에 그 정보가 정리돼 있는지를 알아 두면 된다. 예를 들어, 웹사이트 등을 파악해 두었다가 필요한 때 방문해서 살펴보면 된다.

처음부터 전부를 자세하게 알려고 하는 것은 잘못된 목표 설정이다. '전부를 자세히 안다'라는 목표는 매우 멀리 있기 때문이다. 가능한지도 미지수다. 이것은 처음부터 전 세계에 있는 모든 가게의 위치를 파악하려는 허황된 목표와 같다. 대략적인 지도를 만들어서 차근차근 익숙해지면 된다.

대략적인 전체 모습을 어떻게 파악하는가는 다음 절의 '대충 보기'에서 알아보자.

대충 보기

알고 싶은 것부터 배우려면 대략적인 전체 모습을 파악하는 것이 중요하다고 설명했다.

이 '전체 모습을 파악'한다는 문구를 무겁게 받아들이는 사람도 있다. 엄청나게 공부한 후에 도달할 수 있는 목표가 '전체 모습을 파악'하는 것이라고 오해한 경우다. '대략적인 전체 모습을 파악'한다는 문구에서 가장 중요한 것은 '대략적'이란 단어다. 그다음으로 중요한 것은 '전체 모습'이다. 일부분만 자세하게 보는 것이 아니라 전체를 대충 보는 것이다. 그렇게 하면 무언가 필요한 것을 찾으려 할 때 '분명 이쯤에 있었지'라며 찾는 범위를 줄일 수 있다.

C o l u m n

찾는 능력이 10년 후에도 필요할까?

종이책이 주요 정보원이라면 어느 책의 어느 부분에 원하는 것이 있는지 아는 것이 중요하다. 검색 기술의 발전 덕택에 전자 정보 내에서 원하는 것을 찾는 시간은 크게 단축됐다. 또한, 사용자가 해결하고 싶은 과제를 등록하면 다른 사용자가 해결 방법을 등록하는 웹 서비스[i]도 존재한다. 따라서 프로그래밍상의 구체적인 과제를 검색하면 꽤 높은 확률로 해결책을 찾을 수 있다.

기술의 진화로 정보 수집에 드는 시간과 비용은 단축된다. 내가 이 책에서 언급하고 있는 서적이나 논문은 대부분은 전자화돼 있으며, PC나 태블릿 단말기로 검색할 수 있다. 영어로 된 '지식인' 같은 사이트를 검색하는 것처럼 새로운 정보 수집 방법도 등장했다. 종이책 시대는 전체 모습을 파악해서 '이 부분에 있을 거야'와 같이 생각하는 능력이 매우 중요했지만, 10년 후에도 그렇다고는 자신할 수 없다.

단, '검색'은 '누군가가 경험해서 작성한 것'을 찾아내는 기술이므로 아직 아무도 경험하지 못한 것에 대해서는 답을 찾을 수 없다. 하지만 '누군가가 경험한 것'에 대한 정보 수집 비용이

---

i 2018년 현재 구체적으로는 영어권의 스택 오버플로(Stack Overflow)가 대표적이다. 따라서 여기서 말하는 '검색'도 영어 검색을 의미한다.

점점 낮아지면 정보를 공유하는 사람들이 많아져서, '아무도 경험하지 못한 것'을 해결하는 데 도움이 될 것이다.

■── 1,000페이지 이상의 자료도 목차는 단 6페이지

예를 들어, 《파이썬 라이브러리 레퍼런스》는 1,000페이지 이상이다. 이것을 모두 읽기는 쉽지 않다. 하지만 목차는 6페이지밖에 안 되며, 각 장의 제목은 32줄밖에 안 된다. 이 정도라면 읽고자 할 마음이 생길 것이다. 먼저, 목차부터 읽자. 그러면 정말 대충이긴 하지만 전체 모습을 파악할 수 있다.

서적이나 방대한 유사 자료에서는 목차를 두는 것이 일반적이다. 이것은 전체 모습을 파악하기 쉽게 하기 위해서다. 속독과 관련된 많은 책이 이 목차나 소제목에 주목할 것을 권한다. 처음에는 대략적으로 파악한 후에 점점 깊이 있게 들어가는 것이다.[19]

■── 코드를 단계적으로 읽기

코드를 읽을 때에도 역시 대략적인 부분부터 시작해서 깊이 있게 읽어간다. 《루비 소스 코드 완전 해설》[20]의 '소스 코드 읽는 기술'에서는 갑자기 함수의 내용을 자세히 보는 것이 아니라 다음과 같이 단계적으로 상세화하도록 구성돼 있다.[21]

- 내부 구조를 해설한 문서가 있으면 읽기
- 디렉터리 구조 읽기
- 파일 구성 읽기
- 약어 조사하기
- 데이터 구조 파악하기

---

19 책 읽는 법에 대해서는 4장에서 자세히 설명한다.
20 《루비 소스 코드 완전 해설(Rubyソースコード完全解説)》(아오키 미네로 저, 인프레스, 2002). 책 전체 내용이 웹에 공개돼 있다(일본어). http://i.loveruby.net/ja/rhg/book/
21 이 단계는 '정적인 분석'이라고 불린다. 이 앞에 '목적의 구체화'와 '동적인 분석'이 있다. 목적의 구체화는 이 장의 앞 절 내용과 같다. '동적인 분석'은 코드에 대한 것으로, 실행해서 동작을 관찰하는 접근법이다.

- 함수 간 호출 관계 파악하기
- 함수 읽기

'내부 구조를 해설한 문서'는 서적의 경우 도입부(또는 그 일부)에 해당된다. 디렉터리 구조나 파일 구성은 서적의 소제목에 해당된다. 그리고 약어[22]나 함수 간 공유 데이터 구조, 함수 간 관계 등을 조사하고, 마지막으로 하는 것이 함수 처리 내용을 읽는 것이다.

■── 문서의 대략적인 구조

실화를 예로 들어 보겠다. '파이썬의 global은 파일 단위의 범위다'라는 이야기를 모처에서 했다. 그랬더니 ○○씨가 다음과 같은 질문을 했다.

"《파이썬 레퍼런스》에는 global문 설명 부분에는 그런 내용이 없어요. 어디에 있죠?"

이 질문을 듣고 처음 든 생각은 다음과 같다.

'《파이썬 튜토리얼》에 있었다. 그리고 《파이썬 레퍼런스》에서는 문법 정의 장에서 다루고 있었으니까 아니다. 더 앞에 실행 모델 관련 장에 나왔을 거야.'

그리고 몇 번의 구글 검색만으로 다음과 같이 대답할 수 있었다.

"《파이썬 튜토리얼》의 '9.2 파이썬 범위(scope)와 이름공간(Namespace)'에 적혀 있습니다. 그리고 《파이썬 레퍼런스》에서는 '네이밍과 바인딩(Naming and Binding)'에 나와 있습니다."

○○씨가 결코 프로그래머로 능력이 떨어지는 것은 아니었다. 단지 나는 파이썬 문서의 대략적인 구조를 알고 있었다는 것이 차이점이다.[23]

---

22 약어는 빈번하게 나오는 개념으로 매번 쓰는 것이 귀찮아서 생략하는 것이다. 그리고 약어를 사용하는 본인은 약어의 의미를 이해해서 적고 있으며, 읽는 사람도 이해한다는 것을 전제로 하고 있다. 예를 들어, 'GC라고 적으면 누구든 Garbage Collection의 약어라고 알 거야'라고 생각하는 것이다. 모르는 사람이 있을 거라고 생각했다면 문서의 어딘가에 'GC는 Garbage Collection의 약어'라고 적어 놓으면 된다. 해당 단어가 있는 모든 곳에 설명을 쓰면 생략한 의미가 없기 때문이다. 만약 여러분이 이해하지 못한다면 적은 사람의 전제가 틀린 것이다. 따라서 약어의 조사는 중요하다.
23 ○○가 본 것은 '7장 단순문'의 '7.12절 global문'으로, 내가 가리킨 것은 '4장 실행 모델'의 '4.2절 이름짓기와 바인딩', '4.2.2절 이름 해결'이었다.

■── 영어 논문의 대략적인 구조

다른 예를 보겠다. 읽어 두면 도움이 될 것 같은 영어 논문을 예전에 받은 적이 있다. 내가 생각하던 것과 비슷한 선행 사례였다. 그런데 이것을 읽으면 '내가 생각했던 것이 이미 발표됐구나'라며 후회할 것만 같았다. 무의식적으로 계속 그런 생각이 들어 한동안 그 논문을 멀리했다.

며칠을 방치했다가 안 되겠다는 생각이 들었다. 이 상태가 계속되면 논문을 결국 읽지 못할 것 같았다. 의욕이 없는 상태를 해결하려면 태스크를 나누어 목표 지점을 가깝게 만드는 것이 유익하다. 그래서 논문을 출력하여 25분가량 소제목과 키워드에 빨간색 펜으로 체크하는 작업을 했다. '논문을 자세히 이해하기'는 불명확하고 멀리 있는 목표이므로 시간을 나누어 명확한 목표를 만들어서 대략적인 구조를 머릿속에 넣은 것이다.

이 25분의 작업으로 해당 논문의 출발점은 비슷했지만 도중에 생각 방향이 다르게 흘러간다는 것을 알았다. 그 결과 '왜 예상과 다른 방향으로 진행했지?'에 대한 답을 찾고자 하는 '명확한 목표'가 생겼고, 마침내 어느 부분에 적혀 있는지 대략적으로 파악할 수 있었다.

나머지는 쉬웠다. 이야기가 다른 방향으로 흐른 이유는 '이 목적에는 당연히 A로 해야 해'라고 생각한 부분이 논문에서는 B로 했기 때문이었다. 대략적인 전체 모습을 파악하므로 내 생각과 논문 저자의 생각이 달라지는 지점을 찾을 수 있었다.

■── 과거의 지도

나는 2018년부터 세이케이 대학교 법학부의 시오자와 가즈히로 교수의 수업을 청강하고 있다. 법학 분야에서도 전체 모습을 파악하는 것이 중요하다. 민법에는 1,000건 이상의 조문이 있어서 모두 자세하게 파악하는 것은 힘들다. 한편, 무언가를 토론하려면 참조할 조문이 어디에 있는지 찾을 수 있어야 한다.

그래서 시오자와 가즈히로 교수의 수업에서는 먼저 '민법 맵'이라는 지도를 만든다. 이 지도에 있는 정보는 서적의 목차와 같다. 차이점은 트리 구조로 표현해서 위아래의 계층관계를 바로 파악할 수 있다는 것과, 페이지를 넘길 필요 없이 한 장의 큰 종이에 모두 정리했다는 것이다.

수업을 진행하는 동안 특정 조문이 언급되면 몇 번이고 이 지도를 보고 해당 조 문이 '어디에 있는지'를 확인한다. 예를 들어, '제570조 판매자의 하자담보책임'은 '제2편 채권' 안의 '제2장 계약'의 '제3절'에 있다와 같은 형식이다.

조문이 언급될 때마다 '3편 채권 2장 계약 3절 매매 570조…' 식으로 읊조리므로 3편이 채권이라는 것과 상위 단계의 정보가 어떻게 구성돼 있는지 자연스럽게 기 억하게 된다. 방대한 정보를 두뇌에 체계적으로 저장하기 위해서 매번 지도의 시 작점으로 돌아가서 확인하는 것은 유용한 방법이다.

Column

'민법 맵' 간략 버전

여기서 실제로 민법 맵을 소개하고 싶지만, A4 종이를 몇 장이고 연결해서 한 장의 지도로 만든 것이라 그대로 이 책에 수록하는 것은 어렵다. 그래서 내가 엔지니어를 위한 스터디에 서 채권 개념에 대해 설명할 때 사용한 간략 버전을 소개하겠다.[i]

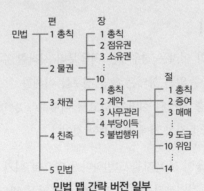

민법 맵 간략 버전 일부

민법에는 크게 다섯 개의 편이 있다. '1편 총칙', '2편 물권', '3편 채권', '4편 친족', '5편 상 속'이다. 여기서는 물권과 채권에만 주목해 보자. '2편 물권'에는 10장이 있다. 여기서는 처 음 3장만 소개한다. '1장 총칙', '2장 점유권', '3장 소유권'이다. '3편 채권'에는 5장이 있다.

i 옮긴이 참고로, 여기서 민법은 일본 민법이다. 우리나라 민법과 다를 수 있다.

전부 보자. '1장 총칙', '2장 계약', '3장 사무관리', '4장 부당이득', '5장 불법행위'다. 2~4장은 채권을 발생 원인에 따라 분류한 것이다. '3편 채권', '2장 계약' 안을 보자. 여기에는 14절이 있다. 일부만 소개한다. '1절 총칙', '2절 증여', '3절 매매'…'9절 도급', '10절 위임'…이다.

채권의 발생 원인으로 계약이 있으며, 계약의 일종으로 증여가 있는 것이다. 그러면 조문을 보자.

> 증여는 당사자 중 한쪽이 자기 재산을 무상으로 상대방에게 준다는 의사를 표시하고 상대방이 수락함에 따라 그 효력이 발생한다.
>
> -민법 3편 채권 2장 계약 2절 증여 제549조

즉, "이 책을 무상으로 드리겠습니다"라고 내가 말하고 여러분이 수락하면 증여 계약의 효력이 발생한다. 이렇게 하면 여러분에게는 "책을 줘"라고 요구할 수 있는 권리가 생긴다. 이것이 채권의 구체적인 예다.

지면상의 이유로 자세히 설명할 수 없지만, 민법 맵이 어떤 것인지는 대충 전달됐으리라 믿는다. 실제로는 여기서 생략한 편이나 장에 대해서도 민법 맵에 모두 기록돼 있다. 또한, '편, 장, 절' 아래에 '관', '목'도 있다. 그리고 맵의 끝부분에는 그것이 몇 조부터 몇 조까지의 범위에 해당하는지 적혀 있다. 예를 들어, '3편 채권 1장 총칙 4절 채권의 소멸 1관 공제 2목 공제의 목적물 공탁(494-498)'이 된다.

▌처음부터 찾기

대략적인 정보 수집이 어려운 경우에는 처음부터 시작할 수밖에 없다. 대략적인 전체 구조를 파악할 수 없는 상태는 해당 정보를 이해할 수 있을 만한 재료가 부족한 것이다. 즉, 대충 작성된 설명을 읽고서 머릿속에 윤곽이 그려지지 않는다면 윤곽을 그리기 위한 지식 자체가 부족한 것이다.

'무엇부터 배워야 효율이 좋은지'를 고민하다가 앞으로 나가지 못하는 경우가 많다. 하지만 처음에는 '무엇부터 배워야 효율이 좋은지'를 판단하기 위한 재료조차 가지고 있지 않은 상태다. 따라서 거기서 멈춰 있지 말고 먼저 재료를 손에 넣어야 한다.

■── 필사라는 기술

새로운 프로그래밍 언어를 배울 때 '필사'(베껴 쓰기)라는 기법이 도움이 된다. 교과서 등 같은 곳에 있는 코드를 직접 키보드로 입력해서 실행하는 것이다. 효율은 매우 나쁘지만, 아무런 지식이 없는 초보자가 첫걸음을 내딛기 위한 방법으로 유용하다.

하지만 '필사'라는 단어가 가끔 오해를 사기도 한다. '문제에 대한 의문을 가지고 접근해야 한다'라거나 '잡념을 버리고 머릿속을 비운 상태에서 해야 한다' 등의 오해다. 하지만 이런 오해 자체가 필사에 대한 학습 효율을 더 떨어뜨리게 된다.[24] 베껴 쓰면서 '이건 앞에 나온 건데'라든가 '항상 보던 패턴과 비슷하지만 약간 다른데'와 같이 생각하는 게 중요하다. 입력하면서 유사점, 차이점을 발견하면서 여러분의 머릿속에서 모델화가 진행되는 것이다.

또한, '왜 이렇게 돼 있는 거지?'나 '여기를 이렇게 바꾸면 어떻게 되지?'와 같은 생각을 해보는 것도 좋다. 이것은 '의문을 해결하고 싶다', '바꿔서 실행해 보자'라는 '명확한 목적'으로 연결된다. 생각한 것은 주석이나 메모로 남겨 두면 더 좋다.[25]

■── 수학

'모델화 및 추상화'(3페이지 참고)에서 설명한 것처럼 짧은 지식을 나열하고 그 위에 탑을 쌓아 간다면 얼마 가지 않아 무너지고 만다. 시간이 걸리더라도 토대를 단단하게 만드는 것이 중요하다. 특히, 수학 책처럼 앞부분에 정의한 내용을 바탕으로 뒤의 내용을 압축해서 설명하는 책에서는 대충 읽어서는 후반부가 머릿속에 들어오지 않는다. 후반부를 이해하려면 먼저 전반부에 있는 내용을 제대로 이해하지 않으면 안 된다. 책장을 넘기며 시간이 걸리더라도 천천히 읽어 나가야 이해하는 데 필요한 전체적인 시간을 줄일 수 있다.

---

24 심리학자이자 인지과학자인 퍼거스 크래익(Fergus Craik)과 엔델 툴빙(Endel Tulving)은 실험에 의하면 장기 기억의 강도는 입력에 대한 처리 수준이 깊을수록 강해진다고 한다. 즉, 그대로 본 것을 베끼는 것보다 여러 생각을 하면서 베끼는 것이 기억하기 쉽다.
25 4장에서 설명하는 '철학서 읽는 법'에서도 모르는 것을 무엇이든 기억할 것을 권장하고 있다.

이것은 수학에만 한정된 얘기가 아니다. 대충 읽어도 이해가 안 가는 책은 제대로 읽을 수밖에 없다. 그리고 제대로 읽어도 모르겠다면 한 장씩 넘기며 정독하는 방법밖에 없다.

정독한다는 것은 단순히 눈으로 읽어 나가는 것보다 더 시간이 걸린다. 따라서 효율적으로 정독할 수 있는 방법이 없는지 고민해야 한다. 먼저, '필요한 곳만 정독할 수 있는지' 생각해 보자. 필요한 곳이 어딘지 모른다면 '전체 구조를 파악하기 위해 정독'하는 방법을 생각해 본다. 그러고도 방법이 없다면 처음부터 정독할 수밖에 없다. 하지만 처음부터 정독하는 경우라도 '중요한 점만 간단하게 정리할 수는 없을까?', '계속 반복적으로 사용되는 단어를 기호로 표현할 수는 없을까?', '말로 설명하고 있지만 그림을 그리는 것이 더 빠르지 않을까?' 등과 같은 효율화를 생각하는 것이 좋다.

■── 시간을 세분화하자

책 한 권을 다 필사하려면 어느 정도의 시간이 걸릴까? 목표가 보이지 않는다면 하고 싶은 마음도 생기지 않는다. 그래서 시간을 세분화하는 게 좋다. 예를 들어, '지금부터 25분 동안 할 수 있는 곳까지 필사하자'와 같은 목표를 설정하는 것이다.[26]

25분 동안 해보면 실제 실행하기 전에는 몰랐던 많은 것을 알 수 있게 된다. '알고 싶은 것'이 나올 수도 있고, 전체 구조를 대충 파악하게 될 수도 있다. 자신이 알고 있는 것이 무엇이고 모르는 것은 무엇인지, 무엇을 더 알고 싶은지, 그리고 무엇에 관심이 없는지 등을 필사를 하기 전보다 더 구체적으로 알게 될 것이다. 만약 아무런 생각이나 깨달음이 없다면 그 책은 여러분의 필요나 수준에 맞지 않는 것이다.

---

26 '25분'은 《시간을 요리하는 뽀모도로 테크닉(Pomodoro Technique Illustrated: The Easy Way to Do More in Less Time)》(스타판 뇌테부르 저, 신승환 역, 인사이트, 2010)을 따르고 있지만, 그렇게 중요하진 않다. 예를 들어, 출근 시간에 35분간 지하철을 탄다면 '지금부터 35분 동안은 할 수 있는 데까지 하자'와 같이 구분하는 것이 좋다. 뽀모도로 기술에 관해서는 2장에서 자세히 다룬다.

■── 필사는 보조 바퀴

25분 동안 5페이지를 베껴 썼다고 하자. 교과서가 300페이지라면 대략 25시간을 필사해야 전체가 끝난다. 필사에 익숙하지 않은 사람이라면 25시간이라는 숫자를 보고 망설일 수도 있다. 그것은 무의식적으로 '25시간이나 필요하네'와 같이 생각하기 때문이다. 꼭 25시간을 사용해야만 하는 것은 아니다. 필사는 자전거를 탈 수 있게 되기 전까지 사용하는 보조 바퀴와 같다. 책을 읽어서 전혀 이해가 가지 않는 상태는 자전거를 타도 계속 넘어져서 앞으로 나가지 못하는 상태와 같다. 자전거에 보조 바퀴를 달면 앞으로 나갈 수 있게 된다. 그리고 보조 바퀴를 달고 달리는 중에 점점 자전거를 타는 기술이 향상돼서 나중에는 보조 바퀴 없이 탈 수 있게 된다.

'효율적인 학습이 불가능한 최악의 경우라도 필사를 25시간 계속하면 교과서 한 권을 베껴 썼다는 결과물'을 얻을 수 있다. '읽어도 잘 모르겠지만 열심히 공부해야지'와 같이 생각하는 것보다는 필사를 하는 것이 동기부여를 준다. 이것은 목표를 명확히 할 때 얻을 수 있는 효과다. 필사는 수단이지 목표가 아니다. 그리고 25시간 후를 목표로 하는 것이 아니라, 먼저 25분을 해보는 것이다. '튜토리얼은 목표를 가깝게 만든다'(10페이지)에서 배운, 목표를 단축시키는 데 효과적인 방법이다. 해보면 점점 효율적인 학습이 가능해져서 필사의 필요성을 느끼게 될 것이다. 그리고 왜 보조 바퀴에 비유했는지도 실감할 수 있게 될 것이다. '더 이상 보조 바퀴는 필요 없어'라고 생각한 시점에 보조 바퀴를 빼도 상관없다. 필사가 필요 없다고 느낀 시점에 필사를 중단해도 좋다.

■── 다시 필사가 필요해질 때

여러분의 이해가 깊어질수록 필사의 필요성이 줄어들게 된다. 예를 들어, 몇 개의 프로그래밍 언어를 배워가는 과정에 새로운 프로그래밍 언어를 배워야 할 때는 필사를 하지 않아도 이해할 수 있다. 이 상태가 되면 필사 없이 어떤 언어라도 습득할 수 있다고 느끼게 된다. 필사는 프로그래머의 경력에서 초기 단계에만 필요한 것으로, 이 단계를 지나면 필요성을 크게 못 느끼게 된다. 프로그래밍에 익숙한 독자라면 이미 그렇게 생각하고 있을 수도 있다.

나도 그렇게 생각했던 시기가 있었다. 하지만 그것은 착각이다. 필사를 하지 않고 언어를 배우려면 조건이 있다. 즉, 지금까지 배운 언어와 공통 요소가 많은 언어여야 한다는 것이다. 여러분이 필사가 필요 없다고 느끼는 것은 새로운 분야에 도전하고자 하는 마음이 없기 때문이다. 힘들이지 않고 '새로운 언어'를 배우고 있다면 대부분은 이미 다른 언어에서 배운 것을 그대로 사용하고 있는 것이지 새로운 것을 학습하고 있는 것은 아니다. 효율적으로 많은 것을 학습했다고 생각하겠지만, 실제로는 새로운 것은 습득하지 못하는 것이다. 이는 좋지 않은 정신 상태이므로 새로운 마음가짐을 하고 빨리 빠져나오는 것이 좋다.

내가 이것을 깨달은 시점은 Alloy이라는 프로그래밍 언어를 접했을 때다. Alloy는 일반적인 프로그래밍 언어처럼 명령을 나열하는 것이 아니다. 프로그램의 기본적인 구성 요소가 '관계'로 관계를 연산하거나 사실을 선언해서 모델을 기술해 가는 언어다.[27] 이 언어를 배울 때는 책의 설명만으로는 전혀 이해할 수 없었다. 프로그래밍 언어에 대한 습득력에 있어서는 누구보다 자신이 있었던 시기라서 이해하지 못하는 자신을 보고 당혹스러워했었다. 우연한 기회에 필사가 생각났고, 초심으로 돌아가서 필사를 한 끝에 겨우 이해할 수 있었다. 자신이 필사를 잊고 있었다는 것을 알고 왜 잊고 있었는지 생각한 끝에, 자신이 새로운 분야에 도전하고 있지 않음을 깨달았다. 지금은 필사하지 않으면 안 될 정도의 새로운 분야에 정기적으로 도전하는 것이 중요하다고 생각한다.

추상이란 무엇인가?

이 절에서는 수집한 정보로부터 패턴을 발견하거나 추상화해서 모델을 만들어가는 과정을 보겠다.

이 절의 내용은 10년, 20년이 지나도 적용할 수 있는, 아주 높은 가치를 지닌 지식이다. 하지만 이 절은 이 책의 내용 중에서도 가장 추상적이어서 이해하기 어려

---

27 여기서는 자세히 설명하지 않는다. 관심이 있다면 《소프트웨어의 추상적 개념》을 읽으면 좋다.
《소프트웨어의 추상적 개념(Software Abstraction: Logic, Language, and Analysis)》, (다니엘 잭슨 저, MIT Press, 2016)

울 수도 있다. 만약 무슨 말인지 잘 모르겠다면 이 장을 건너뛰고 다른 장을 읽으면 이해를 위한 재료가 쌓여서 이해하기 쉬울 수도 있다. 특히, 5장에서 배우는 KJ법은 추상화를 뇌의 외부에서 하는 구체적인 기법으로 관련성이 높다.

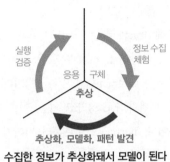

수집한 정보가 추상화돼서 모델이 된다

'추상'이라는 개념은 아주 강력한 도구다. 하지만 현 시점에서 '추상'이라는 개념이 잘 와닿지 않는 사람도 있을 것이다. 이럴 때는 어떻게 하면 좋을까?

추상적인 개념을 배울 때는 어떻게 하는 것이 좋은 방법일까? 이것은 이 장의 서두에서 배웠다. 토대가 될 정보를 수집하지 않고 무턱대고 공중에 상자를 놓을 수는 없다. 추상적인 개념은 그것을 다른 추상적인 용어로 설명해도 이해하기 어렵다. 스스로 상자를 쌓아 갈 필요가 있는 것이다. 먼저, '추상'이란 무엇인지 구체적인 정보를 많이 수집해서 그것을 비교해 보자.

지금까지는 '추상'이라는 용어를 조금이라도 구체화하기 위해 '모델화'(모델을 만드는 것)나 '패턴 발견'이라는 표현을 함께 사용했다. 각각에 대해 좀더 구체적으로 보자.

▌추상/abstract

추상이란 '구체적인 대상으로부터 주목해야 할 중요한 부분만 추출하는 것'이라는 의미가 있다. 글자 하나하나를 분석해 보자.

추상의 상은 '象'라는 한자를 사용한다. 이 한자는 '형태'라는 의미로 사용된다.[28] 예를 들어, '대상'의 상도 같은 한자이고 구상, 인상, 상대, 심상 풍경(마음속 풍경) 등의 단어에도 사용된다.[29] 추상의 추(抽)는 '꺼내다, 빼내다'라는 뜻이다. '추출'이나 '추천'의 추다.

'추상적인'이라는 의미의 abstract이라는 단어도 분석해 보자. abstract의 tract 부분은 '당기다'라는 의미의 라틴어 traho로부터 온 것이다. traho를 어원으로 사용하는 단어로 extract(추출), subtract(뺄셈) 등이 '당기다'라는 의미를 담고 있다. 농기구 등을 끄는 차를 트랙커(Tracker)라고 하는 것도 마찬가지다. ab-는 멀어져 간다는 의미의 접두어다. normal(보통)로부터 떨어져 있는 것이 abnormal(이상한)이다. 현재 위치에 있는 것이 present(출석, 존재)이고 현재 위치에 없는 것이 absent(부재)다.

abstract에는 요약이나 개요라는 의미도 있다. 논문의 서두에는 논문의 내용을 반 페이지 정도로 요약한 내용을 싣는 것이 일반적인데, 이 요약 내용을 앱스트랙(Abstract)이라고 한다. 요약이란 중요한 부분만을 추출한 것이기 때문이다.

모델, 모형

다음은 '모델'에 대해 살펴보자. '모델'이라는 용어는 특히 자연 과학 분야에서는 '모형'이라고 해석된다. 예를 들어, 소립자의 표준 모형(Standard Model)이 있다. 아이가 가지고 노는 자동차 모형은 현실의 차와 다르지만, '차를 달리게 해서 논다'라는 목적을 달성할 수 있게 중요한 요소만 추출해서[30] 만든 것이다.

모델은 현실 세계의 구조를 설명하기 위해 간략하게 표현한 것이다. 현실 세계에서 발생하는 현상은 복잡하므로 사람의 제한적인 인지 능력 내에서 처리할 수 있는 중요한 부분만 빼서 간단하게 만드는 것이다.

---

28 커서 눈에 잘 띄기 때문이다.

29 상징(심벌)을 사용해서 마음속 풍경을 만들어 내는 기법을 Symbolic Modelling이라고 하며, '6장 클린 랭귀지와 심벌릭 모델링'(202페이지)에서 설명한다.

30 어떤 부분이 중요한지는 목적에 따라 달라진다. 장난감 차에는 가솔린 엔진이 아닌 건전지와 모터가 들어 있지만, 그 차는 놀이라는 목적에는 그다지 중요하지 않다. 반면, 연비가 좋은 가솔린 엔진을 만들려고 연구하고 있다면 가솔린 엔진이 매우 중요하지만, 반대로 외부 디자인은 중요하지 않다.

예를 들어, 고등학교 물리에서는 공기 저항이나 마찰은 없다고 가정한다. 현실 세계에 존재하는 공기 저항이나 마찰을 무시하고 문제를 간단하게 해서 고등학생이라도 해결할 수 있게 하는 것이다. 특히, 수식을 사용해서 표현한 모델을 '수리 모델'이라고 한다. 수식이나 프로그램 형태로 모델을 만들면 실험이 쉬워진다. 물리적인 실험 장치 등이 필요 없기 때문이다.

모델은 현실의 일부를 추출한 것이므로 현실과 완전 일치하지 않는다. 이런 이유로 '모든 모델은 틀렸다[31]고 말하는 이도 있다. 모델의 가치는 현실과 어느 정도 일치하느냐에 있지 않다. 모델의 조작이 현실을 직접 조작하는 것과 비교해서 어느 정도 더 수월하냐에 있다.[32]

실력 있는 프로그래머는 프로그램에 문제가 발생하면 실제 코드를 보기 전에 '이 부분에 문제가 있을 거야'라고 예측해서 정확하게 맞추곤 한다. 어떻게 이것이 가능한 것일까? 머릿속에 해당 프로그램의 모델이 있어서 모델의 어떤 부분이 망가지면 어떤 현상이 일어나는지를 머릿속에서 실험할 수 있다. 그리고 망가진 결과 발생하는 현상이 실제로 발견된 현상과 비슷한 것을 추출하는 것이다.

▎모듈

모델이라는 용어와 관련해서 프로그래밍 언어의 '모듈(Module)'에 대해 생각해 보자. 모델과 모듈은 사실 양쪽 모두 라틴어 modulus가 어원이다.

건축 등의 물리적인 것을 만들 때 모듈이라는 용어를 사용하면 동일한 형태의 부품이 많이 존재한다는 뜻이다. 하지만 소프트웨어 개발에서는 사정이 약간 다르다. 물리적인 것을 만들 때는 동일 부품을 많이 사용하는 해야 하는 경우 사용할 개수만큼 부품이 필요하지만, 소프트웨어 개발에서는 동일 부품을 많이 사용해야 하더라도 부품은 하나만 있으면 된다.

---

31 Box, G. E. (1976). "Science and statistics", *Journal of the American Statistical Association*, 71(356), 791-799.
32 속도의 단위로 사용되는 마하는 에른스트 마흐(Ernst Mach)라는 물리학자의 이름을 딴 것이다. 그는 많은 사실을 작은 개념으로 기술해서 사고 능력을 절약하는 것이 과학의 근본 원리라고 생각했다. 이것을 사유경제이론이라고 한다.

물리적인 것을 만들 때는 하나의 기능을 구성하고 있는 부품은 물리적인 위치 제약[33]이 있는 경우가 많다. 물리적인 상호 작용은 물리적으로 가까이 있을 때만 발생하는 경우가 많기 때문이다. 예를 들어, 톱니 바퀴는 서로 접촉해서 동력을 전달한다. 따라서 여러 개의 톱니 바퀴를 조합해서 운동을 제어할 때는 해당 톱니 바퀴는 물리적으로 제한된 위치에 있어야 한다.

반면 소프트웨어 개발에 있어서는 물리적인 위치 제약이 없다. 소프트웨어 코드는 어디에 있든 멀리 떨어져 있는 코드에 영향을 줄 수 있기 때문이다. 소프트웨어 개발은 물리적인 것을 만드는 것보다 자유도가 높은 것이다.

자유도가 높은 것이 좋은 것일까? 사실은 그렇지 않다. 사람의 이해 능력에는 한계가 있다. 방대한 소스 코드 전체를 머릿속에서 기억하는 것은 불가능하므로 지금 하려는 작업 중에서 중요한 부분에만 주목하고 나머지는 무시하려는 경향이 있다. 하지만 특정 위치의 코드 변경이 다른 곳에도 영향을 주는 경우에는 나머지 부분을 무시할 수 없다. 그러면 어떻게 해야 할까?

■── 상호 작용 제한하기

이런 코드 간의 상호 작용을 제한하기 위해 만들어진 것이 모듈 개념이다. 1975년경 프로그래밍 언어 파스칼의 창시자인 니클라우스 비르트(Niklaus Wirth)는 프로그래밍 언어 모듈러(Modular)를 설계했다. 이 언어는 파스칼을 기반으로 모듈 개념을 도입한 것이다.

Modular에서 모듈은 '관련성이 강한 코드를 그룹으로 모은 것'이었다. 그리고 모듈 안에 있는 구성 요소는 명시적으로 '엑스포트'하지 않으면 모듈 밖에서 참조할 수 없으며, 또한 모듈 밖의 구성 요소는 명시적으로 '임포트'하지 않으면 모듈 안을 참조할 수 없는 구조였다. 즉, 프로그래밍 언어의 모듈은 내용의 일부만 공개하고 나머지를 숨기는 구조인 것이다.

---

33 물리적으로 제한된 곳에 존재해야 한다는 의미.

외부로 공개하는 것은 해당 모듈을 부품으로 사용하기 위한 중요한 부분이다. 예를 들어, 여러 개의 값을 넣을 수 있는 '리스트'를 생각해 보자. '리스트에 값을 추가한다', '리스트의 N번째 값을 본다' 등의 조작이 되지 않으면 해당 부품을 사용하는 목적을 이룰 수 없다. 따라서 이런 조작은 외부에 공개해야 한다. 반면, 추가한 값이 메모리의 어디에 위치해야 하는지 등의 구체적인 기능은 부품으로 사용하는 데 중요하지 않다. 따라서 이것은 숨겨도 좋은 것이다.

■── 중요하지 않은 부분을 숨긴다 = 중요한 부분을 추출한다

지금까지는 추상화가 구체적인 대상으로부터 중요한 부분을 추출하는 것이라 배웠다. 그리고 모델이란 현실의 복잡한 시스템으로부터 중요한 일부만을 추출한 것이라 배웠다. 프로그래밍에서 모듈의 용도는 바로 이 추상화(모델화)다.

Modular와 동일한 시기에 존재했던, 바버라 리스코프(Barbara Liskov)가 만든 프로그래밍 언어인 CLU에서는 모듈로 기능을 모으는 것이 아니라 형을 사용해서 모았다. 그리고 데이터 구조와 그것을 처리하는 순서를 모은 후 데이터 구조의 상세 부분을 감추고 처리 순서만을 공개한 것을 '추상 데이터형'이라고 불렀다. 이후에 보급된 프로그래밍 언어 자바에서는 이 데이터와 처리 순서를 모은 구조를 '클래스'라고 불렀다. 예를 들어, 가변 길이 배열의 기능을 제공하는 것은 java.util.Vector 클래스이고, 이것은 java.util.AbstractList라는 이름의 추상 클래스로부터 파생된 클래스다.[34]

│ 모델, 뷰, 컨트롤러

모델이라는 용어에서 모델-뷰-컨트롤러라는 소프트웨어 설계 패턴을 연상하는 사람도 있을 것이다. 이것은 간단히 말하면 프로그램을 '모델'과 해당 모델을 사용자에게 보여 주는 '뷰', 그리고 모델을 사용자가 조작하는 수단인 '컨트롤러'로 나누는 패턴이다. 그렇다면 여기서 '모델'이란 무엇일까?

---

34 자바에서는 '구체적인 기능을 전혀 지니지 않는 클래스'가 있는데 이를 인터페이스라고 한다. 인터페이스에 대해서는 '같은 것'과 '다른 것' 사이에 주목(41페이지)에서 다시 한번 다루도록 한다.

예를 들어, 버튼을 누른 횟수를 카운트하는 프로그램을 만든다고 하면 모델이란, 누른 횟수의 정숫값이고 뷰는 그 정숫값을 화면에 표시하는 코드다. 그리고 컨트롤러는 버튼을 눌렀을 때 정숫값을 변경하는 코드다.[35]

프로그램에서 표시와 관련된 부분과 조작과 관련된 부분을 제외한 '프로그램의 본질적인 부분'이 모델인 것이다.

▌패턴의 발견

지금까지 추상과 모델에 대해 알아보았다. 마지막으로 패턴에 대해 살펴보자.

패턴의 발견이란, 구체적인 사례를 모아서 규칙성이나 공통적인 특징, 반복적인 것 등을 찾아낸다는 의미다. 예를 들어, 웹 페이지의 일별 접속 수를 꺾은선 그래프로 그리면 지그재그 형태를 보인다는 것을 알 수 있다.[36] 사실을 가시화함으로써 주기적인 패턴을 발견하는 것이다.

어떤 사이트의 접속 수

수치를 그대로 비교하면 '100000'과 '110000'은 한 문자만 다르지 비슷하게 보이지만, '100000'과 '99999'는 전혀 다르게 보인다. 하지만 그래프로 그리면 '100000'과 '99999'가 거의 동일하게 보인다. 표현의 형태를 바꾸면 무엇이 눈에 띄고, 눈에 띄지 않는지가 달리 보인다.[37] 숫자의 작은 차이는 보이지 않고 큰 차이가 눈

---

35 카운터 예는 1988년에 Smalltalk의 용법을 소개한 다음 논문을 참고했다. 웹 애플리케이션 개발에서는 모델 부분에 데이터베이스를 많이 사용하므로 모델과 데이터베이스를 동일시하는 사람도 있지만, 원래는 다른 용도였다. Krasner, Glenn E.; Pope, Stephen T. (1988). "A cookbook for using the model-view controller user interface paradigm in Smalltalk-80". *Journal of Object-Oriented Programming*, 1(3), 26-49. SIGS Publications.

36 주말 접속 수가 적다.

37 '5장 문장화해서 출력'(147페이지)에서는 그림을 문장으로 바꾸어 정보를 찾아내는 기법에 관해 다룬다.

에 띄게 하는 꺾은선 그래프에서는 구체적인 데이터로부터 주목해야 할 부분만 추출해서 보여 준다.

디자인 패턴

패턴이라고 하면 디자인 패턴을 연상하는 사람이 많을 것이다. 디자인 패턴은 프로그램 설계 시에 반복해서 등장하는 구조에 이름을 붙인 것이다.[38] 예를 들어, 서로 간에 바로 상호 작용하지 않고 중재자를 통해 처리하는 구조에는 '메디에이터(Mediator) 패턴'[39]이라는 이름을 붙였다. 사람을 예로 들면, 여러 명이 참가하는 이벤트를 개최할 때 참가자 전원이 일대일로 대화해서 일정을 조율하려고 하면 혼란해질 뿐이다. 따라서 한 명의 중재자(간사)를 정해서 정보를 집약하도록 설계하는 것이다. 자주 사용되는 패턴이다.

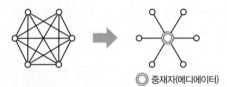

◎ 중재자(메디에이터)

중재자를 둠으로써 상호 작용의 횟수가 준다

디자인 패턴은 원래 건축 분야에서 생겨난 용어다.[40] 이것은 마을이나 건물의 설계에 반복적으로 사용되는 구조에 이름을 붙인 것이다. 예를 들어, '도어(Door, 문)'라는 패턴은 사람이 지나가게 하고 싶지만, 보통 때는 벽처럼 존재해야 한다는 과제를 해결하기 위한 설계 방식으로 매우 일반적인 건축 패턴이다. 여러분도 다양한 종류의 도어를 본 적이 있을 것이다.[41]

프로그램이든 건축이든 해결해야 할 문제가 조금씩 다른 형태로 반복적으로 발생하므로 그 해결 방법에도 반복적인 구조가 등장한다.

---

38 《GoF의 디자인 패턴(Design Patterns: Elements of Reusable Objet-Oriented Software)》(에릭 감마, 리처드 헬름, 랄프 존슨, 존 블리시디스 저, 김정아 역, 피어슨에듀케이션코리아, 2007)
39 mediator = 중재, 조율하는 사람
40 《패턴 랭귀지(A Pattern Language)》(크리스토퍼 알렉산더 저, 이용근 외 역, 인사이트, 2013)
41 도어라는 패턴에 대해서는 《영원의 건축》에서 알렉산더(Alexander)가 예로 든 것이다. 《영원의 건축(The Timeless Way of Building)》(크리스토퍼 알렉산더 저, OxfordUniversityPress, 1993)

패턴에 이름을 붙이는 것

마우스를 발명한 더글러스 엥겔바트(Douglas Carl Engelbart)는 사람의 지능을 향상시키는 방법으로 다음 네 가지를 들고 있다.[i]

- ❶ 인공물
- ❷ 언어
- ❸ 방법론
- ❹ 교육

몇 가지 예를 들어 보겠다. 계산기라는 '❶ 인공물'을 사용하므로 제한된 시간 내에 더 많은 계산을 할 수 있게 됐다. 계산 능력이 향상된 것이다. '먼저 목차에 주목하자'라는 정보 입력의 '❸ 방법론'을 배우므로 정보 입력 능력이 향상된다. 그리고 '❹ 교육'은 ❶ ~ ❸의 수단을 효율적으로 사용할 수 있게 해주는 훈련이다.

이 네 가지 중에서 '❷ 언어'가 잘 와닿지 않는 사람도 있을 것이다. 엥겔바트는 언어를, 인간이 세상을 모델링할 때 사용하는 '개념'을 분해하는 수단이라고 말했다. 또한, 언어는 이 '개념'에 심벌을 붙여서 의도적으로 조작하기 위해 사용하는 것이라고 했다. 이 개념을 의도적으로 조작하는 것이 '생각한다'는 행위라고 보았다.

세상을 모델링한다는 것은 무슨 의미일까? 그것은 세상을 관찰해서 반복적으로 등장하는 패턴을 발견하고 유용한 것만 선별해서 모델을 만드는 것이다. 디자인 패턴은 수많은 프로그램을 관찰해서 반복적으로 등장하는 구조에 이름을 붙인 것이라고 했다. 이것이 바로 '언어'를 만들고 있는 것이다. 언어를 만들면 '서로 간에 상호 작용하지 않고 작용을 중재하도록 설계하자' 하는 대신에 간단히 '메디에이터 패턴으로 하자' 하고 생각할 수 있게 된다. 사고를 위한 노력이 줄어드는 것이다. 이것은 개념에 심벌을 적용해서 얻을 수 있는 장점이다.

철학자 모리스 메를로 퐁티(Maurice Merleau-Ponty)는 계속 생겨나는 언어와 제도화돼 있는 언어로 나누어 생각했다. 나와 여러분이 대화를 할 때는 여러분에게 전달될 수 있도록 언어를 선택해서 얘기한다. 이것이 제도화된 언어다. 프로그래머의 경우에는 미리 정해진 '통신 프로토콜'이라는 것에 준해서 통신을 하는 것과 같다.

한편 '스스로 생각하는 것'이 목적인 경우에는 제도를 따를 필요 없다. 스스로 발견한 패턴에 자신이 원하는 이름을 붙이면 되는 것이다. 디자인 패턴도 처음에는 그렇게 만들어진 것이다.

---

i Engelbart, D. C. (1962). "Augmenting human intellect: A conceptual framework". SRI Summary Report AFOSR-3223, Stanford Research Institute.

메디에이터 패턴이라는 용어가 처음 만들어진 날에는 설명 없이는 전달되지 않는 용어였다. 세월이 흐르면서 수많은 언어가 등장했고, 그중에 일부만 폭넓게 사용되면서 제도화돼 가는 것이다.[ii]

ii 물론 '계속 생겨나는 언어'와 '제도화된 언어'라는 용어 자체도 메를로 퐁티에 의해 만들어진 언어다. 철학에 관심이 있는 사람들 사이에는 제도화돼 있지만, 일반인에게는 보급되지 않은 언어다.

▌추상화가 필요한 이유?

왜 추상화가 필요한 것일까? 이 책의 '시작하며'에서 지적 생산 기술의 방법 중 하나로 예제 코드에 관해 언급했었다. 외부에서 가져온 정보는 그대로는 본인의 상황에 맞게 적용할 수 없다.

예를 들어, 고등학교 수학 문제를 생각해 보자. 문제 Q1을 읽고 해법을 찾지 못했다고 하자. 어쩔 수 없이 답안인 A1을 읽고 이해해서 Q1을 풀 수 있게 됐다고 하자. 이때 비슷한 문제 Q2를 풀 수 있을까? 구체적인 답인 A1을 암기한다고 해서 비슷한 문제 Q2를 풀 수는 없다. A1은 '추상화되지 않은 구체적인 지식'이기 때문이다. 몇 개의 비슷한 문제를 풀다 보면 답안에 공통적인 패턴이 있다는 것을 발견할 수 있다. 이후로는 비슷한 문제인 Q2를 풀 수 있게 된다.

해답의 패턴은 정해진 답이라기보다 더욱 추상화, 일반화, 범용화돼 있는 지식이다. 이 지식을, 패턴을 발견하지 못한다면 즉, 추상화를 통해 얻지 못한다면 새로운 문제를 풀 수 없는 것이다.

■── 패턴 발견에 의한 일반화

고등학교까지의 수학에서는 선생님이 가르쳐 준 '추상적, 일반적인 지식'을 '구체적인 문제'에 적용해서 '구체적인 답'을 내는 방식이 많다. '추상적, 일반적인 지식'을 어떻게 만들어야 하는지에 대해서는 잘 다루지 않는 듯하다. 추상화는 패턴의 발견에 의해 이루어진다.[42]

---

42 '엔지니어의 학습법'에서는 '패턴의 발견'을 철학 용어를 사용해 '귀납'이라고 표현했었다. 하지만 귀납이라는 용어로부터 수학적인 귀납법을 연상하는 사람이 많다. 수학적 귀납과 여기서 말하는 철학적 귀납은 일부 공통된 부분도 있지만 그렇지 않은 부분도 있어서 여기서는 귀납이라는 용어를 사용하지 않는다.

예를 들어, Q1과 Q2의 해법으로부터 '이 정도 문제는 이렇게 하면 풀린다' 하고 생각하거나, 참새나 비둘기, 제비 등이 나는 것을 보고 '새는 나는 것이다' 하고 생각하는 것은 패턴의 발견이다. 이렇게 만들어진 '새는 나는 것이다'라는 추상적인 지식은 틀린 경우도 있다. 예를 들어, 펭귄은 새이지만 날지 못한다. 하지만 설령 틀린다고 해도 추상화는 필요하다. 추상화하지 않으면 꾀꼬리를 보고 '날수 있는지는 아직 관찰하지 않아서 모른다'라고 생각하게 된다. '본 적이 없으니까 모른다', '생각해 본 적이 없어서 모른다'라는 태도로는 새로운 문제에 대처할 수 없다.[43]

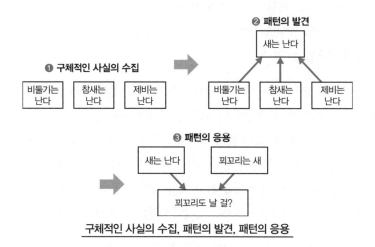

구체적인 사실의 수집, 패턴의 발견, 패턴의 응용

---

43 새로운 지식을 만들어 내는 것과, 철학 용어인 '귀납'의 관계에 대해서는 앙리 푸앵카레(Henri Poincare)의 《과학과 가설》을 참고하면 좋다.
《과학과 가설(La Science et l'hypothése)》(앙리 푸앵카레 저, 이정우, 이규원 공역, 에피스테메, 2014)

추상화는 어떻게?

추상화가 무엇인지, 추상화가 왜 필요한지 배웠다. 다음은 어떻게 추상화를 할수 있는지에 관해 생각해 보자.

비교를 통해 배우기

추상화 및 패턴의 발견을 위해서는 먼저 구체적인 정보를 수집해야 한다. 구체적인 정보를 수집했다면 다음으로 해야 할 것은 '비교'다. 좀 더 자세히 보자.

■── '같은 것'과 '다른 것' 사이에 주목

무엇을 비교하면 좋을까? 그것은 '같은 것'과 '다른 것' 사이에 있는 것이다. 동일한 것을 비교해도 '같다'라는 결론밖에 나지 않는다. 전혀 다른 것을 비교해도 다른 것이 너무 많아서 무엇을 끄집어 내야 할지 찾기 힘들다.

'같은 것'과 '다른 것' 중 어느 한쪽밖에 없다고 생각하는 것은 이분법적인 사고다. 현실에는 완전히 동일한 것, 매우 비슷해서 대부분 동일하지만 약간 다른 것, 대부분 다르지만 약간 동일한 것, 완전히 다른 것들이 점증적으로(그러데이션처럼) 섞여 있다.

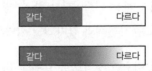

같은 것과 다른 것의 경계는 그러데이션으로 돼 있다

새로운 것을 발견하기 위해서는 '같지도', '다르지도' 않은 일부가 동일하고 일부가 다른 '비슷한 것'을 서로 비교해야 한다.

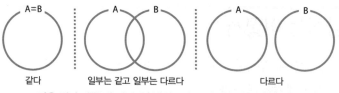

A=B
같다

A   B
일부는 같고 일부는 다르다

A   B
다르다

같은 것과 다른 것 사이에 '일부는 같고 일부는 다른 것'이 있다

구체적인 예를 보자. 전동 드릴은 끝 부분의 공구 부분을 교환할 수 있게 돼 있다. 이때 교환할 수 있는 공구는 '같은 것'이 아니다. 하지만 드릴의 회전하는 부분에 꽂아서 사용할 수 있도록 뿌리 부분은 동일한 구조로 돼 있다.

이것과 비슷한 것이 프로그램 내에서 교환 가능한 부품을 만들 때에도 사용된다. 프로그래밍 언어 자바에서는 '인터페이스'라는 구조를 사용해서 '클래스가 어떤 메소드를 지녀야 하는지'를 결정할 수 있다. 이런 구조를 사용하면 동일 인터페이스를 가진 클래스를 부품처럼 교환해서 사용할 수 있는 것이다. 물리적인 공구이든 프로그래밍 언어이든 '교환할 수 있는 부품은 이음매가 공통적으로 같다'는 패턴이 있는 것이다.

■── 비유

비유는 추상적인 것을 전달할 때 자주 사용된다. 앞에서도 전기 드릴을 비유해서 설명했었다. 비유는 전달하고자 하는 추상적인 개념과, 그 개념을 구체화한 것을 비교해서 이해하기 쉽게 하는 기법이라고 할 수 있다. 예를 들어, 공개키 개념을 가르칠 때 '공개키 암호는 자물쇠와 같다'라고 설명하곤 한다.[44]

비유도 동일한 것이 아니라 비슷한 것이므로 일부가 같고 일부는 다르다. 그리고 중요한 것은 어떤 부분이 같은지를 찾는 것이다. 예를 들어, 자물쇠는 대부분의 경우 놋쇠로 돼 있으며 키를 돌리면 내부에 있는 디스크가 정해진 모양의 내부 고리와 맞물려서 열리는 구조다. 하지만 이것은 공개키 암호화와 아무런 관련이 없다. 자물쇠가 공개키 암호화 비슷한 점은 '키를 가지고 있지 않더라도 자물쇠를

---

44 비유의 효과에 대해서는 6장에서 자세히 다룬다.

잠글 수 있다는 점'이다. 물론 키 없이는 열 수 없다는 것도 비슷하다. 예를 들어, 'A의 집 키는 가지고 있지 않아도 A에게 우편을 보낼 수 있지만, 받은 우편물을 볼 수 있는 것은 A밖에 없다'라는 비슷한 구조를 지니고 있다.

비유는 잘 사용하면 이해도를 높일 수 있지만, 반대로 혼란을 초래하거나 오해를 살 수도 있다. '어디가 같고, 어디가 다른지'를 명확하게 파악하는 것이 중요하다.

■── 다른 것에 주목

공통 부분을 발견하는 것은 쉬운 작업이지만, '이것도 닮았어, 저것도 닮았어' 하고 단순히 정보만 모으고 끝나기 쉽다. 어느 정도 익숙해지면 차이에 주목하거나 모순돼 보이는 것에 집중하면 생각을 진행하기 쉽다.

예를 들어, 프로그래밍 학습법과 영어 학습법을 비교해 보자. 영어 학습법이라고 하면 사람마다 연상하는 것이 다르다. 나는 '영어로 적혀 있는 교과서를 읽는다'를 연상했다. 이것과 '프로그램을 실제로 작성해서 실행해 본다'를 비교하면 차이가 크다. 여기서 왜 차이가 큰지를 생각해 보아야 한다.

내가 내린 결론은 '영어로 적혀 있는 교과서를 읽는다'는 입력 부분만 생각한 것이다. 프로그래밍 학습법은 입력한 후 실제로 프로그램을 작성해 본다는 출력이 있어서 실제 프로그램에 예상한 대로 실행되면 '앗싸! 실행됐어!'라는 기쁨을 느낄 수 있는 것이다. '이와 비슷한 것이 영어에도 있지 않을까?' 하고 생각했고 그 방법을 찾았다. 다른 사람에게 무언가를 전달하기 위해 영어로 말을 하거나 글을 쓰고 그것이 전달되면 '앗싸! 전달됐어!' 하고 기뻐하는 것이다.

이렇게 '달라', '왜 다르지', '잘 생각해 보면 다르지 않았어'라는 사이클을 돌리면 한 계단씩 올라가듯이 생각을 앞으로 전진시킬 수 있다.[45]

---

45 이런 생각의 패턴을 '변증법'이라고 한다.

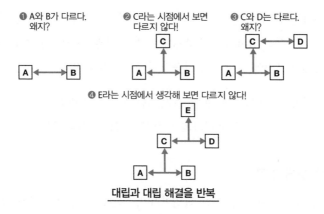

❶ A와 B가 다르다. 왜지?

❷ C라는 시점에서 보면 다르지 않다!

❸ C와 D는 다르다. 왜지?

❹ E라는 시점에서 생각해 보면 다르지 않다!

대립과 대립 해결을 반복

이 사이클은 끝이 없는 프로세스다. 따라서 특히 비슷한 주제에 관해 다른 저자가 쓴 책을 읽을 때는 먼저 공통 부분에 주목해서 저자들의 공통 부분을 취하면 좋다. 다음은 저자에 따라 의견이 다른 부분이 어디인지, 왜 그것이 다른지를 여유가 있을 때 생각해 보면 된다.

예를 들어, 이 장의 '읽고 싶은 것부터'(16페이지)에서는 지연 평가적인 공부법, YAGNI 원칙, 마츠의 소스 코드 읽는 법 등의 비슷한 세 가지 개념을 묶어서 소개했다. 여러분이 이것을 비교해서 차이점이 무엇인지를 생각하므로 이해도를 높일 수 있다. 하지만 이것은 달성 조건이 불명확한 태스크이므로 지금은 계속 읽어 나가는 것도 좋다. 이 책을 다 읽은 후에 다시 도전해 보자.

역사를 통해 배우기

역사를 통해 배우는 것은 현재와 과거를 비교하는 것이다. 예를 들어, 과거에 있었던 일 중에 현재 진행 중인 것과 비슷한 구조를 지닌 것이 있을 수도 있다. 공통적인 패턴을 발견함으로써 다음에 어떤 일이 일어날지 예상할 수 있는 것이다. 또한, 변경 전과 변경 후를 비교해서 어떻게 바뀌었는지, 왜 바뀌었는지를 생각해 보면 이해도를 높일 수 있다.

프로그램 등의 인공물은 누군가가 '필요하다'고 생각해서 만든 것이다. '만들기 전에는 어떠했는지, 지금은 어떻게 다른지'를 생각해 보면 '왜 그것을 만들었는지'를 이해할 수 있게 된다.

프로그램은 코드를 보면 뭐든지 알 수 있다고 착각하는 사람도 있다. 하지만 코드에는 기본적으로 '현재'의 'how' 정보밖에 없다. '변경 전에는 어떤 문제가 있는지'라는 '과거'의 정보나 '왜 변경이 필요했는지', '왜 이 방법을 선택했는지'라는 'why'의 정보는 코드를 통해 알 수 없다. 이런 정보는 주석이나 커밋(Commit) 로그, 개발자가 주고받은 메일 등에 기록돼 있다.

▌패턴 책을 통해 배우기

스스로 패턴을 발견하지 못한다면 패턴을 다루는 책을 읽으면 되지 않냐고 생각하는 사람도 있을 것이다. 언뜻 합리적으로 보일 수도 있지만, 실제로는 '감이 오지 않는다', '추상적이어서 잘 모르겠다'고 느끼는 경우가 많다.

수학의 해법 책을 읽기만 하고 문제를 풀어 보지 않은 경우 새로운 문제가 나왔을 때 풀 수 있을까? 프로그램 설계 방법에 대한 책을 읽으면 스스로 프로그램을 작성해 보지 않고서도 설계할 수 있게 될까? 패턴 책은 구체적인 경험으로부터 스스로 패턴을 발견할 수 있게 도와줄 수 있지만, 구체적인 경험이 없는 상태에서 패턴만 습득할 수는 없다.

이것을 상자 쌓기에 비유해 보자. 누군가가 상자를 쌓아 만든 피라미드를 보고 '저기 있는 상자를 갖고 싶어'라고 생각하고 가져간다고 해도 그것을 둘 토대가 준비돼 있지 않으면 단지 땅바닥에 둘 수밖에 없다.[46]

피라미드 꼭대기에 있는 상자를 가져왔지만, 뭔가 생각한 것과는 다르다

---

46 또 다른 예: 벚꽃을 원한다고 꽃이 피어 있는 가지를 잘라 심어도 꽃이 지면 그만이다. 매년 꽃이 계속 피려면 뿌리가 필요하다. 비슷한 예로, 공복 상태인 사람에게 물고기를 한 마리 주더라도 한끼밖에 해결할 수 없다. 물고기를 주는 것이 아니라 물고기 잡는 법을 가르쳐 주어야 한다.

상자를 바닥에 두었는지, 아니면 위에 제대로 쌓았는지 알기 위해서는 다음 세 가지를 확인해야 한다.

- 자신만의 언어로 설명할 수 있는가?
- 자신의 경험을 바탕으로 구체적인 예를 들 수 있는가?
- 자신의 목적을 달성하기 위해 그 지식을 사용할 수 있는가?

예를 들어, '공개키 암호화는 자물쇠와 같다'라는 문장을 책에서 읽었다고 하자. 공개키 암호화를 이해하지 못하더라도 통째로 암기할 수 있다. 암기한 경우라도 '빈 칸을 채우시오: 공개키 암호화는 ○○○와 같다'라는 문제를 풀 수 있다. 한편, '왜 비슷한지'를 자신만의 언어로 설명하거나 다른 예로 바꿀 수는 없다. 또한, 자신이 해결하고 싶은 문제가 공개키 암호화에 의해 해결될 수 있는지는 공개키 암호화를 잘 이해하고 있어야 알 수 있다.

제대로 알지 못하면서 잘 알고 있다고 믿어 버리는 경우는 흔한 일이다. 그 차이를 이해하고 학습을 지속하려면 이해를 검증하는 것이 중요하다.

검증

여러분이 무언가를 이해했다는 느낌이 들더라도 정말로 이해하는지를 보장하지는 못한다. 맞다고 생각하는 여러분의 머릿속에 있는 모델이 정말로 맞는지는 그 모델을 실제로 사용해서 결과를 관찰하고 검증해야 한다.

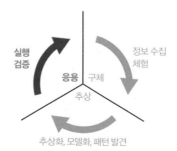

머릿속 모델을 사용해서 실행하고 그 결과를 검증하기

만들어서 검증

제대로 이해했는지는 이해한 것을 바탕으로 무언가를 만들어 보고, 그것이 생각한 대로 동작하는지 여부로 검증할 수 있다.

프로그래밍 학습은 검증이 매우 쉬운 분야다. 제대로 이해하지 않은 상태에서 프로그램을 작성하면 오류가 발생하기 때문이다. 그리고 오류가 난 프로그램을 수정해서 재실행할 수도 있다.

무언가를 만든다는 점에서는 목공소에서 의자를 만드는 것과 비교할 수 있다. 먼저, 나무를 잘라서 조립하지만, 설계도가 잘못돼서 제대로 조립되지 않는 상황을 생각해 보자. 이미 프로그래밍보다 시간이 더 걸린 상황이다. 구멍 낼 위치를 틀려서 잘못된 위치에 구멍이 생겼다고 하자. 이 목재는 이미 사용할 수 없으므로 다시 나무를 자르는 것부터 시작해야 한다. 프로그래밍은 디지털 데이터를 사용해서 뭔가를 만드는 것으로 시행착오에 드는 비용(시간)이 매우 적다.

다른 예로, 그림을 그리는 것과 비교해 보자. 스케치를 했는데 부자연스러운 그림이 되어 버렸다. '부자연스럽다는 것은 어디가 이상한지 모르는 현상'이다. 전문가에게 보여 주면 '이 선이 기울어져 있네요' 하고 지적할지도 모르지만, 스스로는 찾아낼 수 없다. 프로그래밍에서 대부분의 경우 어디가 잘못됐는지 오류 메시지로 알려 준다.[47]

이처럼 프로그래밍 학습은 다른 분야에 비해 학습 사이클을 빠르게 돌릴 수 있다. 이 장의 '의욕을 유지하려면'(10페이지)에서 '의욕은 보상(Reward)에 의해 유지된다. 보상을 짧은 간격으로 얻을 수 있게 하는 것이 중요하다'라고 설명했다. 작성한 프로그램이 기대한 대로 실행됐을 때 여러분은 성취감이라는 보상을 받게 된다. 기대한 대로 실행되지 않을 때는 '왜 생각한 대로 실행되지 않는 거지?', '생각한 동작과 실제 동작과의 차이는 무엇인지?'를 생각해 보면 이해도를 높일 수 있다.

---

[47] 프로그래밍에서도 오류가 발생하지 않지만 어딘가가 이상한 현상이 발생하기도 한다. 이때는 스케치와 마찬가지로 '도대체 어디가 잘못된 거야' 하고 고민하게 된다.

프로그래밍은 만들어서 검증해 보는 것에 매우 적합한 소재다. 그리고 프로그래밍을 배움으로써 '사이클을 돌리는 학습법'을 배울 수 있다. 이 학습 방식은 10년이 지나도 써먹을 수 있다.

■── 해설도 만드는 것의 일종

만드는 것에는 프로그램만 있는 것이 아니다. 해설 블로그를 작성하는 것도 만드는 것의 일종이다. 예를 들어, 무언가 새로운 것을 배웠다면 '하루 전의 자신에게 어떻게 설명할까?'를 생각해서 해설하면 자신이 애매하게 이해하고 있는 것이 어딘지 알 수 있다.

배운 것을 다른 사람에게 이야기해 보는 것도 좋다. 이야기를 하면서 상대방의 얼굴을 보고 잘 모르겠다는 표정을 하고 있다면 제대로 설명하고 있지 않은 것이다. 질문이 없거나 엉뚱한 질문이 온다면 제대로 설명하지 않은 것이다. 잘 설명할 수 있게 개선 사이클을 돌리면 이해도를 높일 수 있다.

시험을 통한 검증

중학교에서 배운 것은 중간고사나 기말고사라는 형태로 정기적으로 검증받는다. 이것도 이해하고 있는지를 검증하기 위한 방법 중 하나다. 학교를 졸업한 후에는 예를 들어, 자격증 등을 통해 검증받는다.

변화가 적은 분야, 좋은 교과서가 정비돼 있는 분야에서는 시험을 통해 검증하는 학습법도 제대로 기능할 수 있다. 한편, 변화가 많은 분야에서는 교과서나 시험 내용이 실무에서 필요한 것보다 오래된 것이라는 문제가 발생한다.

검증이 어려운 분야

만약 여러분이 뮤지션이라면 곡을 만들어서 발표한 후 대중의 반응을 확인하기까지 어느 정도 시간이 걸릴까? 타인의 반응을 통해 실패의 원인을 밝혀 낼 수 있을까?

고객이 원하는 상품의 개발 방법은 어떻게 배울 수 있을까? 단순 검증을 위해서 실제로 상품을 만들어 시장에 내놓는 것은 많은 비용이 소요된다.

사람의 인생은 평생 한 번만 실험할 수 있다. 제대로 산 인생인지 죽을 때 깨닫더라도 그 깨달음을 살릴 수 있는 기회는 주어지지 않는다.

어떤 분야가 검증하기 쉽고 어떤 것이 검증하기 어려운 것일까? 반복적으로 실험하기 쉽고, 실험 결과에 영향을 주는 요인을 조정하기 쉬운 분야가 검증하기 쉬운 분야다. 과학이나 공학은 실험을 통한 검증이 쉬운 분야를 중심으로 발전해 왔다.

정리

이 장에서는 '정보 수집, 모델화, 검증'이라는 학습 사이클에 대해 자세히 배웠다. 마지막으로 복습한다는 의미에서 알버트 아인슈타인(Albert Einstein)이 그린 그림을 통해 비교해 보자.

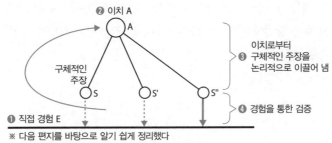

※ 다음 편지를 바탕으로 알기 쉽게 정리했다
《졸로비네에게 보내는 편지(Letters to Solovine: 1906-1955)》,
(알버트 아인슈타인 저, Philosophical Library/Open Road, 2011)

아인슈타인의 사고 방식

❶ 직접 경험 E는 이 책의 설명에서는 '먼저 구체적인 정보를 수집'에 해당한다. 아인슈타인은 직접 경험 E는 데이터라고 설명했다.

❷ 이치 A는 직접 경험 E로부터 만들어진다. 아인슈타인은 이치 A가 논리적으로 만들어지는 것이 아니라 직감에 의해 생겨난다고 믿었다. 이것은 이 책에서는

'패턴을 발견한다'에 해당한다. 패턴은 논리적으로 생각해서 발견하는 것이 아니다. 실제 데이터나 직접 경험을 통해 '이런 패턴이 있을 것 같다' 하고 직감적으로 발견하는 것이다. '패턴의 발견에 의한 일반화'에서는 발견한 패턴이 맞는 것은 아니라고 설명했는데, 아인슈타인의 '이치는 논리적으로 찾을 수 있는 것이 아니다'라는 생각과 일치한다.

아인슈타인은 ❸의 구체적인 주장 S, S', S"가 이치 A로부터 논리적으로 도출된다고 생각했다. 그리고 ❹에서 경험을 통해 검증하는 것이다. '만들어서 검증'에서는 이해를 바탕으로 무언가를 만들어 보고, 그것이 생각한 대로 동작하는지로 이해도를 검증한다고 설명했다. 이해가 이치 A에 해당되고 그 이해를 바탕으로 '이렇게 만들면 이렇게 움직일 것이다' 하고 구체적인 주장 S가 만들어진다. 이것이 실제로 그렇게 동작하는지 직접 경험 E와 대조해서 검증하는 것이다.[48] 이 장에서 배운 것 중에 아인슈타인의 그림에 나오지 않는 것은 다음과 같다.

- 학습 사이클을 돌리는 원동력인 '의욕'에 대해
- 정보 수집이나 추상화, 검증의 구체적인 방법에 대해

2장에서는 의욕 유지를 위한 태스크 관리에 관해 설명하고, 4장에서는 정보 수집을 위한 독서 방법에 관해 설명한다. 그리고 5장에서는 패턴을 발견하기 위한 KJ법에 관해 다룬다.

---

48 아인슈타인은 ❹도 직감에 의존한다고 믿었다. 즉, S에 등장하는 개념과 직접적인 경험 사이의 관계가 논리적이지 않다는 것이다. 예를 들어, dog라는 언어와 개를 보고 우리가 느끼는 직접 경험하는 것 사이에 근거가 없다는 것이다. 이것은 '모든 모델은 틀렸다'와 관련된 얘기로 모델은 직접 경험과는 다른 것이어서 새롭게 관측된 직접 경험이 특정 모델과 대응되는지는 논리적으로 설명할 수 없다는 뜻이다.

제 2 장
동기부여를 하려면

1장에서는 학습 사이클에 관해 살펴보았다. 학습 사이클을 돌리려면 원동력인 '의욕(동기부여)'에 집중하는 것이 중요하다. 하지만 '의욕이 생기지 않는다, 의욕을 내려면 어떻게 해야 하지' 하고 고민하는 사람이 많다. 나는 이 문제를 해결하는 것이 중요하다고 보고, 1만 2,000명 이상의 의욕이 없는 사람들을 조사해 왔다. 이 장에서는 그 데이터를 바탕으로 의욕(동기부여)에 관해 자세히 설명하도록 한다.

의욕이 없는 사람의 65%는 태스크를 하나로 추리지 못한다

의욕이 없다고 생각하는 사람에게 지금 하려는 것이 하나인지 여러 개인지 물어봤더니 65%의 사람이 여러 개라고 대답했다. 하지만 여러 태스크를 한 번에 실행하는 것은 매우 어렵다. 몇 번이고 경험해서 익숙해진 작업이 아닌 이상은 불가능하다고 보는 것이 맞다.

예를 들어, 요리를 잘하는 사람이 요리를 할 때는 냄비를 불에 올려 놓고 재료가 데워질 동안 사용한 도마를 씻거나 데워진 재료를 담기 위한 접시를 준비한다. 하지만 요리를 막 배운 사람에게는 이것이 불가능하다. 전문가는 데워질 때까지 걸리는 시간이나, 도마를 씻는 데 걸리는 시간을 파악하고 있다. 따라서 '데워지는 시간 동안에 도마를 씻을 수 있다'는 판단을 할 수 있다. 막 배우기 시작한 사람은 이 판단을 할 수 없으므로 병행 처리를 할 수 없다.

여러 태스크를 병행해서 진행하는 것처럼 보이지만, 실제로는 한 번에 하나의 태스크를 바꿔 가며 하는 것이다. 여러 태스크를 병행해서 실행하는 것은 '태스크 변경을 위한 의사결정'이라는 추가 태스크를 포함하는 것이다. 여러 태스크를 하려고 해서 의욕이 생기지 않거나 머리가 복잡해진다면 일단 하고자 하는 것을 하나로 추려서 차례로 정리해 가면 된다.

추려내기 위해서 먼저 전체 모습을 파악하자

태스크를 하나로 추리는 것은 어떻게 해야 할까? '태스크를 하나로 추려 보세요'라고 했을 때 추리지 못한 사람의 76%는 태스크를 목록화하지 않고 고민만 하는 상태였다. 그리고 이 때문에 태스크의 전체 모습을 파악하지 못했다.

먼저 전부 다 작성해 보고 전체가 어느 정도인지, 어떤 태스크가 있는지를 파악하자. 이 조언을 받아들여서 작성해 본 사람 중 32%가 이미 작성만으로 의욕이 생겼다.[1]

Getting Things Done: 먼저 모두 정리한다

이와 비슷한 것이 데이비드 앨런(David Allen)의 저서 《쏟아지는 일 완벽하게 해내는 법》[2]에서 주장하는 기법인 GTD(Getting Things Done)다.

GTD에서는 '신경 쓰이는 것'을 전부 한 곳에 정리한다. 사람은 많은 것을 한 번에 기억할 수 없다. 기억할 수 있는 것 이상을 기억하려고 하면 그 부담이 스트레스가 돼서 인지 능력이 저하된다. 그래서 먼저 '해야 할 것은 모두 여기에 정리한다'는 상황을 만들면 '해야 할 것을 기억하지 않으면 안 된다'는 부담으로부터 자유로워질 수 있다.

ToDo 리스트나 태스크 리스트를 만들려고 생각한 사람은 많을 것이다. GTD 접근법은 이와 비슷하지만 약간 다른 점이 있다. 그것은 '신경 쓰이는 것은 모두 정리한다'라는 점이다. ToDo 리스트는 해야 할 것을 기록하는 것이다. 따라서 기록하기 전에 '이것이 해야 할 것인가'라는 판단이 필요하다. GTD에서는 이 판단을 나중으로 미루고, 신경 쓰이는 것을 모두 하나로 정리한다. 정리하는 단계와 그것을 생각하는 단계를 나누어 '정리한다'와 '생각한다'라는 서로 다른 태스크를 한 번에 하지 않도록 하는 것이다.

---

1   생각을 정리하는 방법이나 아이디어를 만들어 내는 방법에도 '먼저 관련 있을 것 같은 것을 전부 작성해 보자'라는 접근법이 있다. 자세한 내용은 5장에서 다룬다.
2   《쏟아지는 일 완벽하게 해내는 법(Getting Things Done: The Art of Stress-Free Productivity)》(데이비드 앨런 저, 김경섭, 김선준 공역, 김영사, 2016)

예를 들어, 신경 쓰이는 편지가 있다고 해도 그에 대한 답장이 필요한지 단순히 버려도 되는 것인지 판단하려면 편지를 읽어 보아야 한다. 정리하는 단계에서는 내용을 확인하지 않고 정리할 위치(Inbox)에 넣기만 하면 해당 작업이 끝나는 것이다. 정리하는 단계의 목표는 '신경 쓰이는 것은 모두 여기에 있다'라는 상태를 만드는 것이다.

▌전부 모아서 나중에 처리하기

GTD의 대략적인 내용을 간단히 설명하겠다. 《쏟아지는 일 완벽하게 해내는 법》을 읽은 적이 있는 독자는 다음 절로 바로 넘어가도 좋다.

GTD에서는 신경 쓰이는 것을 한 곳에 정리한 후에 그것을 처리해 나간다. 수집 단계와 처리 단계를 명확하게 나누는 것이 중요하다. 정리하면서 생각하는 것이 아니라 일단 다 정리한 후에 전체 모습을 파악하는 것이다.[3]

처리 단계에서는 수집한 것에 관해 '이것은 무엇인가?', '이것에 관해 자신이 어떤 행동을 취할 필요가 있는가?'를 묻는다. '행동을 취할 필요가 있다'라고 생각했다면 다음은 '어떤 결과를 얻기 원하는가?'를 묻는다. 즉, 목표를 명확하게 하는 것이다. 그 후에 '다음에 취해야 할 구체적인 행동은?'이라고 묻는다. 여기까지 오면 간신히 ToDo 리스트의 형태가 된다.

이후에는 '다음에 취해야 할 구체적인 행동'이 무엇인지에 따라 세분화해 나가지만, 여기서는 가볍게 소개하는 정도로만 다루겠다.[4]

- '행동을 취하지 않아도 되는 것'을 버릴 것, 재료, 유보의 세 가지로 분류한다.
- '다음에 취해야 할 구체적인 행동'이 여러 개라면 '프로젝트'로 만든다.
- '다음에 취해야 할 구체적인 행동'이 2분 이내에 할 수 있는 것이라면 지금 한다.

---

3   여기서는 단순화해서 설명하기 위해 이상적인 상황을 설명하고 있지만, 현실에는 시간이라는 제약이 있다. 데이비드 앨런은 2일을 확보하는 것이 이상적이라고 생각했다.

4   너무 복잡한 것을 처음부터 하려고 하면 생각에 혼란을 줄 수 있기 때문이다.

- '다음에 취해야 할 구체적인 행동'을 하는 것이 자신이 아니라면 다른 사람에게 맡기고 연락 대기 목록에 넣는다.
- '다음에 취해야 할 구체적인 행동'을 하는 것이 특정 일시라면 달력에 적는다.
- 위의 어느 항목에도 해당하지 않는 것은 '다음에 취해야 할 행동' 목록에 넣는다.

이렇게 정리해 가다 보면 다음에 취해야 할 행동 목록이 명확해진다. 이 목록의 전체 모습이 보인다면 그중에서 선택해서 실행하면 된다. 이것이 GTD에서 말하는 대략적인 전체 모습이다.

▌어떻게 하나의 태스크를 선택할 것인가?

태스크를 적어서 태스크 목록을 만들었다고 하자. 어떻게 해야 다음에 해야 할 태스크를 하나로 추릴 수 있을까? 태스크를 적은 후에 '거기에서 하나를 선택하자'라고 해도 33%의 사람은 '선택할 수 없다'라고 대답했다. '무엇을 할지'에 대한 의사 결정은 의외로 어려운 작업이다.

GTD의 처리 단계에서는 신경 쓰이는 것을 전부 상자에 넣은 후에 우선순위 등을 고려하지 않고 상자 안의 가장 위에 있는 것부터 하나씩 순서대로 처리해 간다. 이 것은 1장의 학습법에서 본 '어디에 중요한 것이 있는지 모르니까 처음부터 할 수 밖에 없다'와 비슷하다. '상자 안에 있는 신경 쓰이는 것을 처리한다'라는 태스크는 전부 같은 우선순위라고 가정하고, 의사결정 자체를 방치하는 것이다.

이 방법에서 우려스러운 것은 완료까지 시간이 걸린다는 것이다. 앨런은 "2일을 꼬박 확보하는 것이 이상적이다", "수집에 6시간 이상이 걸리는 경우도 있고, 거기에 더해 처리에 8시간이 걸릴 수도 있다"라고 말했다. 이 책을 읽고 있는 대부분의 독자가 처한 상황에서는 수집과 처리 작업을 하고 있는 동안에 다른 작업이 발생할 것이다. 하지만 모두 수집한 후의 상태라면 머릿속에만 정보가 있는 상태보다는 훨씬 나은 상태다. 끼어든 작업으로 인해 중단되더라도 다시 정보 수집이 완료된 상태로 돌아오면 상자 안의 내용물은 그대로 남아 있으므로 재개할 수 있기 때문이다.

▪── 방 정리와 비슷하다

나는 이 GTD 구조를 보고서 방을 지저분하게 사용하는 사람에게 충고를 하는 방식과 비슷하다고 생각했다. 물건이 너무 많아서 방이 지저분한 상태와, 신경 써야 할 것이 너무 많아서 머리가 복잡한 상태는 비슷하다. 그리고 방을 지저분하게 사용하는 사람에게 자주 하는 충고가 '일단 정리한 후에 버려라'다.

이것은 버린 쓰레기 봉지의 양으로 진척을 가시화할 수 있다는 점에서 좋은 방법이지만, '버릴 수 없는 것'이 늘어나면 그것을 다시 정리하기 위해 또 다른 혼란이 발생하게 된다. 방을 지저분하게 사용하는 사람의 대부분은 '정돈된 방'을 만들기 위해 어느 정도 시간이 걸리는지를 모르므로, 막상 청소를 시작하지만 남은 시간이 얼마 없다는 이유로 청소를 강제로 끝내 버린다. 이때 '버릴 수 없는 물건'이 어딘가에 산처럼 쌓여서 '노력한 것에 비해 정리한 것이 얼마 안 된다' 하고 헛수고라는 생각을 하게 된다.

▪── 먼저 기지를 만들어라

다른 한 가지 조언은 '먼저 기지를 만들어라'다. 나는 이 방법을 높이 평가한다. '방 전체'를 정리하는 것은 많은 시간이 필요하므로 먼저 구역을 나누어서 거기만은 '정리된 상태'로 만들자는 방법이다. '기지 = 정돈된 영역'을 손에 넣었다는 성취감을 얻을 수 있다. 또한, 기지가 생기면 매일의 작업이 효율화돼서 잉여 시간이 생기게 되고, 그것을 다시 기지 유지 및 개선에 사용할 수 있다. 이렇게 기지가 정리된 상태를 유지하면서 기지의 사용 방법을 향상시켜 나가는 것이다.[5]

방 청소에 대한 충고 방식을 태스크 관리에 투영해 보자. '신경 쓰이는 모든 것을 정리'는 시간이 오래 걸리므로 먼저 그 일부인 '오늘 해야 할 것'의 정리에 집중하자는 얘기가 된다.[6]

---

5 이 설명은 7장의 확대 재생산 전략과 비슷하다.
6 이것은 태스크 세분화의 예다. 또한, 방 청소의 관점에서 태스크 관리 관점으로 관점을 바꾸는 것은 6장의 아날로지에서 예로 다룬다.

■── 태스크가 너무 많다

내가 한 실험에서는 태스크가 7개 이상인 사람의 92%가 '모든 것을 오늘 중에 끝낼 수 있나?'라는 질문에 '아니오'라고 대답했다. 태스크 목록이 아무리 길어도 오늘 할 수 있는 것은 한정돼 있다. 먼저 '정말 오늘 중에 끝내야 할 것'만 선별하자. 그리고 그것을 끝내면 '오늘 해야 할 것은 전부 끝냈다'라는 성취감을 느낄 수 있다. 남은 시간에 다른 태스크를 정리하거나 '내일 해야 할 것 목록'을 만들 수 있다.

만약 '오늘 해야만 하는 것'이 하루 만에 끝낼 수 없는 양이라면 해당 태스크를 열심히 해서 끝내려고 노력하는 것이 아니라 마감일을 변경하든가 사양을 변경하든가 아니면 포기하는 수밖에 없다.

C o l u m n

긴급성 분리 이론

오늘 해야 할 것이 오늘 할 수 있는 이상의 양이 되는 것을 '긴급 사태'라고 한다. 이 상태에 대처하기 위한 방법으로 경영 컨설턴트인 고바야시 타다시가 쓴 《지적 생산성 향상 시스템 DIPS》[i]에서는 다음 체크 리스트를 제안하고 있다.

- 질을 낮출 수 있는가?
- 양을 줄일 수 있는가?
- 납기일을 늦출 수 있는가?
- 방법을 바꿀 수 있는가?
- 다른 것으로 대체할 수 있는가?
- 돈으로 해결할 수 있는가?
- 위의 것으로 해결되지 않는다면 포기할 것

---

i 《지적 생산성 향상 시스템 DIPS(知的生産性向上システムDIPS)》(고바야시 타다시 저, 다이아몬드사, 1992)

'우선순위 정하기'는 그 자체가 어려운 태스크

'오늘 해야만 하는 태스크'가 없다면 태스크 목록에 있는 수많은 태스크 중에서 어떤 것을 선택해서 실행해야 할까? 이런 상황에서는 태스크에 우선순위를 할당하려는 경향이 있다. 하지만 나는 우선순위를 정하는 것에 의문을 품고 있으므로 이에 관해 잠시 살펴보겠다.

소트의 계산량

값의 대소 관계에 따라 나열 순서를 바꾸는 '소트(Sort)' 작업은 의외로 시간이 걸린다. 예를 들어, '인접한 두 값을 보고 큰 것을 위로 올린다'라는 처리를 반복하는 버블 소트에서는 정렬할 대상이 N개인 경우 N(N-1)/2회의 비교가 필요하다. 태스크의 비교와 정렬이 3초 만에 된다고 하면 태스크가 10개인 경우 135초, 약 2분이 걸리지만 태스크가 100개인 경우 1만 4,850초, 약 4시간 이상이 걸린다.

더 효율적인(작업이 복잡한) 알고리즘을 사용하면 다소 나아질 수 있지만, 그래도 태스크 개수가 10배가 됐을 때 소트에 걸리는 시간이 10배 이상이 된다는 것에는 변함이 없다. 개수가 늘어나면 늘어날수록 우선순위를 정하는 데 드는 시간이 많아지는 것이다.

비교가 3초 만에 끝나는 경우에도 이렇게 시간이 걸리는 것이다. 실제로는 대부분의 사람이 '무엇을 먼저 할까' 하고 생각하는 데 3초 이상이 시간을 사용한 경험이 있을 것이다.

1차원이 아니면 대소 관계를 알 수 없다

애당초 대소 관계를 비교하는 것이 가능할 것일까? 그림을 보자.

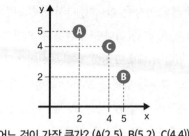

어느 것이 가장 큰가? (A(2,5), B(5,2), C(4,4))

A, B, C가 각각 태스크이고 x와 y가 그 태스크에 의해 얻을 수 있는 이점이라고 하자. 예를 들어, 고객의 요구 사항으로 기능을 추가하면 코드가 복잡해지지만, 고객 만족도가 올라간다. 한편, 복잡해진 코드를 간결하게 정리하려고 리팩터링 (Refactoring)에 시간을 소비하면 코드의 유지관리는 용이해지지만, 고객 만족도는 올라가지 않는다. 이것을 위 그림과 연결하면 x가 유지관리의 용이도, y가 고객 만족도, A가 기능 추가, B가 리팩터링, C가 양쪽을 동시에 하는 태스크가 된다.

'크기'라는 개념은 상황에 따라 달라진다. 1차원의 값에 대해서는 직관적인 정의 가 있어서 대부분의 사람이 크기의 대소 관계에 동의한다. 하지만 2차원 이상이 되면 모두가 찬성할 수 있는 '크기'라는 개념이 존재하지 않는다.

y를 중시해서 x를 무시하면 A가 가장 중요하다. x를 중시해서 y를 무시하면 B가 가장 중요하다. x와 y가 동일한 정도로 중요하다고 보고 x + y로 비교하면 C가 가장 중요하다. x가 y보다 2배 중요하다면 5 × 2 + 2 == 4 × 2 + 4이므로 B와 C의 중요도가 동일해진다.

조너선 라스무슨(Jonathan Rasmusson)이 쓴 책 《애자일 마스터》[7]에서는 '트레이드오 프(Trade-off) 분석'에 관해 소개하고 있다. 이것은 복잡한 축이 교차하는 경우 어 떤 축을 우선으로 할지 팀 멤버와 사전에 논의해서 축에 우선순위를 부여하는 방 법이다. 사전에 논의해 둠으로써 실제로 시간이 없어서 태스크를 간추려야 하는 상황에서 우선순위를 정하는 데 드는 시간을 줄이는 것이다.

---

7 《애자일 마스터(Agile Samurai)》(조너선 라스무슨 저, 최보나 역, 인사이트, 2012)

단, 이 트레이드오프 분석도 만능은 아니다. 다시 한번 그림을 보자. 현재 릴리스를 위한 시간이 부족해서 A, B, C 중 하나만 구현할 수 있다고 하자. 사전에 x를 우선적으로 한다고 정해 두었다면 태스크 B를, y를 우선적으로 하고 정해 두었다면 태스크 A를 선택한다. 어느 경우든 양쪽을 모두 만족하는 태스크 C는 선택되지 않는다. 이 방식으로 정말 괜찮은 것일까? 양쪽 모두를 어느 정도 할 수 있는지 태스크 C로 릴리스해서 고객의 반응을 보고 축을 정하는 것이 낫지 않을까?

이 논의는 각 태스크의 중요도가 독립돼 있다고 가정하고 있지만, 현실의 소프트웨어 개발에서는 '태스크 D를 하면 태스크 A의 x가 늘어난다', '태스크 E를 하면 태스크 B의 구현 비용이 낮아진다', '태스크 F와 G는 별도로 구현하는 것보다, 한 명이 모아서 구현하는 것이 비용이 적게 든다' 등 의존 관계가 복잡하게 얽혀 있다. 따라서 사전에 우선순위를 정하는 것이 어렵다.

미확정 요소가 있는 경우의 대소 관계는?

대부분의 태스크는 결과가 미확정이다. 그림을 보자.

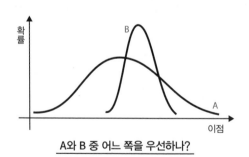

A와 B 중 어느 쪽을 우선하나?

A, B가 각각 태스크이고 가로축은 태스크를 통해 얻을 수 있는 이점, 세로축은 확률이다. 예를 들어, 특정 기능을 추가하면 고객이 늘 수도 있다. 이것이 태스크를 실행하는 이점이다. 하지만 실제로 어느 정도의 이점을 얻을 수 있는가는 실행해 보지 않으면 알 수 없다. A는 이점이 매우 클 수도 있지만 매우 작을 수도 있는, 분산 정도가 큰 태스크다. 반면, B는 분산은 그다지 크지 않은 태스크다. A와 B 중 어느 쪽을 우선해야 할까?

B가 평균이 크므로 B를 선택하는 사람이 많을 것이다. 이런 사람들을 위해 재미있는 현상을 소개하겠다.

여기에 두 개의 슬롯머신 C와 D가 있다고 하자. 1,000원을 넣고 레버를 당기면 특정 확률로 5,000원이 당첨된다. 여러분은 어느 쪽 슬롯머신을 선택하겠는가? 그리고 그 선택은 어떻게 기준을 정하는가? 실제로 이것을 물어 보니 "몇 번인가 해보고 가장 좋았던 것을 선택한다"라고 대답한 사람들이 있었다.

나는 C나 D 중 하나를 선택하는 옵션 외에도 '슬롯머신 자체를 플레이하지 않는다'는 옵션을 추가해서 실험을 해보았다. 600개의 에이전트(실험에 사용하는 프로그래밍상의 객체)가 각각 1,000회 플레이하는 시뮬레이션을 만들어서 실행했다. 각 에이전트는 먼저 각 슬롯을 3회씩 플레이하고, 그 이후부터는 과거의 경험에 근거해서 가장 기대치가 높은 슬롯머신을 고르도록 설계했다. 슬롯 중에는 0.3(30 퍼센트)의 확률로 당첨되는 '럭키 슬롯'도 준비해 두었다. 물론 각 에이전트는 이것을 모른다. 에이전트들은 럭키 슬롯을 찾을 수 있을까?

실험 결과는 과반수인 57%가 럭키 슬롯이 있다는 것을 눈치채지 못하고 '슬롯머신 자체를 플레이하지 않겠다'를 선택했다. 왜 이런 결과가 나온 것일까? 예를 들어, 확률 0.3으로 당첨되는 슬롯이라도 3회 실행해서 운이 나쁜 경우 모두 미당첨이 되는 경우가 $0.7 \times 0.7 \times 0.7 = 0.343$의 확률로 발생한다. 운이 나쁜 상황을 경험하면 '이 슬롯의 당첨 확률은 0이다'라고 착각하게 된다. 이것을 '현실보다 나쁜 쪽으로 착각하고 있다'는 의미로 '비관적 착각'이라고 부르자. '과거의 경험에 근거해서 가장 기대치가 높은 것을 선택한다'는 알고리즘에서는 한번 비관적인 착각을 하면 두 번 다시 해당 선택을 하지 않는다. 비관적인 착각을 하고 있다는 것을 알 수 있는 기회도 없는 상태로 확률적으로 변동이 없는 '슬롯머신 자체를 플레이하지 않는다'를 선택해 버리는 것이다.

■── 탐색과 사용 사이의 균형

이 문제를 강화 학습이라는 분야에서는 '탐색과 사용의 균형(Exploration Exploitation Tradeoff)'이라고 부른다.

'과거의 경험으로부터 가장 좋았다고 생각한 것'만 해서는 더 좋은 행동을 발견할 수 없다. 탐색이 부족한 것이다. 한편, 더 좋은 것이 있을지도 모른다고 생각하고 '경험한 적이 없는 것'만 해서는 과거의 경험을 활용할 수 없다. 사용이 부족하기 때문이다.

탐색과 사용은 균형 관계에 있으므로 어느 한쪽만이 아니라 균형을 맞추어 실행해야 한다. 그러면 이 '균형을 맞추는 작업'은 어떻게 하면 실현할 수 있을까?

■── 불확실한 때는 낙관적으로

탐색과 사용 사이의 균형을 해결하기 위해서 고안된 것이 '불확실한 때는 낙관적으로'라는 원리나.[8] 탐색과 사용의 균형 관계를 해결해 주는 대부분의 알고리즘이 이 원리를 따르고 있다.

앞에서는 높은 확률로 당첨되는 슬롯머신을 '당첨되지 않는 머신'이라고 판단해 버리는 비관적 착각의 예를 보았다. 반대로 당첨 확률이 높지 않은 슬롯머신이라도 처음 실행했을 때 당첨되면 '이것은 잘 당첨되는 슬롯머신이다'라고 착각하는 경우가 있다. 이것을 낙관적 착각이라고 부르자.

낙관적 착각은 해당 슬롯머신을 몇 번 플레이해 보고 '뭐지? 생각한 것보다 좋지 않아' 하고 깨달을 수 있다. 비관적 착각에서는 깨달을 수 있는 기회도 없지만, 낙관적 착각에서는 나중에 발견해서 수정할 수 있다. 즉, 비관적 착각과 낙관적 착각 중에서는 비관적 착각의 영향이 더 심각하다. 따라서 판단을 낙관적인 쪽으로 균형을 잡자는 발상이 나오게 된다. 이것이 '불확실한 때는 낙관적으로'다.

---

8   Sébastien Bubeck and Nicolò Cesa-Bianchi. (2012). "Regret Analysis of Stochastic and Nonstochastic Multi-armed Bandit Problems". *Foundations and Trends in Machine Learning*, 5(1), 1-122. https://arxiv.org/pdf/1204.5721.pdf

예를 들어, 컴퓨터 바둑이나 장기에서 자주 사용되는 UCB1 알고리즘에서는 불확실한 것을 긍정적으로 평가하는 항목을 더한 후에 대안을 비교한다. 즉, 잘 알지 못하는 상대에 도전하는 것에 가중치를 주는 것으로서 호기심이라는 값을 평가에 반영하는 것이다.[9]

UCB는 Upper Confidence Bound의 약자다. 불확실한 값에 대해 일상 생활에서도 '10~20 정도'처럼 범위로 말하는 경우가 있다. 불확실한 값이 특정 확률로 포함되는 범위를 '신뢰 구간(Confidence Interval)'이라고 한다. 예를 들어, 'x는 95%의 확률로 10~20 범위에 포함된다'는 것을 'x의 95% 신뢰 구간은 10~20'이라고 표현한다. UCB는 이 신뢰 구간에서 큰 쪽 값을 가리킨다. 예에서는 20이 이에 해당된다. 그림을 보자.

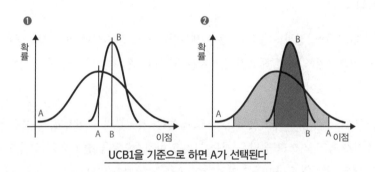

UCB1을 기준으로 하면 A가 선택된다

태스크A와 B를 평균으로 비교하면 ❶과 같이 B가 좋다는 결론이 나온다. 하지만 이것은 지금까지 경험한 것의 평균으로 판단하고 있으므로 지금까지 운이 나쁘다면 비관적 착각을 해버리고 만다. ❷는 A와 B의 이점이 어느 범위에 들어갈 것 같은지 신뢰 구간을 보여 주고 있다. A의 신뢰 구간이 넓은 것은 현시점까지의 평균보다 훨씬 클지도 모르고 훨씬 작을지도 모른다는 뜻이다. 이 신뢰 구간이 큰 쪽의 끝에서 비교하면 A가 좋다는 결론이 나온다.

이와 같이 낙관적으로 판단해서 비관적 착각에 빠질 가능성을 줄이고 탐색과 이용 사이의 균형을 잡아가는 것이다. 이런 개념을 태스크 관리에 접목해 보면 태

---

9   이 알고리즘은 '전지전능한 신이 행동을 선택한 경우와의 차이'(Regret(후회) 기법)가 다른 몇 가지 기법보다 작다고 알려져 있다. 즉, '낙관주의가 후회를 최소화한다'는 의미다.

스크를 하므로 평균적으로 얻을 수 있는 것이 무엇인지로 판단하는 것이 아니라, 최선의 경우에 무엇을 얻을 수 있는지로 판단해야 하는 것이다.

■── 리스크와 가치와 우선순위

마이크 콘(Mike Cohn)도 저서 《불확실성과 화해하는 프로젝트 추정과 계획》[10]에 서 이와 비슷한 얘기를 했다. 콘은 제품 기능의 우선순위를 정하는 기준으로 다음 네 가지를 제안했다.

- 금전적 가치
- 비용
- 새로운 지식
- 리스크

이 네 가지 중 금전적 가치와 비용은 세트다.[11] 새로운 지식과 리스크도 연관성이 크다. 리스크가 있다면 해보기 전까지는 모른다. 즉, 결과가 어떻게 될지에 대한 지식이 없는 것이다.

콘은 먼저 금전적 가치가 높고 리스크도 높은 기능부터 구현하고, 다음은 금전적 가치가 높고 리스크가 낮은 기능 그리고 마지막으로 금전적 가치가 낮고 리스크도 낮은 기능을 구현하라고 제안한다. 금전적 가치가 낮고 리스크가 높은 기능은 구현하지 않는 것이다.

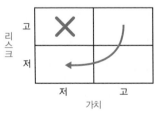

가치와 리스크 매트릭스

---

10 《불확실성과 화해하는 프로젝트 추정과 계획(Agile Estimating and Planning)》(마이크 콘 저, 이병준 역, 인사이트, 2008)
11 나는 비용 대비 효과(비용을 통해 얻을 수 있는 가치)라는 표현이 알기 쉽다고 생각하지만, 책에서는 내부 수익률(IRR)이나 투자수익률(ROI)이라는 표현을 사용하고 있다.

콘의 설명에서는 고저의 판단 기준이 애매하다. 그림을 보자.

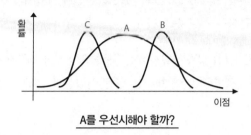

A를 우선시해야 할까?

태스크 A는 얻을 수 있는 이점의 폭이 넓어서 높은 리스크의 태스크다. B는 A보다 폭이 크지 않아서 리스크가 낮은 태스크다. C는 리스크가 낮고 가치도 낮은 태스크다. A를 B와 비교해서 B보다 가치가 낮고 리스크가 높으므로 '구현하지 말아야 하는 것'으로 판단해야 할지, 아니면 C랑 비교해서 C보다 가치가 높고 리스크도 높으므로 '최우선으로 구현해야 하는 것'으로 판단해야 할지 의견이 나뉠 수 있다.

중요한 것을 먼저 하라

무엇을 우선시해야 하는가에 관해 논의할 때 자주 언급되는 것이 '중요한 것을 먼저 한다'다. 이에 대해 자세히 생각해 보자.

'중요한 것을 먼저 한다'는 스티븐 코비(Stephen R. Covey)의 저서 《성공하는 사람들의 7가지 습관》[12]에서 소개한 7가지 습관 중 제3 습관이다.[13] 코비의 정의에 의하면 '긴급'이란 '바로 대응하지 않으면 안 될 것 같이 보이는 것'이고, '중요'란 '여러분의 미션, 가치관, 우선순위가 높은 목표의 달성과 연관돼 있는 것'이다. 예를 들어, 전화가 울리고 있는 것은 '긴급'이다. '중요'는 여러분 개인이 목표로 하는 방향성에 의해 결정된다.[14]

---

12 《성공하는 사람들의 7가지 습관(The Seven Habits of Highly Effective People)》(스티븐 코비 저, 김경섭 역, 김영사, 2017) 원서는 1989년에 미국에서 출간됐으며, 세계적인 베스트셀러가 됐다. 2004년에 개정판이 나왔으며, 한국에서는 2017년에 새로운 번역본이 출간됐다.
13 영어로는 Put First Things First로 2017년 번역서에서는 '소중한 것을 먼저 하라'라고 번역돼 있다.
14 개인이 목표로 하는 방향성에 대해서는 제2습관, '목적을 가지고 시작하라'에 언급돼 있다. 'Begin with the end in mind'이고, 2017년 번역서에서는 '끝을 생각하며 시작하라'로 번역돼 있다.

'하지 않으면 회사가 망하는 일'은 사장에게는 중요할 수 있어도, 여러분에게도 중요하라는 법은 없다. 여러분에 중요한 것은 출산일이 가까워 오는 아내를 보살피기 위해 빨리 퇴근하는 것일 수도 있다.

코비는 태스크를 긴급한 것과 그렇지 않은 것, 중요한 것과 그렇지 않은 것으로 2축, 4영역으로 나눠서 설명했다. 이 방식은 많은 사람들에 의해 인용됐으므로 이미 본 적이 있을 수도 있다.

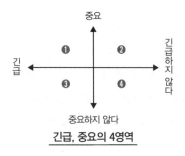

긴급, 중요의 4영역

그림에서 ❶은 긴급하면서 중요한 태스크다. 이것은 물론 최우선으로 해야 하는 것이다. '먼저 기지를 만들어라'에서는 '오늘 하지 않으면 안 되는 태스크'를 최우선으로 했다.

한편, ❶에 있는 태스크가 매일 같이 많다면 계속 태스크에 쫓기는 인생이 된다. 즐겁지 않은 인생이다. 코비는 ❶을 줄이기 위해서는 중요하지만 긴급하지 않은 ❷에 투자해야 한다고 설명했다.

이 ❷를 하는 시간은 어디에서 확보할 수 있을까? 새로운 태스크를 실행하려면 다른 태스크로부터 시간을 뺏어 올 필요가 있다. 긴급하면서 중요한 ❶에서는 빼 올 수 없다. 그렇다면 중요하지 않은 ❸ 또는 ❹에서 빼 와야 한다. 예를 들어, 긴급하지만 중요하지 않은 태스크 ❸에 대해 No라고 하면 그 시간을 ❷에 있는 태스크에 할당할 수 있다.

'먼저 기지를 만들어라'(56페이지)에서 '오늘 하지 않으면 안 되는 태스크'를 최우선으로 했지만, 이것이 정말 맞는 것일까? '오늘 하지 않으면 안 되는 태스크'는 모두 '긴급하면서 중요'한 것일까? 이것을 다시 생각해 보고 중요하지 않은 것에 대해서는 No라고 말해야 한다.

❸에 No라고 말하고 그 시간을 ❷에 할당하려면 주체성이 중요하다. 왜냐하면 ❸에 있는 태스크는 여러분에게 자연스럽게 주어지지만 ❷는 그렇지 않기 때문이다. 자신의 외부로부터 오는 움직임에 반응해서 행동하면 점점 ❸만 늘어나고 ❷는 하지 못하는 상태가 된다. 외부로부터의 자극이 아니라 스스로 행동하는 것이 중요한 것이다.

이것이 제3습관에 대한 간단한 설명이었다. 코비의 설명에서는 '긴급'과 '중요'의 경계가 명확한 것 같으나, 그 경계가 명확하지 않은 사람이 많은 듯 보인다. 예를 들어, 메일에 '긴급하게 ~를 해줘'라고 적었을 때 정말 급한 것일까? 메일 내용을 있는 대로 받아들인다면 그렇지만, 자신이 스스로 판단하지 않고 타인의 판단을 그때로 받아들이고 있는 상태인 것이다.

▪── '통지된 것'은 '긴급'하지 않은 것

'긴급'과 '최근에 통지된 것'은 쉽게 혼동할 수 있다. 태스크를 적어 보지 않으면 '바로 하지 않으면 까먹을 수 있다'는 불안감에 하고 있던 작업을 팽개치고 불안한 것을 먼저 할지도 모른다. 하지만 먼저 새롭게 주어진 태스크를 기록해서 자신만의 페이스로 해당 태스크에 대해 생각할 시간을 가지는 것이 좋다.

먼저 생각해야 할 것은 '이것은 자신에게 중요한 것인가?'다. 자신에게 중요하다면 의뢰를 받아들일 수도 있다. 이때 해당 태스크에 시간을 뺏기면 다른 태스크가 멈출 수 있다. 아무 생각 없이 하다 보면 중요한 ❷의 태스크가 긴급하지 않다는 이유로 멈춰 버리는 것이다. 그렇게 하지 말고 ❸을 멈출 수 없는지 생각하자. 예를 들어, 주어진 태스크가 타인에게서 온 의뢰라면 의뢰를 받아들이는 교환 조건으로 ❸의 태스크를 멈출 수 없는지 협상할 여지가 있을 수도 있다.

■── 가치관은 상향식으로 언어화하기

코비에 의하면 무엇이 중요한지는 미션이나 가치관에 따라 정해야 한다. 인생의 목표나 미션, 가치관은 명확하게 하는 것이 중요하다고 자주 언급된다. 하지만 명확히 하라고 해도 그렇게 하지 못하는 사람이 많다. 이런 상태에서 적당히 정했다고 해도 일상에 잘 연결되지 않는다. 1장에서 본 '피라미드 꼭대기에 있는 상자만 가져와서는 도움이 안 되는' 상황도 비슷하다.

인생의 목표는 피라미드 정상 부분이다. 이것을 먼저 정하고 거기서부터 구체적인 행동을 정하는 것을 위에서부터 아래로 내려온다는 의미로 하향식(Top-down)이라고 한다. GTD의 앨런은 하향식의 반대로, 아래에서부터 위로 진행하는 상향식(Bottom-up)을 추천했다.[15] 상향식에서 가장 아래에 있는 것은 일상의 행동이다.

앨런은 인생의 목적과 현재의 행동 사이를 다음과 같이 나눠서 설명했다.

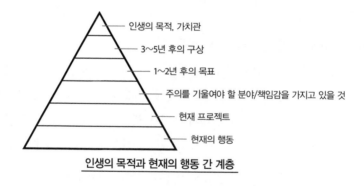

인생의 목적과 현재의 행동 간 계층

독자들 중에는 매일같이 바쁜 사람도 많을 것이다. 바쁜 사람은 이미 '현재의 행동'을 많이 가지고 있다. 하향식 접근에서는 먼저 인생의 목표를 설정하고 그것을 분해해서 새로운 태스크를 만든다. 즉, 추가적으로 새로운 태스크가 생겨난다. 이것을 받아들일 시간이나 마음의 여유는 있을까?

---

15 책 《쏟아지는 일 완벽하게 해내는 법》의 설명과 《Make It All Work: Winning at the Game of Work and business of Life》(데이비드 앨런 저, Penguin Books, 2009)의 설명이 약간 다르므로 양쪽 표현을 적절하게 섞었다.

7가지 습관

코비는 《성공하는 사람들의 7가지 습관》 중에서 사람의 성장 프로세스를 지탱하는 습관 7개를 소개했다. 성장 프로세스에는 의존 상태로부터 자립 상태로 바뀌는 '사적 성공'과 자립 상태로부터 상호 의존 상태로 바뀌는 '공적 성공' 두 가지가 있으며, 각각을 세 가지 습관이 지탱하고 있다고 보고 있다.

- **사적 성공을 지탱하는 것**

    ❶ 주체성을 발휘한다.
    ❷ 목적을 가지고 시작한다.
    ❸ 중요한 것을 먼저 한다.

- **공적 성공을 지탱하는 것**

    ❹ 윈-윈(Win-Win)을 생각한다.
    ❺ 이해하고 나서 이해시킨다.
    ❻ 협력 효과를 발휘한다.

여기에 전체를 지탱하는 '끊임없이 쇄신하라'를 추가한 것이 7가지 습관이다.[i]

---

i 2017년 번역서에서는 다음과 같이 번역했다.
❶ 자신의 삶을 주도하라, ❷ 끝을 생각하며 시작하라, ❸ 소중한 것을 먼저 하라, ❹ 승-승을 생각하라, ❺ 먼저, 이해하고 다음에 이해시켜라, ❻ 시너지를 내라, ❼ 끊임없이 쇄신하라

GTD에서는 먼저 매일 하고 있는 '현재의 행동'에 집중한다. 예를 들어, 동료가 부탁해서 간단한 자동화 프로그램을 만들었다고 하자. 이를 통해 동료가 매우 기뻐한다면 '별거 아닌 작업인데 이렇게 동료가 기뻐한다', '이외에도 자동화로 해결할 수 있는 문제가 많은 것이다', '이런 활동은 즐겁다. 더 하고 싶다'라고 생각했다고 하자. 이것은 상향식으로 '주의를 기울여야 할 분야: 동료의 문제를 자동화로 해결'이 만들어진 상황이다.

'주의를 기울여야 할 분야'가 언어화되면 그 아래의 '프로젝트', '행동'에 영향을 주기 시작한다. '이 구현은 지루한 작업이라고 생각했지만, 자동화에도 적용할 수 있을 것 같다', 'ㅇㅇ과의 미팅, 단순히 현재 상황을 보고할 예정이었지만, 문제가

없는지도 함께 물어 보자' 등을 생각하게 된다. 매일의 행동에 높은 관점의 의미가 부여돼서 재량 안에서 자신이 가장 좋아하는 방향으로 방향타를 움직일 수 있게 된다.[16]

우선순위를 지금 정하지 않아도 괜찮다

우선순위를 정하는 다양한 방법에 대해 소개해 왔다. 여기서 정리하고 넘어가자.

먼저 우선순위 정하기는 그렇게 간단한 작업이 아니다. '순위'를 정하는 것이 본질적으로 어렵기 때문이다. 태스크의 수가 많을수록 힘들고, 단 두 개의 태스크라도 평가 기준이 여러 개이거나 불확실성이 존재해서 우선순위를 정하기 쉽지 않다. 이 어려운 우선순위 정하기를 현재 여러 태스크로 혼란스러워 하는 사람에게 하라고 하면 할 수 있을까? 개인적으로는 불가능하다고 본다.

GTD의 앨런은 매일의 행동을 통해 점차 자신의 가치관이나 인생의 목적이 명확해진다고 보았다. 그리고 그 가치관의 축이 명확해지면 거기에 맞추어 중요도를 알 수 있게 되는 것이다. 우선순위를 정할 수 있게 되는 것은 그 이후다. 우선순위를 정하는 것은 지금 해야 할 태스크가 아니다. 눈앞에 있는 구체적인 태스크를 처리하면서 자신이 어떤 태스크를 좋아하는지, 어떻게 하면 즐거워지는지를 매일 관찰해 나감으로써 우선순위 정하는 방법을 알게 되는 것이다.

하나의 태스크를 위한 동기부여

지금까지는 여러 태스크 중에서 하나를 선택하는 것이 심리적으로 큰 부담이 돼서 동기를 잃게 만드는 것을 보았다. 하지만 태스크를 하나만 선택한다고 해도 동기부여되지 않는 경우가 있다. 왜 그런 것일까? 태스크가 하나인 경우를 살펴보자.

---

[16] 5장에서 설명할 KJ법도 하향식이 아닌 상향식을 채택하라고 강하게 주장한다. 신경 쓰이는 것이 있다면 판단하기 전에 수집을 먼저 하는 등 GTD와 KJ법에 유사한 항목이 많이 있어서 개인적으로는 매우 흥미롭게 생각한다.

태스크가 너무 크다

태스크(Task)를 하나만 선택했음에도 하고자 하는 의욕이 없는 사람에게 해당 태스크가 4시간 이내에 끝날 것 같은지 물어보았다. 58%의 사람은 끝날 것 같지 않다고 대답했다. 태스크가 너무 큰 것은 아닐까?

또한, 4시간 내에 끝나지 않는다고 생각하는 사람의 75%는 애당초 어느 정도의 시간이 걸리는지 모른다고 대답했다.[17]

태스크가 커서 목표가 보이지 않거나 태스크의 크기를 가늠할 수 없어서 막연하게 크다고 생각하는 것이 부담을 주는 듯하다.

■── 집필이라는 큰 태스크

내가 지금 하고 있는 '한 권의 책을 쓰다'라는 지적 생산 태스크도 너무 커서 어느 정도 시간이 걸릴지 가늠할 수 없는 태스크다. 이런 큰 태스크 상태에서는 대부분의 사람이 '1장 단위로 마감일을 설정'하는 식으로 태스크를 분할하는 것이 일반적이다. 하지만 1장분의 집필이라는 태스크도 아직 큰 작업이다. 4시간 만에 작성할 수 없다.[18]

이 큰 태스크에서 동기부여를 하기 위해 나는 '책을 쓴다'라는 큰 태스크를 '아이디어를 작은 종이에 메모한다', '메모의 순서를 변경해서 구성을 생각한다', '구성을 바탕으로 원고를 쓴다'라는 세 가지 단계로 분할하고 있다. 이 방법의 장점은 '메모를 작성한다'는 단계를, 예를 들면 출근길 지하철의 짧은 시간 내에도 실행할 수 있다는 것이다. 아무것도 없는 상태에서 문장을 만드는 것은 매우 부담이 되는 작업이지만, 아이디어를 기록한 메모가 많은 상태에서 그것을 문장으로 변환하는 것은 그렇게 어렵지 않다. 이 방법론에 대해서는 5장에서 자세히 다룬다.

---

17 정확히는 4시간 이내에 끝나지 않는다고 생각하는 사람 중 처음 25분 동안 해야 할 것을 알고 있으면서(52%), 그것을 했을 때 동기부여가 된다고 대답한 사람 58%는 제외했다.

18 여러 자료와 이미 작성해 둔 토막 원고가 있는 상태에서 시작했지만, 여기까지 작성하는 데 이미 4시간을 초과했다.

타임박싱

아주 큰 태스크를 작은 단위로 나누는 쉬운 방법은 '시간으로 나누는 것'이다. 태스크에 맞추어 시간을 정하는 것이 아니라, '정해진 크기(시간)의 상자에 태스크를 넣는다'고 생각하는 것으로 타임박싱(Timeboxing)이라고 한다.

태스크의 분할 방법에는 양으로 나누는 방법, 시간으로 나누는 방법이 있다. 비슷한 빈도의 태스크가 많은 상태에서 하나의 태스크에 드는 시간이 그렇게 많지 않다면 양으로 나눌 수 있다. 예를 들어, 영어 공부에서는 단문 영어 독해 문제를 10문제 푼 다음에 휴식한다는 식이다.

한편 시간으로 나누는 방법은 하나의 태스크에 걸리는 시간이 길어도 사용할 수 있다. 특히, '어떤 분야에 관해 정보를 수집한다'나 '발표 자료를 보강한다' 등의 태스크는 종료 조건이 명확하지 않으므로 시간으로 나누는 것이 좋다.

■── 집중력의 한계

사람은 집중력을 유지할 수 있는 시간에 한계가 있다고 오래전부터 알려져 있으며, 예를 들어 고바야시 타다시는 집중력이 유지되는 시간이 최대 2시간이므로 업무를 세분화한 것이 2시간 이상의 태스크라면 해당 태스크를 더 분할해서 목표를 명확하게 만들 필요가 있다고 했다.[19]

2시간의 집중력 한계를 최대한 활용하기 위해 전사적으로 집중 시간을 설정하는 회사도 있다. 예를 들어, 트라이엄프(Triumph)라는 회사에서는 매일 점심 시간 후의 12:30~14:30 동안 2시간을 '힘내는 시간'이라고 부르며, 사내 대화를 금지하고 있다. 부하에 대한 지시나 상사와의 상담, 외부와의 전화도 금지다. 타인과의 대화에 의해 집중력이 저하되지 않도록 하는 것이다. 주변이 모두 집중하고 있는 상태이므로 자신도 쉽게 집중할 수 있으며, 작업 계획도 세우기 쉬워진다.

등산하는 경우를 생각해 보자.

---

19 《지적 생산성 향상 시스템 DIPS(知的生産性向上システムDIPS)》(고바야시 타다시 저, 다이아몬드사, 1992)

왼쪽: 목표가 가깝다, 오른쪽: 가까운 곳에 휴게소라는 작은 목표를 만든다

목표가 멀리 있으면 마음이 약해져서 바로 쉬고 싶어진다. 오르기 힘든 고개 같은 것이 있으면 특히 더 그렇다. 하지만 그 고개를 넘어가면 휴게소가 있다는 것을 알고 있다면 어떨까? 정상은 아직 멀지만 휴게소까지 힘내서 가자는 생각이 들 것이다.

타임박싱도 비슷하다. 예를 들어, '지금부터 25분간 X를 해야지' 하고 자신에게 선언해서 시작하면 10분 내에 힘들어지더라도 '15분만 더하면 끝난다'라고 생각해서 힘을 낼 수 있다. 시간을 나누지 않고 '오늘은 X를 해야지' 하고 시작하면 X가 힘들어지면 다른 것으로 도망가게 된다. 예를 들면, 메일을 확인하거나 동료와의 상담, 또는 화장실에 가버리는 것이다.

도망간 본인은 '메일을 확인하는 것도 일의 일부다', '동료와 상담하는 것은 일에 필요하다', '화장실에 가는 것은 생리적 욕구이므로 어쩔 수 없다' 하고 행동을 정당화하는 것이다. 하지만 타인의 관점에서 보면 전부 '힘든 태스크로 10분 만에 도망가서 다른 것을 하고 있다'는 상태로 보인다. 급하지 않지만 중요한 태스크로부터 스스로 긴급한 태스크를 만들어 내서 시간을 뺏는 것이다.

이런 도피 행위를 방지하기 위해서는 시간을 나눠서 보이는 곳에 목표를 설정하는 것이 유용하다.

■── 뽀모도로 기법

이 타임박싱의 개념을 개인 태스크 관리에 적용한 것이 프란체스코 시릴로 (Francesco Cirillo)가 제창한 뽀모도로 기법이다. 스타판 뇌테부르(Staffan Noteberg)가 저서 《시간을 요리하는 뽀모도로 테크닉》에서 소개해서 널리 알려졌다. 이 장에서도 몇 번이고 언급하고 있지만 '25분'이라는 값은 뽀모도로 기법(Pomodoro technique)

참고로 정한 것이다. 뽀모도로 기법에서는 25분을 1뽀모도로라고 부른다.[20]

뽀모도로 기법은 간단히 말하면 다음과 같이 정리할 수 있다.

- 오늘 1일분의 태스크를 만든다.
- 태스크의 크기를 뽀모도로 개수로 계산한다.
- 1뽀모도로 동안에는 태스크를 변경하지 않고 하나에 집중한다.
- 만약 자신 또는 타인에 의한 간섭이 발생한다면 그것을 기록한다.
- 1뽀모도로에서 집중 상태가 계속된다면, 서서 몇 발자국 걸어 보는 등 기분 전환을 한다.[21]

연속적인 대상으로 생각할 수 있는 '시간'을 정해진 길이로 나누어 '뽀모도로'라는 이름을 붙이고 그 '개수'로 태스크의 크기를 가늠하는 것이다.

■── 예상 시간 측정 능력 단련하기

어떤 태스크가 1뽀모도로(25분)에 끝나는지 아니면 4뽀모도로가 필요한지는 어떻게 알 수 있을까? 즉, '예상 시간을 계산하는 능력은 어떻게 단련하는가'에 관한 문제다.

예상 시간 측정 능력은 예상해서 실행하고 실제로 걸린 시간과 예상한 것을 비교하고 그 차이가 발생한 이유를 생각하므로 점차 단련돼 간다.[22] 예상해야 하는 것은 크게 두 가지가 있다. 각 태스크가 몇 뽀모도로로 완성되는지와 자신이 하루 동안 몇 뽀모도로를 작업할 수 있는지다. 각 태스크로 몇 뽀모도로인지는 먼저

---

20 25분이라는 숫자에 심오한 의미가 있다고 착각하는 사람도 있는 듯하지만, 의미가 없다. 스타판 25분간 집중할 수 없는 사람을 위해서는 10분이나 15분 간격으로 해보라고 권한다.

21 집중력이 높은 사람은 25분이 짧다고 느껴져서 뽀모도로 기법을 집중이 없는 사람을 위한 기법이라 생각하는 경우도 있다. 나의 경험을 잠시 공유하겠다. 매우 어려운 프로그래밍 과제를 진행하고 있던 때였다. 1뽀모도로로는 끝나지 않았지만 타이머가 울렸기에 서서 몇 발자국 걸었다. 그때 내가 하고 있는 방법보다 더 좋은 해결 방법이 떠올랐고, 책상으로 돌아가서 새로운 아이디어를 1뽀모도로 동안 테스트한 결과, 과제를 깔끔하게 해결할 수 있었다. 만약 뽀모도로 타이머가 울리지 않았다면 문제에 대한 시점을 좁은 시선을 생각하면서 더 좋은 방법을 생각해 내지 못하고 작업을 계속 진행했을 것이다. 집중력이 높더라도 잘못된 대상에 집중하면 가치가 낮은 시간 사용이 돼 버린다.

22 이것은 이해를 검증하기 위해 실험을 하는 것과 매우 비슷하다.

1뽀모도로로 가능할 것 같은 태스크 양을 계산해 보고 실제로 걸린 시간과 비교해 봄으로써 단련할 수 있다. 1뽀모도로로 끝날 것 같던 작업이 끝나지 않거나, 반대로 빨리 끝나는 경험 등을 하다 보면 측정하는 능력이 점점 정확해진다.[23]

자신이 하루 동안 할 수 있는 뽀모도로도 실제로 매일 해보면 알 수 있다. 하지만 오해를 살 수 있는 부분이 있으니 강조하도록 하겠다. '1뽀모도로는 25분이고 1일 8시간 일하고 있으므로 1일에 16뽀모도로 정도는 할 수 있어'라고 생각하면 착각이다. 실제로 계산해 보면 대부분의 사람은 1일에 16뽀모도로를 할 수 없다.

사람은 8시간 내에 16뽀모도로를 할 수 없다고 생각하는 편이 낫다. 50m를 7.5초에 달릴 수 있지만, 1,500m를 225초에 달릴 수는 없다. 50m를 7.5초에 달리는 것은 일본 고등학생의 평균 기록이지만, 1,500m를 225초에 달리는 것은 일본 여성 육상 선수의 최고 기록보다 28초 빠른 것이다. 이것과 마찬가지로 25분 집중력을 유지할 수 있더라도 그 집중을 8시간 유지할 수 있는 것은 아니다.

《시간을 요리하는 뽀모도로 테크닉》 책에서는 1일에 12뽀모도로가 가능하다고 생각했지만, 실제로는 8뽀모도로가 현실적인 한계였다고 기록하고 있다. 나도 마찬가지다. 하루에 할 수 있는 것은 4~8뽀모도로 정도다.

예상하는 정확도가 높아지면 태스크의 크기와 자신이 사용할 수 있는 시간의 크기가 보이게 된다. 1뽀모도로 걸리는 태스크를 받으면 다른 1뽀모도로의 태스크를 내일로 미루게 된다. 정해진 자원을 어디에 사용할지 생각하는 게임과 같다.

▬── 분 단위로 계산하는 태스크 슈트 시간 기법

뽀모도로 기법에서는 태스크를 뽀모도로의 개수로 계산하지만, 심리 저널리스트인 사사키 쇼고(佐々木正悟)가 제안한 태스크 슈트 시간 기법은 1분 단위로 태스크에 걸리는 시간을 계산한다.[24]

---

23 이렇게 사이클을 돌려서 개선해 가는 방법은 Plan Do Check Adjust의 머리글자를 따서 PDCA 사이클이라고 부른다. 칼럼 'PDCA 사이클'(76페이지)를 참고하자.
24 《왜 일은 일정대로 끝나지 않는가? 태스크 슈트 시간 기법(なぜ, 仕事が予定どおりに終わらないのか?── 「時間ない病」の特効薬！タスクシュート時間術)》(사사키 쇼고 저, 기술평론사, 2014)

PDCA 사이클

PDCA 사이클은 유용한 개념이지만, A가 Action 또는Adjust이거나, C가 아닌 S가 되는 등 변동성이 커서 혼동하는 사람도 많다. 중요한 것은 사이클을 돌려서 점진적으로 개선해 가는 것으로 세부 사항은 여기서 중요하지 않다. 하지만 궁금해 하는 사람이 많을 것 같으므로 설명하고 넘어가겠다.

1950년경 경영학자 에드워즈 데밍(William Edwards Deming)이 데밍 사이클(Deming Cycle)을 만들었다. 이것은 '제품을 설계한다 → 제품을 제조한다 → 시장에 시판한다 → 사용자가 무엇을 생각하고, 미구매자는 왜 구매하지 않는지 조사한다 → 제품을 재설계한다'라는 사이클이다. 데밍 자신은 공동 연구자의 이름을 사용해서 '슈하트 사이클(Shewhart Cycle)'이라고 불렀으며, 둘이 합쳐서 '데밍-슈하트 사이클'이라고 부르는 경우도 있다.

같은 시기에 일본에서 이것을 참고로 해서 '계획, 실시, 체크, 확인'이라는 사이클을 만들었다. 이것을 직역해서 'Plan, Do, Check, Action'이라는 사이클이 됐고 영어권에 재수출됐다. 이후로 Action만 명사인 것이 이상하다는 지적에 Adjust나 Act라고 부르기로 한다. 나는 'Act는 너무 막연해서 의미를 모를 수 있다'고 생각해서 Adjust를 사용해 설명하는 경우가 많다.

이후로 데밍은 1990년경에 PDSA 사이클을 제안했다. Check를 Study로 바꿔서 '행동 결과로부터 배운다'라는 것을 강조한 것이다. 이 PDSA 사이클에서 A는 Act를 사용한다. 그 내용을 보면 다음과 같다.

- 변경 안을 채택한다(adopt change).
- 변경 안을 파기한다(abandon the change).
- 다시 한 번 사이클을 돌린다(run through the cycle again).

2018년 현재, 일본 엔지니어들 사이에서는 미국 공군이 개발한 OODA 루프가 유행하고 있는 듯하다. 이것은 Observe, Orient, Decide, Act의 머리글자를 딴 것이다. 비교해 보면 재미있을 수도 있다.

나는 이 이야기를 들었을 때 태스크를 1분 단위로 계산하는 것은 무리라고 생각했다. 그래서 어떻게 1분 단위로 계산할 수 있는지를 저자인 사사키 씨에게 문의했다. 그에 따르면 중요한 것은 계측이다. 먼저는 틀리더라도 시간을 예측하고 그

후에 태스크를 실행한다. 그리고 시간을 계측해서 예상한 것과 계측한 결과가 어느 정도 차이가 나는지 관찰해서 배운다. 1분 단위인 것만 다르고 기본적인 접근법은 뽀모도로에서 개수로 태스크의 크기를 계산하는 것과 같다.

한 번 시간을 계산해 보면 자신이 무엇에 어느 정도의 시간을 사용하고 있는지 자세히 알 수 있게 된다. 내가 이것을 해보고 충격을 받은 것은 이메일 작성 시간이었다. 작성하기 전에는 '5분 정도다'라고 생각하지만 실제로는 35분이 걸렸다. 이때 나는 새로운 종류의 일을 받아서 '왠지 모르지만 매우 바쁘다. 시간이 빨리 흐른다'라고 느꼈었다. 하지만 그 이유는 전혀 몰랐다. 원인은 새로운 일에 의해 이메일을 교환하는 경우가 늘었고, 이메일을 회신하는 데에 5분을 예상했지만 35분을 사용한 것이다. 결과적으로 예상한 것보다 많은 시간이 사라져 버린 것이다.

이 경험으로 '이메일 회신'이 제대로 조율하지 않으면 의외로 시간이 많이 걸리는 태스크라는 것을 배웠다. 그 후로는 시간이 걸릴 것 같은 이메일을 회신할 때는 25분의 뽀모도로 타이머를 설정하기로 했다. 또한, 이메일 회신이 1뽀모도로의 크기이고 1일에 4~8뽀모도로밖에 없으므로 모든 메일에 1뽀모도로를 사용한다면 시간은 항상 부족하게 된다. '오늘의 태스크 리스트'에 적은 다른 태스크와 중요도를 비교해서 예정한 태스크로부터 1뽀모도로를 뺏을 가치가 있는지를 생각하고 그 정도가 아니라면 간단히 회신하고 있다.

■── 계측하고, 피하고, 모은다

사회생태학자인 피터 드러커(Peter Drucker)는 다음과 같이 말했다.

> 내가 관찰한바에 의하면, 성과를 올리는 사람은 일에 바로 뛰어들지 않는다. (중략) 계획부터 하는 것도 아니다. 시간이 어디에 어느 정도 걸리는지를 명확히 파악하는 것부터 시작한다. 다음은 시간을 관리해야 하므로 시간에 대한 비생산적인 요구를 피한다. 그리고 마지막으로 그렇게 얻은 자유 시간을 모은다. 따라서 시간 기록하기, 정리하기, 모으기의 3단계에 걸친 프로세스가 성과를 올리기 위한 시간 관리의 기본이 된다.
>
> __《프로페셔널의 조건(The Essential Drucker on Individuals)》
> (피터 드러커 저, 이재규 역, 청림출판, 2012)

'일이니까 한다'가 아닌, '계획한 것이니까 한다'도 아닌, '먼저는 계측을 하자'인 것이다. 이 '먼저는 계측'이라는 접근은, 프로그래머에게 있어서 '프로그램의 성능을 향상시키고 싶다면 먼저 어디가 느린지를 상세하게 계측(프로파일링)해야 한다'는 것과 비슷하다.

계측을 통해 어디가 어느 정도의 시간을 사용하고 있는지를 알았다면 다음은 시간이 많이 걸리지만 비생산적인 태스크를 거절한다. 이를 통해 자유 시간을 확보할 수 있다. 이 자유 시간이 짧으면 비효율적이므로 모아서 큰 시간을 만든다. 예를 들어, 짧은 시간 내에 가능한 이메일 확인은 자투리 시간에 하고 큰 작업을 하는 중에는 하지 않는 것이다.

정리

이 장에서는 의욕이 없는 상태를 어떻게 해결할 수 있는지에 관해 설명했다. 동기부여가 되지 않는 큰 이유는 태스크를 하나로 추릴 수 없기 때문이다. 또한, 하나의 태스크를 선별한 후에도 의욕이 없는 이유는 태스크가 너무 크기 때문이다. 이를 위해서는 실제로 큰 경우와 시간을 가늠할 수 없어서 크게 느껴지는 경우가 있다. 계측에 의해 시간 예측 정확도를 높이면 의욕이 없는 상태를 줄일 수 있다.

지면상의 이유로 모두 설명할 순 없었지만, 의욕이 없는 원인을 찾아서 동기부여를 하는 시스템이나 그 연구 결과에 대해서는 이 책의 공식 사이트에 링크를 달 예정이다. 관심 있는 독자라면 참고하자.

http://nhiro.org/intellitech/ja.html[25]

---

25 (옮긴이) 저자가 운영하는 일본어 웹사이트. 사용하는 인터넷 브라우저의 번역 기능을 이용하면 읽을 수 있을 것이다.

제 3 장
기억력 단련하기

1장에서는 사이클을 돌리는 학습 방법이 있다는 것을 보았다. 2장에서는 이 사이클을 돌리는 원동력에 관해 배웠다. 사이클을 돌린다는 것은 같은 장소에서 다람쥐 쳇바퀴를 돌리는 것일까? 아니면 나선형 계단처럼 조금씩 올라가는 것일까?

이것은 1회 사이클을 통해 얻은 것이 축적되는지에 의해 결정된다. 이 장에서는 배운 것을 축적하는 것, 즉 기억에 관해 자세히 보도록 한다.

기억의 구조

먼저 사람의 기억을 담당하고 있는 하드웨어, 즉 뇌와 신경에 관해 살펴보도록 하겠다. 이것은 좋은 프로그램을 작성하기 위해 컴퓨터가 어떤 부품으로 이루어졌고, 어떻게 이 부품들이 동작하는지 배우는 것과 비슷하다.

이 책의 목적이 뇌신경 과학자를 양성하는 데 있는 것은 아니므로 정보의 깊이를 크게 줄여서 설명하겠다. 이 절을 읽고서 더 자세한 것을 알고 싶은 사람은 신경 연구 분야에서 2000년에 노벨 생리학-의학상을 수장한 에릭 캔들(Eric Richard Kandel)의 《기억의 비밀》[1], 《Kandel 신경과학의 원리》[2]를 권한다.

해마

뇌 속에 있는 해마라는 부분이 기억에 있어 매우 중요한 역할을 한다고 알려져 있다. 뇌의 표면은 대뇌피질이라고 하는 4mm 두께의 회색[3] '피(皮)'로 둘러싸여 있다. 사람은 이 대뇌피질이 매우 발달돼서 정해진 뇌의 면적 안에 여러 구조가 담겨 있다. 이 대뇌피질의 끝부분에 원형으로 말려들어가 있는 부분이 해마다. 수건의 끝 부분을 둥글게 만 것 같은 원통형으로 뇌의 전후 방향에 두 개가 존재한다.

---

1   《기억의 비밀(Memory)》(에릭 캔델/래리 스콰이어 저, 전대호 역, 해나무, 2016)
2   《Kandel 신경과학의 원리(Principles of Neural Science)》(1~2권 세트)(에릭 캔델 저, 강봉균 역, 범문에듀케이션, 2014)
3   피질 이외의 흰색 부분과 비교해서 '회색'이라고 하지만 실제로는 흰색이다.

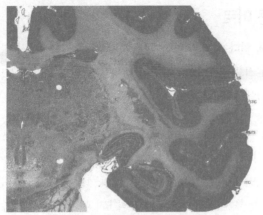

대뇌피질의 끝이 둥글게 말려 있는 부분이 해마

▌해마를 제거한 사람

왜 해마가 기억에서 중요한 역할을 한다고 알려졌는지 그 이유를 알아보겠다. 1953년 어떤 사람이 수술로 해마 주변을 제거했고,[4] 수술 후에는 기억을 할 수 없게 됐다. 이 발견이 있기까지, 다른 부위를 제거하는 수술도 했었지만, 기억력에는 영향을 주지 않았다. 이로 인해 해마가 기억력에 중요한 역할을 한다고 생각하게 됐다.

흥미로운 것은 환자가 대화를 하거나 일상생활을 하는 데는 아무런 지장이 없었다. 또한, 어릴 적의 기억은 문제가 없었고, 단기간의 일시적인 것은 기억할 수 있었다. 며칠 이상 지속되는 새로운 기억을 만들 수 없게 된 것이다.

이 사건을 계기로 해마가 주목을 받게 됐다.[5]

4　환자는 원인불명의 간질을 앓고 있었으며, 간질 발생지로 생각되는 부위를 외과적으로 제거하면 나을 것이라 생각한 것이다.
5　《기억의 비밀》, p.40

모리스의 수중 미로

해마가 기억과 연관돼 있다는 것은 알았지만, 사람의 해마를 손상시키는 실험은 윤리적으로 어려워서 쥐 등을 사용한 실험이 주목을 받았다. 그중에서도 유명한 실험이 '모리스(Morris)의 수중 미로'다.

모리스의 수중 미로는 쥐를 반투명한 물에 떨어뜨려서 도피대를 찾게 하는 실험이다. 신경과학자 리처드 모리스(Richard G. Morris)가 고안한 것이다. 먼저 원형의 어항을 준비한다. 그 안에 직경 10cm의 도피대(원기둥)를 둔다. 도피대는 수면보다 1cm 낮으며 물이 반투명이라서 눈으로는 도피대가 어디 있는지 알 수 없다.[6]

이 어항에 쥐를 떨어뜨린다. 쥐는 빠지기 싫어서 필사적으로 수영을 하다가 도피대(발을 디딜 수 있는 육지 같은 것)를 발견한다. 동일한 쥐를 몇 번이고 어항에 떨어뜨리면 도피대를 기억해서 빨리 도피대로 향한다. 반면, 해마가 동작하지 않는 쥐는 도피대를 기억할 수 없었다.[7]

기억은 한 종류가 아니다

위의 두 가지 사례에는 각각 재미있는 차이가 있다. 비교해 보자.

해마를 제거하는 수술을 받은 사람은 새로운 기억을 만들 수 없게 됐다. 하지만 '거울에 비친 별모양을 덧그린다'라는 훈련을 하면 점점 잘 그릴 수 있게 됐다. 즉, 말로 표현해야 하는 기억은 만들 수 없지만, 손을 사용하는 기능의 기억은 만들 수 있는 것이다.[8]

모리스의 수중 미로 실험에서 쥐를 어항에 넣는 위치를 매번 변경했다. 하지만 다른 사람이 매번 같은 위치에 넣는 실험을 한 결과, 해마의 기능을 제거한 쥐라

---

6   어항의 크기는 원형으로 지름 150~200cm, 깊이 50cm 정도다. 어항 주변에는 위치를 알 수 있도록 화살표를 해두었다.
7   구체적으로는 해마의 NDMA 수용체를 차단하는 약물을 투여했다. 《기억의 비밀》, p.32
8   게다가 이 훈련을 한 것을 본인은 기억하지 못했다. 《기억의 비밀》, p.45

도 도피대에 도달하는 시간이 짧아지는 것을 알았다. 즉, 해마가 동작하지 않는 쥐는 '경험하지 못한 시작점에서 도피대까지 도달하기 위한 기억'은 만들 수 없지만, '동일 시작점부터 도피대까지 가기 위한 기억'은 만들 수 있는 것이다.[9]

어느 경우든 기억이 한 종류가 아니라는 것을 강하게 시사하고 있다.

사람은 언어로 표현할 수 있는 기억과 손을 움직이는 운동 기능의 기억을 가진다고 볼 수 있다. 예를 들어, 자전거를 탈 수 있는 사람이라도 자전거 타는 법을 말로 설명하는 것은 어렵다. 이처럼 언어로 표현할 수 없는 지식을 '비선언적 기억(Non-declarative Memory)'이라고 한다.[10]

쥐는 말을 하지 않으므로 말로 표현할 수 있는지 여부는 다르게 접근해야 한다. 일반 쥐는 직접 관찰할 수 있는 '목적지의 모양'의 정보를 가지고 직접 관찰할 수 없는 '도피대 위치'를 기억으로 만든다. 따라서 다른 위치에서 시작해도 빨리 도피대에 도착할 수 있다. 한편, 해마가 동작하지 않는 쥐는 물에 떨어진 후에 어떻게 도피대에 이르렀는지 구체적인 순서를 통째로 기억하고 있다. 따라서 다른 위치에서 시작하면 아무것도 학습하지 않은 상황과 동일하게 도피대를 찾지 못하고 헤매는 것이다.

'목적지 모양'으로부터 '도피대 위치'를 만들어 내는 것은 1장에서 설명한 '추상화'에 해당한다. 구체적인 경험(목적지 모양)으로부터 추상화해서 모델(도피대 위치)을 만든 쥐는 새로운 문제(새로운 시작점)에서도 효율적으로 답을 찾을 수 있다. 반면, 구체적인 경험(어떻게 수영하면 도피대에 도달하나)을 통째로 기억하는 쥐는, 새로운 문제에 대해 다시 시행착오를 거쳐야만 한다.

해마는 학습 사이클 중에서 중요한 단계를 담당하고 있는 것이다.

---

9   학습이 끝난 후에 쥐를 어항의 새로운 위치에 넣으면 정상적인 쥐는 빠르게 도피대에 이르지만, 해마가 동작하지 않는 쥐는 학습 초기와 똑같이 수영을 해서 도피대를 찾기까지 오랜 시간이 걸렸다. 《기억의 비밀》, p.262, 보스턴 대학 하워드 아이헨바움(Howard Eichenbaum)이 한 실험이다.

10 '떠올리다'라는 행위도 떠올리는 방법을 언어로 설명하는 것은 어렵다. 일부 기억력이 좋은 달인은 예를 들어, '머릿속에서 건물을 상세하게 그리고 그 안에 지식을 둔다. 떠올릴 때는 건물 안을 걸어다니면 된다'처럼 떠올리는 방법을 설명할 수 있다. 나는 이런 기억 기술이 없으므로 자신이 어떻게 떠올릴 수 있는지 설명할 수 없다.

기억과 근육의 공통점

뇌 속에 있는 해마라는 장치가 특정 기억을 만드는 데 중요하다는 것을 보았다. 다음은 해마 속을 더 자세히 보자.

애당초 어떤 원리로 정보가 뇌에 저장되는 것일까? HDD는 자성체의 원반을 회전시켜서 발생하는 자기를 이용해서 기록하며, SSD는 전기적으로 접촉돼 있지 않은 게이트에 터널 효과로 전자를 보내서 기록한다. 사람의 뇌는 어떤 구조로 동작하는 것일까?

신호를 전달하는 시냅스

뇌에는 '뉴런(Neuron)'이라는 신경세포가 100억~1,000억 개 정도 존재한다고 알려져 있다. 하나의 뉴런에는 수많은 돌기가 나 있다. 그리고 이 수많은 돌기를 사용해서 하나의 뉴런이 다른 뉴런과 약 1,000개의 연결 고리를 만든다.

이 연결 부분을 '시냅스(Synapse)'라고 한다. 뉴런도 전자회로와 마찬가지로 전위의 변화로 정보를 전달한다. 정보를 보내는 쪽의 세포를 '시냅스 전세포', 정보를 받는 쪽의 세포를 '시냅스 후세포'라고 한다.

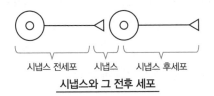

시냅스 전세포　시냅스　시냅스 후세포
시냅스와 그 전후 세포

시냅스는 단순히 연결만 하는 것이 아니라 시냅스 전세포에서 시냅스 후세포로 정보를 전달하도록 돼 있다(한쪽 방향으로만 전달하는 일방통행).[11] 디지털 전자회로를 예로 들면 특정 마이콘의 출력핀으로부터 도선이 나와서 다른 마이콘의 입력핀에 연결되는 것과 비슷하다.

11　시냅스 후세포가 자극을 받으면 그것을 전세포로 전달하는 경로가 별도로 있기는 하지만, 주제와 상관없으므로 생략한다.

신호를 보내는 시냅스 전세포에 신호가 전달되면 이 세포는 시냅스의 틈새에 특수한 물질(신경전달물질)을 방출한다. 신호를 받는 시냅스 후세포의 표면에는 이 물질에 반응하는 센서 같은 것(수용체)이 붙어 있다. 이 수용체에 신경전달 물질을 결합하면 시냅스 후세포의 전위가 변화된다.

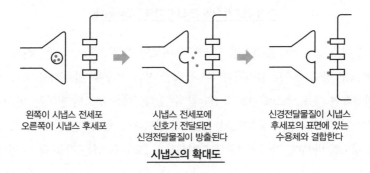

| 왼쪽이 시냅스 전세포 오른쪽이 시냅스 후세포 | 시냅스 전세포에 신호가 전달되면 신경전달물질이 방출된다 | 신경전달물질이 시냅스 후세포의 표면에 있는 수용체와 결합한다 |

시냅스의 확대도

이 설명이라면 시냅스 전세포에 신호가 오면 반드시 시냅스 후세포에 신호가 전달된다고 오해할 수도 있지만 그렇지 않다. 시냅스 전세포에 1회만 신호가 전달되면 시냅스 후세포의 전위는 약간만 바뀌며, 다음 세포에 신호를 전달하지 않고 원 전위 상태로 돌아간다.

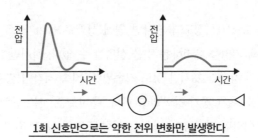

1회 신호만으로는 약한 전위 변화만 발생한다

그러면 어떨 때 신호가 전달되는 것일까? 예를 들어, 여러 세포로부터 짧은 시간 간격으로 신호가 도달하면 각 신호가 일으키는 전위 변화가 합쳐져서 커진다.

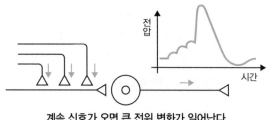

계속 신호가 오면 큰 전위 변화가 일어난다

전위가 어느 정도까지 올라가면 시냅스 후세포의 다른 스위치가 발동해서 한 번에 100mV 정도 추가로 올라간다. 이 급속한 전위 상승을 '발화'라고 하며, 이것이 발생하면 다음 세포에 신호를 전달할 수 있다. '어느 정도의 전위'는 세포나 상황에 따라 다르지만, 전형적으로는 15mV[12] 정도다. 그림에서는 단독 자극으로는 6mV 정도만 바뀌며, 자극이 3중으로 발생하면 15mV를 넘는 것을 알 수 있다.

시냅스의 장기 강화

시냅스의 후세포가 발화하면 시냅스 후세포 표면의 수용체가 늘어난다. 즉, 이전보다 더 적은 자극으로 시냅스 후세포가 발화하는 것이다. 이것을 장기 강화(Long-Term Potentiation, LTP)라고 한다.

이 장기 강화는 두 시간 정도가 지나면 원래 상태로 돌아가므로 이 구조만으로는 우리가 며칠씩 기억을 유지하는 것을 설명할 수 없다. 하지만 짧은 간격으로 4회 자극하면 장기 강화가 28시간 정도 지속된다. 지속 시간이 짧은 것을 '전기 장기 강화', 긴 것을 '후기 장기 강화'라고 한다. 흥미로운 것은 단백질 합성을 저해하는 약물을 투여하면 전기 장기 강화는 영향을 받지 않고, 후기 장기 강화만 발생하지 않게 된다.

전기 장기 강화에서는 포 안에 있던 수용체가 세포막에 설치된다. 이것은 금방 이루어지지만 수용체의 수가 줄어들어서 계속 유지할 수 없다.

반면 후기 장기 강화에서는 만들어 내는 수용체의 양 자체가 늘어난다. 만드는

12　mV(밀리볼트)는 전압의 단위다. 건전지의 전압이 약 1.5v = 1500mV이므로 15mV는 건전지의 100분의 1 정도 전압이다.

양이 늘어나니 세포막의 수용체 양이 많은 상태가 지속되는 것이다. 단백질 합성 저해가 이 프로세스를 정지시키는 것은, 수용체가 단백질이기 때문이다.[13]

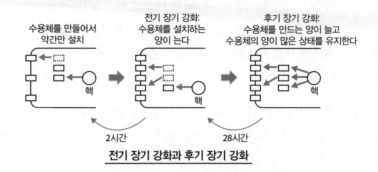

전기 장기 강화과 후기 장기 강화

먼저 금방 사라질 방법으로 만들고, 점차 오래 지속되는 방법으로 바꾼다

지금까지는 해마 안의 하나의 시냅스에만 주목했다. 학습을 반복하면 시냅스 자체도 늘어난다.

해마를 제거한 사람의 예에서는 수술하기 전의 수 년간을 기억할 수 없었지만, 대화에 지장 없이 유소년기의 기억을 떠올릴 수 있었다. 따라서 기억은 해마에만 저장돼 있는 것이 아니라 시간이 흐르면 대뇌피질로 이동한다고 알려져 있다.

이처럼 생물의 뇌는 바로 만들어졌다가 바로 사라지는 기억을 먼저 만든다. 그리고 그 기억이 사라지는 동안에 동일한 자극이 오면 다시 오래 지속되는 기억이 만들어진다. 컴퓨터에서 파일을 저장할 때는 '저장'이라는 명령을 1회만 실행하면 저장되지만, 사람의 뇌는 그렇지 않다. 기억은 단계적으로 만들어져서 반복을 통해 점점 오래 지속되는 것이다.

반복을 통해 점점 강해지는 것 중에는 근육이 있다. 기억을 만드는 것은 파일 저장보다 근육 트레이닝에 가깝다.[14]

---

13 단백질은, 먼저 설계도(DNA)가 들어 있는 핵에서 그 설계도를 RNA로 복사해서 이를 바탕으로 만들어진다. 후기 장기 강화가 발생하고 있을 때 이 복사가 풍성하게 이루어진다.

14 뇌에는 강한 공포 등을 느꼈을 때 일시적으로 기억을 정착하기 쉽게 하는 구조가 있다. 단, 일상의 기억을 돕는 도구가 아니므로 설명을 생략한다.

반복해서 사용하면 강해진다

기억과 근육은 비슷하다고 했다. 그렇다면 다른 점은 무엇일까? 기억에는 정보를 입력하는 '명심'이라는 단계와, 정보를 출력하는 '상기'라는 단계가 있다. 명심 단계에서만 해마 안에서 4~12Hz의 세타파가 발생하는 등, 이 두 단계에서는 무언가 다른 현상이 일어난다.

기억을 위해서 무언가를 반복하려고 할 때 입력을 반복한다고 생각하기 쉽다. 하지만 둘 다 필요하다. 사실은 뇌에 비슷한 정보가 들어오면 점점 둔감해져서 해당 정보를 무시하는 현상도 관찰된다.[15] 즉, 도움이 되지 않는 자극을 무시하기 위한 구조로, 동일한 문장을 반복해서 읽으면 점점 지루해지는 것과 같다.[16]

뇌에게 '도움이 된다'는 것은 무엇일까? 그것은 '보상을 얻을 수 있다'는 것이다. 성취감이나 즐거움 등의 정신적인 보상을 얻을 수 없으면 뇌는 그것이 도움이 되지 않는, 무시해야 할 정보라고 판단해 버린다.

입력만을 반복하면 쉽게 지루해진다. 출력까지 포함해서 반복해야 한다. 그리고 출력에 따른 보상을 얻을 수 있다면 금상첨화다.

Column

해마에서는 시간이 압축된다

정보를 입력할 때 해마에서 발생하는 세타파는 시간을 10배 정도 압축하는 움직임을 보여 준다.

그림의 A, B, C, D는 서로 다른 해마의 세포로, A, B, C, D 순서로 자극을 받았다고 가정해 보자. 자극을 받은 세포는 먼저 세타파를 동기해서 발화하고 세타파보다 10% 정도 짧은 간격으로 발화를 반복한다. 해마는 들어온 정보를 몇 번이고 재생하는 것이다. 게다가 이 재생은 'ABCD'라고 입력될 때 걸린 시간의 10분의 1시간으로 재생한다. 예를 들면, 촬영한 영상을 10배 빠르게 고속 재생하는 것과 같은 상태다.

---

15 '습관화'라고 한다.
16 예로 든 것이다. 하나의 신경세포에서 발생하는 현상과 사람에게서 발생하는 현상을 동일시할 수는 없다.

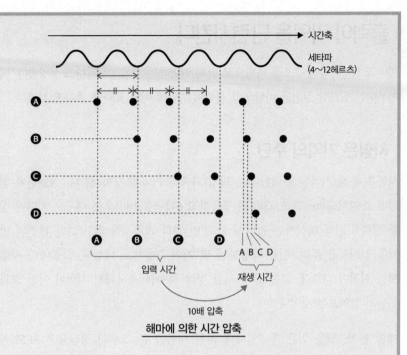

시간축

세타파
(4~12헤르츠)

A

B

C

D

A B C D

입력 시간

A B C D

재생 시간

10배 압축

해마에 의한 시간 압축

이 실험은 쥐를 사용해서 해마 안의 위치 기억과 관련된 세포를 사용해서 이루어졌다. 쥐의 눈에서는 경치같이 보이는 것의 구체적인 정보가 들어온다. 하지만 쥐 자신은 자신의 위치를 관찰할 수 없다. 즉, 위치는 추상적인 정보다. 구체적인 정보로부터 추상적인 정보를 만들어 내는 프로세스가 여기서 사용되는 것이다.

경치 정보로부터 위치 정보를 만드는 해마의 동작과 장기적인 기억을 만드는 해마의 동작은 어떤 연관이 있는지 아직 밝혀지지 않았다. 하지만 위치 정보를 사용하는 기억 기술'이나 1장에서도 소개한 '민법 맵', 무엇보다 해마라는 동일 장치를 사용한다는 점에서 분명 관련성이 있다고 나는 믿는다. 시간의 압축에 관해서는 4장에서 설명할 수사적 잔상인 '너무 느리게 읽으면 이해할 수 없게 된다'는 개념과도 관련이 있다고 생각한다.

---

i 메모리 팰리스(Memory Palace), 마인드 팰리스(Mind Palace), Method of loci 등으로 불리는 기술이다.

출력이 기억을 단련시킨다

해마의 신경과학적 구조를 바탕으로 반복 입력하는 것이 중요하다고 설명했다. 여기서부터는 심리학 실험을 바탕으로 출력이 기억에 어떤 효과를 주는지 보겠다.

시험은 기억의 수단

시험을 통해 기억을 출력한다는 과정 자체가 기억을 강화시킨다. 1939년에 심리학자 스피처(Spitzer)가 3,600명의 초등학교 6학년을 대상으로 대규모 기억력 실험을 했다.[17] 실험 대상자는 첫날에 한 번만 과학 교과서를 읽고 그와 관련된 빈칸 채우기 시험을 본다. 실험 대상자는 몇 개의 그룹으로 나뉘며, 그룹마다 시험을 보는 시점이 다르다. 그룹 간의 시험 성적 차이를 조사해서 시험이 어떤 효과가 있는지 살펴보는 것이다.

예를 들어, 책을 읽은 후 7일째에 처음 시험을 본 경우의 정답률은 31.5%이지만, 교과서를 읽은 날에 시험을 보고, 7일 후에 두 번째 시험을 본 경우 정답률은 47.4%가 됐다.

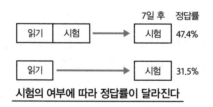

시험의 여부에 따라 정답률이 달라진다

시험을 보기까지 기간이 길어도 성적이 오른다. 28일 후에 시험을 본 경우 정답률이 27.2%였지만, 14일 후에 시험을 보고 28일 후에 두 번째 시험을 본 경우 정답률이 28.4%로 올랐다.

시험을 본다는 것과 보는 시점은 실험 대상자에게 알려 주지 않는다. 또한, 시험의 채점 결과나 정답을 가르쳐 주지 않는다. 실험 대상자는 시험 후에 교과서를

---

17   Spitzer, H. F. (1939). "Studies in retention". *Journal of Educational Psychology*, 30(9), 641.

다시 읽을 수 없다. 즉, 테스트 후에 틀린 문제를 복습할 수 없는 것이다. 하지만 이런 조건에도 불구하고 중간에 시험을 본 경우 두 번째 시험에서 성적이 올랐다. 즉, 다시 입력해서 성적이 오른 것이 아니라 출력해서 기억이 강화된 것이다.

시험을 보고 나서 다시 공부한다

시험을 본 후에 복습을 하면 다시 기억이 강화된다. 심리학자 제프리 카피케(Jeffrey D. Karpicke)의 실험[18]에서는 80명의 대학생이 과학 관련 문장을 읽고 일주일 후에 이해 정도를 확인하는 시험을 보았다. 대상자는 세 개의 그룹으로 나뉘었고 각각 다른 공부 방법을 적용했다.[19]

- **1회 학습군**: 교과서를 1회만 읽은 그룹
- **반복 학습군**: 교과서를 4회 반복해서 읽은 그룹
- **기억 연습군**: 한 번 읽은 후에 기억해 낼 수 있는 것만 기억해 내고 다시 한 번 읽는다. 이것을 반복한 그룹

1회 학습군의 정답률은 30% 정도이고 반복 학습군의 정답률은 50% 정도로 1회 학습군보다 높다. 이것은 1회보다 4회 읽는 것이 기억에 남는다는 당연한 사실을 알려 준다. 여기서 중요한 것은 기억 연습군의 성적이다. 이 그룹은 70% 정답률을 보였다. 4회 반복 입력하는 것보다 그 시간의 일부를 시험에 할애하는 것이 더 좋은 성적을 얻는 것이다.

자신은 없지만 성적은 높다

학습하고 '일주일 지난 후에 어느 정도 기억하고 있는지'를 이 세 그룹에 질문했다. 1회 학습군은 평균 70%, 반복 학습군은 80%, 기억 연습군은 60%라고 대답했다. 즉, 기억 연습군은 공부를 끝낸 시점에는 가장 자신이 없었던 것이다. 실제

---

18 Karpicke, J. D. and Blunt, J. R. (2011). "Retrieval practice produces more learning than elaborative studying with concept mapping". *Science*, 331(6018), 772-775.
19 논문에서는 네 번째 그룹이 교과서를 보면서 개념도를 작성하는 공부법을 적용했지만, 눈에 띄는 결과가 없었으므로 생략한다.

시험에서는 가장 정답률이 높았음에도 말이다. 이것은 흥미로운 발견이다. 기억 연습군만이 자신의 정답률을 과소평가했고, 단지 읽기만 했던 그룹들은 자신의 정답률을 과대평가한 것이다.

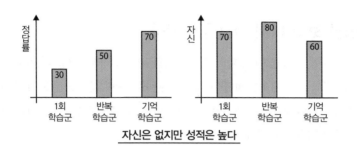

자신은 없지만 성적은 높다

기억 학습군은 기억하려고 할 때 생각보다 기억나지 않는다는 사실을 직시하고 자신감을 잃는 것이다. 반면, 입력만 한 사람들은 자신감을 잃을 기회와 자신이 무엇을 알고 있는지 알 기회도 없는 것이다. 자신이 잘 기억하고 있다는 주관적인 기분과 객관적인 시험 결과가 반대라는 것은 매우 흥미로운 사실이다. 자신의 감각을 믿을 수 있는 것이 아니다.

틀리는 것이 나쁘다고 생각하거나 화를 내는 사람도 있을 수 있다. 하지만 학습 초반에 틀리는 것은 틀린 것을 중점적으로 공부해서 결국에는 좋은 성적으로 연결될 수 있다. 이것을 직접 경험하면 틀리는 것에 대한 공포심을 줄일 수 있다. 틀렸을 때 '배울 기회를 얻었다' 하고 긍정적으로 생각하는 것이다.

적응형 부스팅

머신 러닝 분야에도 관련 기술이 있다. **적응형 부스팅**(Adaptive Boosting, AdaBoost)라는 기술이다.

머신 러닝에서는 입력을 받아서 식별 결과를 반환하는 프로그램을 학습을 통해 만든다. 이를 '학습기'라고 한다. 예를 들어, '다음 사진을 보고 포유류인지 어류인지를 답하라'는 문제를 사람이 푼다고 생각해 보자. 즉, '사진'이라는 입력을 받아서 그것이 포유류인지 어류인지를 식별하고 그 결과를 반환하는 것이다. 이것과 동일한 처리를 하는 것이 학습기다.

적응형 부스팅은 능력이 낮은 학습기(약학습기)를 모아서 정확도가 높은 학습기를 만드는 기법이다. 이 기업의 핵심은 틀린 문제를 중요시하는 것이다. 학습의 흐름을 보자.

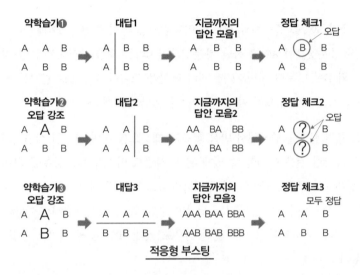

적응형 부스팅

왼쪽 위의 A와 B가 나열돼 있는 것이 정답이다. 공간을 가로 또는 세로로 자를 수만 있는 약한 학습기를 통해 학습한다. 이 학습기는 '윗행에 있으면 A'나 '1열째이면 A'식의 약한 판단 능력밖에 가지고 있지 않다. 계층 형으로 A와 B가 나열돼 있으므로 약한 학습기만으로는 제대로 식별할 수 없는 '어려운 문제'다. 이것에 도전해 보자.

먼저 약학습기❶에 정답 데이터를 학습시킨다. 그리고 이 학습기가 제대로 대답하는지 테스트한다. 테스트에서 대답1처럼 A와 B를 나누도록 세로로 선을 긋는다. 이것의 정답을 확인하면 상단 가운데가 A여야 정답이지만 B이므로 오답이라고 체크한다(정답 체크1).

1회째 테스트에 답한 약학습기❶은 옆에 두고, 새로운 약학습기❷를 학습한다. 이때 앞에서 틀린 문제를 중시해서 기억하도록 지시한다. 2회째 테스트에서는 상단 가운뎃값이 A인 것을 중시해서 답안2처럼 세로로 선을 그어 A와 B를 나눈다. 이 약학습기❶과 약학습기❷의 답안을 합쳐서 다수결(A, B 중 개수가 많은 것 선택)로 식별한다(지금까지의 답안 모음2). 가운데 두 값이 학습기에 따라 값이 다른 것을 알 수 있다. 따라서 두 개를 오답으로 판단한다(정답 체크2).

이 두 개의 오답을 중시해서 새로운 약학습기❸을 학습한다. 3회째 테스트에서는 상단 가운뎃값이 A이고 하단 가운뎃값이 B라는 것을 중시해서 답안3처럼 가로로 A와 B를 나눈다. 학습기 세 개의 답안을 모아서 다수결로 판정한다(지금까지의 답안 모음3). 답이 모두 맞는 것을 알 수 있다(정답 체크3).

이처럼 틀린 문제를 중시해서 반복 학습과 테스트를 하면 단순한 학습기의 모음이라도 복잡한 것을 이해할 수 있게 된다. 사람도 마찬가지다. 공부를 많이 하지 않은 상태에서 '포유류와 어류를 구별하라'라고 하면 '물에서 사는 것이 어류이고 물 밖에 있는 것이 포유류다'라고 생각할 수도 있다. 이것이 약학습기❶에 해당하는 것이다. 대부분이 맞지만 틀린 경우도 있다. 고래는 물 속에서 생활하지만 포유류다.

이 틀린 것에 주목해서 새로운 약학습기❸를 학습해 보자. 예를 들어, '길이가 5m이상인 생물은 포유류다'라고 하면 어떨까? 참지는 3m정도이고 흰수염고래는 20~34m이므로 맞을 것 같기도 하지만 틀렸다. 고래상어는 어류이지만 20m나 된다. 약학습기❸에 추가로 '꼬리의 방향이 세로이면 어류, 가로이면 포유류'라고 하면 제대로 식별되지도 모르지만, 나는 동물 분류의 전문가가 아니므로 틀릴 수도 있다.[20] 이렇게 틀린 것에 주목해서 그것을 어떻게 식별하는지 학습하면 약학습기의 다수결 학습이 점점 정확해지는 것이다.

---

20 육지에서 가슴 지느러미를 사용해 걷는 짱뚱어나 폐로 호흡하는 폐어류 등 다양한 개성의 생물이 존재한다.

시험을 통한 학습 사이클의 빠른 회전

학교 시험에서는 시험 중에 교과서를 확인할 수 없다. 출력할 동안은 입력할 수 없는 것이다. 하지만 프로그래밍은 다르다. 프로그램을 작성하는 도중에 예를 들어, '문자열을 결합하는 명령이 뭐였지?' 하고 의문이 생기면 교과서를 확인하거나 인터넷으로 검색해서 바로 정보를 입력할 수 있다. 그리고 입력한 정보를 바로 사용해서 프로그램을 계속 작성할 수 있다.

즉, 프로그래밍은 한 줄 한 줄이 작은 시험인 것이다. 그리고 시험에서 생각나지 않는 것이 있다면 바로 입력하면 된다. 또한, 입력한 직후에 그 지식을 실제로 사용해서 프로그램을 작성할 수도 있다. 출력해서 바로 입력하고 그 결과를 사용해 다시 바로 출력하는 것이다. 즉, 학습과 시험 사이클을 매우 빠르게 돌리는 것이다.

지식을 오래 유지하는 간격 반복법

카피케의 실험에서는 1일 동안 공부하고 일주일 후에 시험을 보았다. 즉, 일주일 후에도 기억하고 있는지를 통해 기억이 만들어졌는지를 판단하는 것이다. 중학생이 시험 전에 서둘러서 공부한다거나 여러분이 자격증 시험을 목전에 두고 벼락치기 공부를 해야 한다면 일주일 전에 공부해서 성적을 올리는 것도 의미가 있다. 하지만 공부한 내용을 시험 후에 바로 잊어버린다면 장기적으로는 공부한 의미가 없다. 어떻게 하면 오래 기억을 유지할 수 있는지 보도록 하자.

잊어버린 후에 복습한다

심리학자인 니컬러스 세페다(Nicholas J. Cepeda) 215명의 대학생을 대상으로 시험까지 6개월의 간격을 두는 실험을 했다. 이 실험에서는 2회 공부하고 6개월 후에 시험을 보았다. 1회째와 2회째의 공부 간격을 20분, 1일, 1주일, 1개월, 3개월, 6개월로 바꾸어 가며 시험의 정답률을 비교했다.[21]

---

21 Cepeda, Nicholas J., et al. (2009). "Optimizing distributed practice: Theoretical analysis and practical implications," *Experimental psychology*, 56.4, 236-246.

결과는 1개월 후의 시험이 정답률 55%로 가장 높았고, 1주일, 3개월, 6개월은 40~50%로 거의 같았다. 1일이나 20분 간격의 정답률은 33%와 25%로 간격이 길게 둔 경우보다 정답률이 낮았다.

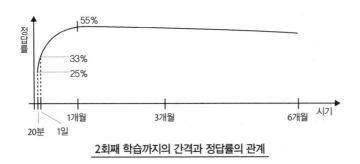

2회째 학습까지의 간격과 정답률의 관계

공부하고 나서 6개월이 지나면 공부한 내용을 완전히 잊어버리지 않을까 불안해할 수도 있다. 나도 그렇게 생각했었다. 실제로 2회째 학습이 아니라 시험을 본 경우 2회째가 20분이나 1일인 경우에는 90%를 넘었지만 6개월 후에는 20% 정도였다. 전자는 '90% 정답이야. 제대로 외운 거야' 하고 기분이 좋아지지만, 후자는 '6개월 동안 공부를 하지 않은 탓에 다 잊어버렸어' 하고 슬퍼진다. 하지만 후자가 최종적인 시험 성적이 좋다(즉, 2회째 공부를 6개월 뒤에 하고 다시 6개월 뒤에 시험을 본 경우). 주관적으로 '기억하고 있는 듯한 느낌'과 객관적인 시험 성적은 일치하지 않는다. 어느 정도 잊어버리기까지 간격을 두는 것이 장기적인 기억 단련에 도움을 주는 것이다.

이 논문에서는 시험까지의 기간이 1일 이상일 때는 테스트까지 남은 시간의 10분의 1 시점에 복습하는 것이 좋다는 결론이다. 하지만 최적의 간격을 찾는 데 너무 신경을 쓰면 해당 날짜에 다른 일이 생겨서 복습을 하지 못하게 되면 실패한 기분이 들어서 의욕을 잃게 된다. 최적의 시간이 지난 후라도 성적이 내려가는 속도가 완만하다. 혹 최적의 기간인 1개월 후에 복습을 놓쳐서 6개월 후에 복습을 한다고 해도 1일 후에 복습한 경우보다 시험 성적이 좋다. 최적의 간격을 너무 신경 쓰는 것은 좋지 않다.

라이트너 시스템

세페다의 실험은 2회만 학습한다는 것이 전제였다. 하지만 이것은 현실적이지 못하다. 실제로는 몇 번이고 반복 학습할 수도 있다. 반복 학습 방법에는 어떤 것이 있을까?

1972년에 과학 저널리스트인 세바스찬 라이트너(Sebastian Leitner)가 단어 카드를 사용한 학습법인 '라이트너 시스템'을 만들었다. 이것은 단어 카드와 상자를 사용한 학습 시스템이다. 단어 카드의 앞에는 문제, 뒤에는 답이 적혀 있다. 상자는 여러 개 준비하고 각 상자에는 예를 들어 1일, 3일, 7일, 1개월 등 복습 기간을 점점 길게 설정했다.[22]

새롭게 만든 단어 카드는 먼저 시험 간격이 가장 짧은 상자에 넣는다. 시험에서 맞춘 카드는 시험 기간이 더 긴 상자에 옮겨 넣는다. 틀린 카드는 기간이 가장 짧은 상자에 넣는다. 이를 통해 자주 틀리는 카드는 짧은 기간에 복습하고, 잘 안 틀리는 카드는 긴 간격으로 복습하게 돼서 복습 간격이 자동으로 조절된다.

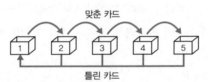

맞춘 것을 복습 기간이 긴 상자로, 틀린 것을 가장 짧은 상자로 이동

나는 이것을 실험해 본 적이 있다. 상자를 준비하는 것이 귀찮아서 단어 카드를 원형 링에 거는 방법을 택했다. 하지만 카드를 링에서 빼서 바꿔 넣는 작업이 생각보다 귀찮아서 의욕을 잃어버렸다. 독자 중에는 디지털 방식으로 하고 싶다는 사람도 많을 것이다.

1987년에 피오트르 워즈니악(Piotr Wozniak)에 의해 반복 학습법을 최초로 컴퓨터로 구현한 슈퍼메모(SuperMemo)가 개발됐다. 첫 버전은 MS-DOS에서 실행됐지만 지금은 여러 버전이 존재한다.

---

22 초기 라이트너 시스템은 크기가 다른 상자(1, 2, 5, 8, 14cm)를 준비해서 상자가 가득 차면 복습하는 식이었다.

문제의 쉬운 정도

슈퍼메모의 학습 간격 결정 알고리즘은 SM-2알고리즘[23]이라고 하는 것으로서 이후에 이 알고리즘을 사용한 소프트웨어가 많이 등장했다. 이 알고리즘에서 채택한 '쉬운 정도 계수'라는 개념이 있다. 재미있으니 소개하겠다.

SM-2 알고리즘은 다음과 같다.

- 새로운 카드를 공부한 후 1일 후에 시험을 본다.
- 정답을 맞추면 그 카드의 학습 간격은 6일이 된다. 다음은 6일 후에 시험을 본다.
- 다시 정답을 맞히면 학습 간격을 직전 학습 간격에 쉬운 정도 계수인 EF를 곱한 것으로 설정한다.

쉬운 정도 계수(Easiness Factor, EF)는 초깃값이 2.5이고, 1.3~2.5 범위에서 변한다. 사용자는 문제를 풀고 정답을 확인한 후 그것이 쉬웠는지 어려웠는지를 피드백한다. 이를 통해 EF의 증감이 결정된다. 정답을 맞추지 못한 경우는 EF는 변하지 않으며, 학습 간격이 1일이 된다.

쉬운 문제의 경우는 2.5배씩 간격이 늘어가므로 복습 간격이 대략 6일, 15일, 5주, 3개월, 8개월, 1년반, 4년 정도씩 늘어난다. 7회 정답을 맞히면 다음 복습 간격이 4년 후가 되는 것이다.

지식을 구조화하는 20가지 규칙

슈퍼메모(SuperMemo)를 개발한 워즈니악은 1999년에 〈지식을 구조화하는 20가지 규칙〉이라는 논문을 공개했다. 이것을 보고 과거에 내가 잘못된 방식으로 카드를 만들었다는 것을 깨달았다. 여기서 일부 소개하겠다.[24]

---

23 https://www.supermemo.com/english/ol/sm2.htm
24 전부 소개하고 싶지만, 원문이 22페이지나 돼서 한 장을 다 채울 수 있는 양이다. 원문 https://www.supermemo.com/en/articles/20rules

20개의 규칙 중에 가장 중요하다고 생각하는 것은 '규칙4: 최소 정보 원칙 지키기'로 문제를 가능한 한 간단하게 만들자는 것이다. 간단한 것은 외우기 쉽고 학습 일정을 조정하기도 쉽다. 예를 들어, '일부만 기억하고 있다'고 하면 그 기억한 부분을 포함해서 짧은 간격으로 복습하게 한다. '대충 기억했지만 약간 다르다'의 경우 정답을 맞춘 것으로 해야 할지 틀렸다고 보고 복습해야 할지 고민하게 된다. 이런 문제들이 발생한다는 것은 문제가 간단하지 않다는 것이다.

구체적인 예를 보자. 예를 들어, 베네룩스 3국에 대해 이런 문제를 만들 수도 있다(참고로 나쁜 예다).

- **앞면:** 베네룩스 3국이란?
- **뒷면:** 벨기에, 네덜란드, 룩셈부르크. 비고: 베네룩스란 벨기에, 네덜란드, 룩셈부르크의 앞 글자를 딴 것.

동일한 문제를 네 개의 간단한 문제로 분할해 보자.

- **1앞면:** 베네룩스 3국은 벨○○, 네덜란드, 룩셈부르크
- **1뒷면:** 벨기에
- **2앞면:** 베네룩스 3국은 벨기에, 네○○○, 룩셈부르크
- **2뒷면:** 네덜란드
- **3앞면:** 베네룩스 3국은 벨기에, 네덜란드, 룩○○○○
- **3뒷면:** 룩셈부르크
- **4앞면:** 네덜란드의 다른 이름은 ○○○
- **4뒷면:** 홀란드

벨기에, 네덜란드, 룩셈부르크라는 세 가지 답을 순서 없이 답을 내도록 하는 것이 아니라 '벨기에, 네덜란드, 룩셈부르크'라는 순으로 고정해서 각각을 채우는 문제로 만들었다. 이 방식에서는 '규칙9: 순서가 정해지지 않은 집합을 기억하려고 하지 마라', '규칙10: 여러 개가 나열된 방식을 외우려 하지 마라', '규칙5: 채우기 문제는 기억하기 쉽고 효율적이다'를 사용하고 있다.

이런 문제 만들기 방식은 고리에 단어 카드를 넣는 형태에서는 사용할 수 없었

다. 문제의 출제 순서가 고정돼 있으면 첫 번째 카드로 두 번째, 세 번째 카드의 정답을 알 수 있기 때문이다. 하지만 소프트웨어가 출제하는 순서를 섞으면 어떤 문제가 처음에 나오는지가 복습할 때마다 바뀌기 때문에 괜찮다. 세 국가 중 외우기 어려운 것이 있다면 그것만 자주 반복해서 효율적으로 기억을 단련시킬 수 있다.[25] 또한 '규칙6: 이미지를 사용하자'를 통해 단어 카드에 베네룩스 3국의 지도 그림을 넣는 것도 좋은 방법이다.

▌앙키

2006년에 데이미언 엘메스(Damien Elmes)가 앙키(Anki)[26]라는 소프트웨어를 개발했다. 이 소프트웨어는 2010년에 미국의 퀴즈쇼인 '제퍼디!(Jeopardy!)'에서 우승자 로저 크레이그(Roger Craig)이 사용해서 유명해졌다.[27]

앙키는 학습 단계와 복습 단계를 나누고 있다. 새롭게 추가된 문제는 1회 정답 시에 10분 후에 다시 풀어서 정답이면 학습이 끝난다. 1회나 2회째 틀린 경우는 1분 후에 다시 출제된다. 학습이 끝난 카드는 1일 후에 출제되며, 그 이후는 쉬운 정도 계수(초깃값은 2.5)의 배율로 간격이 늘어난다.

이 구조는 10분 미만의 틈새 시간에 나누어 공부하기에 좋은 방식이다. 예를 들어, TV 방송을 보고 있다가 광고가 나오는 동안 공부한다고 하자. 정답을 맞춘 카드는 10분 동안 출제되지 않으므로 다음 광고까지 간격을 비워 두게 된다. 간격을 둬서 잊어버린 후에 다시 문제를 풀면 더 효율적으로 기억할 수 있게 되는 것이다.

---

25 나중에 소개할 학습 소프트웨어 앙키(Anki)에서는 하나의 문장에 괄호를 여러 개 지정해서 복수의 카드를 만들 수 있다. 게다가 그 카드들이 동일한 날에 출제되지 않도록 조절한다.
26 https://apps.ankiweb.net/
27 1일에 7만 7,000달러의 상금을 획득해 역대 최고 기록을 세웠다.

난이도 자동 조정

사람은 자주 자신의 능력을 과대평가한다. 과대평가를 통해 문제의 난이도를 너무 높이면, 정답을 맞히기 어렵다. 정답을 맞힐 수 없는 테스트는 고생만 할 뿐 전체 문제의 정답을 맞히기까지는 엄청난 시간이 소요된다. 결과적으로는 의욕을 잃게 되는 것이다.

너무 어려운 문제를 반복하면 고통스러우며, 너무 간단한 문제를 반복하면 지루해진다. 의욕을 유지하며 즐겁게 학습하기 위해서는 적당한 난이도가 필요하다. 심리학자 미하이 칙센트미하이(Mihaly Csikszentmihalyi)는 어떤 기술이 너무 어려우면 불안해지고, 쉬우면 지루해지므로 적당한 난이도를 선택해야 한다고 했다. 그래야 높은 집중력을 발휘하는 정신 상태(몰입 상태)에 이룰 수 있다고 말했다.

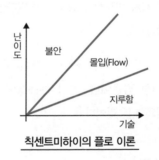

칙센트미하이의 플로 이론

간격 반복법을 사용하면 단순한 문제는 점점 복습 간격이 늘어나서 출제 빈도가 낮아진다. 따라서 너무 간단한 문제는 신경 쓰지 않아도 된다.

반면, 문제가 너무 어려운 경우에는 주의가 필요하다. 내가 종이 카드로 처음 간격 반복법을 시도했을 때 실패했던 원인이 바로 이것이었다. 먼저, 난이도별로 정리돼 있는 단어 목록을 살펴보고, 알고 있는 단어가 거의 포함돼 있지 않은 난이도의 목록을 선택했다. 게다가 abc순으로 나열돼 있는 단어를 동일한 순서의 카드로 만든 것이다. 그 결과 abhor: 싫어하는, abhorrent: 혐오스러운, abject: 절망적인, adjust: 부속물 등의 비슷한 단어들이 나와서 외우기가 어려웠고, 단어의 뜻이 서로 섞여서 잘못된 답을 찾는 경우가 빈발했다.

자주 틀리는 문제는 높은 빈도로 출제된다. 그 결과 매일 답을 맞히기 어려운 문제들로 고생하게 되며, 이는 의욕상실로 이어져서 포기하게 된다.

이에 대해 앙키의 개발자 엘메스가 제안한 해결책이 자동 유보다. 복습으로 8회 틀린 카드는 자동적으로 유보돼서 학습 대상에서 제외된다. 즉, 쉬운 문제만 덜 출제되는 것이 아니라 어려운 카드도 자동으로 출제되지 않게 하는 것이다.

만든 카드가 나오지 않는다고 주저하는 사람이 있을 수도 있다. 카드는 없어지는 것이 아니라 언제나 수정할 수 있고, 유보를 해제할 수도 있다. 엘메스는 자동 유보 카드에 대해 다음 세 가지 중 한 가지를 하라고 설명한다.

- 여러 카드가 서로 헷갈린다면 하나를 제대로 외울 때까지 다른 비슷한 카드들은 방치할 것
- 정말 외울 가치가 있는지를 생각해 보고 가치가 없다면 제외할 것
- 더 외우기 쉽도록 수정할 것

지식을 구조화하는 20가지 규칙에서 '규칙11: 간섭하는 것(외우는 것을 방해하는 것)은 제외시킬 것'과 동일한 접근이다. 간섭 가능성이 높은 카드를 자동적으로 찾아서 학습 목록에서 제외하는 것이다.[28]

▍교재는 스스로 만들기

간격 반복법의 문제 카드를 직접 만들어 볼 것을 권장한다. 예를 들어, 슈퍼메모의 개발자 워즈니악은 슈퍼메모상에서 문장을 읽어 나가면서 기억할 문장을 별도로 빼내고, 그 문장을 빈칸 채우기 형식으로 바꾸는 방법(Incremental Reading)을 제안했다. 자세한 내용은 '4장의 증분 읽기'(p.144)에서 독서의 한 방법으로 소개한다.

---

28 이외에도 앙키에는 하루에 출제되는 카드 20장, 복습할 카드 100장 등의 제약이 있는 것이 장점이다. 이것은 2장에서 본, 양에 의한 태스크 분할의 구체적인 예에서 언급된 것이다. 무제한적으로 공부하면 목표가 보이지 않아서 의욕을 유지하기가 쉽지 않지만, 장 수를 제한함으로써 30분~1시간 정도로 완료할 수 있는, 목표가 보이는 태스크가 되는 것이다.

지식을 구조화하는 나머지 15가지 규칙

'지식을 구조화하는 20가지 규칙' 중 본문에서 소개하지 못한 나머지 규칙에 대해 간략하게 설명하겠다.

'규칙1: 이해할 수 없는 것을 배우려고 하면 안 된다'

예를 들어, 독일어를 모르는데 독일어로 쓰여진 역사 교과서를 암기하려고 해서는 안 된다. 너무 오랜 시간이 걸리고 얻은 지식도 도움이 되지 않는다.

'규칙2: 암기하기 전에 학습하자'

개별 지식을 암기하기 전에 지식의 전체 모습을 학습하자. 전체 모습은 불완전하고 대략적인 것이라도 상관없다. 완전하고 상세한 것보다 간단한 것을 기억하기 쉽기 때문이다. 그것을 외우고 나서 점진적으로 상세화해 나가면 된다.

'규칙3: 기초부터 쌓아 올리자'

기초적인 것에 대해서는 잘 알고 있더라도 일부러 문제로 만들자. 만약 정말 잘 알고 있다면 금방 복습 기간이 늘어나므로 괜찮다. 모르면서 알고 있다고 착각해서 발생하는 피해가 더욱 크므로 안전한 쪽을 선택하자. 이것은 규칙2와 밀접하게 연관된다.

'규칙11: 간섭을 발견해서 제외한다'

때에 따라서는 여러 카드가 서로 간섭해서 헷갈리게 만드는 경우가 있다. 예를 들어, adapt와 adopt처럼 매우 비슷한 영어 단어를 동시에 외우려고 하면 혼란을 일으켜서 시험 때마다 반대 단어의 뜻을 떠올릴 수 있다. 이럴 때는 카드를 개선하든가 단순히 제외시킨다. 단어를 제외시키면 해당 단어를 외우지 못한다고 생각할 수도 있을 것이다. 하지만 제외하지 않으면 해당 단어는 물론 비슷한 다른 단어도 외우지 못하게 된다. 두 마리의 토끼를 잡으려다 둘 다 놓치는 것이다. 개선 방법을 찾을 수 없다면 제외하는 것이 쉬운 방법이다.[i]

나머지 규칙은 규칙만 소개하고 설명은 생략하도록 한다. '규칙7: 기억 기술을 사용하자', '규칙8: 그림 빈칸 채우기도 좋다', '규칙12: 표현을 최적화하자', '규칙13: 다른 기억과 연관 짓자', '규칙14: 개인의 경험이나 구체적인 예와 연관 짓자', '규칙15: 감정과 연결하자', '규칙16: 문맥을 이해해서 표현을 간략하게 만들자', '규칙17: 기억 카드가 중복되는 것은 최소 정보 원칙에 어긋나지 않는다', '규칙18: 출처를 표기하라', '규칙19: 날짜를 기록하라', '규칙20: 우선순위를 정하라'.

---

i 예를 들어, adapt와 adopt를 구별(개선)해야 하는 경우 컴퓨터 전원에 사용하는 'AC Adapter'나 adopt의 opt가 option의 opt라는 식으로 연관 짓는 방법이 있다.

■── 만드는 과정을 통해 깊이 있게 이해한다

지식을 구조화하는 20가지 규칙에서 '규칙1: 이해할 수 없는 것을 배우려고 하지 말자'와도 연관 있지만, 기억하기 전에는 먼저 이해하는 것이 중요하다. 1장에서 소개한 피라미드의 예를 떠올려 보자. 책을 읽어서 정보를 수집하는 것만으로는 지면상에 그저 일렬로 나열하는 것과 같다. 수집한 정보를 쌓아서 피라미드를 만드는 작업이 필요하다.

심리학자이자 인지과학자인 퍼거스 크래익(Fergus Craik)과 엔델 툴빙(Endel Tulving)은 단어의 기억과 그 단어에 대한 처리 수준이 어떤 관련이 있는지 실험했다.[29] 처리 수준은 4단계가 있으며, 각 단어에 그중 하나를 적용한다. 1단계는, 예를 들어 TABLE이라는 단어에 관해, '이 단어는 전부 대문자인가?' 하고 질문하는 '형식의 처리'다. 2단계는 crate라는 단어에 관해 '이 단어는 weight라는 운을 달 수 있는가?'라고 질문하는 '음(音)의 처리'다. 3단계는 shark라는 단어에 관해 '이것은 어류의 일종인가?'라고 질문하는 '분류의 처리'다. 4단계는 friend라는 난어에 대해 "'He met a ____ in the street."라는 문장에 맞는가?'라고 질문하는 '문장의 처리'다.

단어에 관해 이 질문 중 하나를 한 후에 단어를 어느 정도 외우고 있는지 테스트한 결과 형식의 처리를 한 단어는 18%만 외우고 있었지만, 음의 처리는 78%, 분류의 처리는 93%, 문장의 처리는 96%를 외우고 있었다. 즉, 인지적으로 고도의 작업을 한쪽이 더 잘 기억하는 것이다.

교과서를 읽어서 외워야 할 내용을 끄집어 내고 그것을 가능한 한 간단한 문제로 만드는 작업은 고도의 인지 작업이다. 문제를 만드는 작업을 귀찮다고 생각해서 다운로드하거나 기계적으로 생성하면 되지 않냐고 생각할 수도 있다. 하지만 인지적으로 고도의 작업을 통해 기억할 수 있는 기회를 놓치게 되는 것이다.

---

29 Craik, F. I. and Tulving, E. (1975). "Depth of processing and the retention of words in episodic memory". Journal of experimental Psychology: General, 104(3), 268

■── 개인적인 정보를 이용할 수 있다

스스로 문제 카드를 만드는 것은 자신의 개인 정보를 사용할 수 있다는 장점이 있다. 예를 들어, 나는 중학교 음악 수업에서 합창곡으로 '돌아오라 소렌토로'를 배웠다. 그 당시에는 뜻도 모른 체 '비데오마레~' 하고 마냥 따라 부르는 것이 다였다. 이 가사는 이탈리아어[30]로 비데(Vide)는 '본다'라는 뜻의 단어다. 어원이 같은 단어로 비디오(Video)나 비주얼(Visual) 등이 있다. 마레(Mare)는 '바다'라는 의미로 비슷한 단어로 '바다의'를 의미하는 마린(Marine)이 있다.

나에게 '비데오마레~'는 멜로디와 함께 세트로 선명하게 떠올릴 수 있는 기억이지만, 대부분의 독자는 무슨 얘기인지도 모를 것이다. 이런 개인적인 정보를 사용할 수 있는 것이 학습 교재를 직접 만드는 데 장점이 된다. 지식을 구조화하는 20가지 규칙에서 '규칙13: 다른 기억과 연관 짓자', '규칙14: 개인의 경험이나 구체적인 예와 연관 짓자', '규칙15: 감정과 연결하자'가 있다. 자신의 기억, 경험, 감정과 연결하므로 새로운 기억을 쉽게 기억할 수 있게 되는 것이다.

■── 저작권과 사적 사용을 위한 복제

좋아하는 애니메이션이 있다면 캐릭터의 대사나 에피소드를 사용해서 새로운 지식을 외우는 데 사용하는 것도 좋은 방법이 될 수 있다. 하지만 애니메이션의 대사는 해당 애니메이션을 만든 회사가 저작권을 가지고 있어서 만약 다른 회사가 대사를 사용한 영어 예문집을 만들려고 한다면 저작권을 가지고 있는 회사로부터 허가를 받아야 한다.

하지만 여러분들이 자신을 위해서 대사를 사용한다면 또 다른 얘기가 된다. 한국 저작권법에서는 개인적인 목적으로 사용할 때는 복제할 수 있다고 정하고 있다.[31] 즉, 암기를 위해서 직접 교재로 만들어 사용할 때는 자신이 좋아하는 애니메이션 이미지 등을 복제할 수도 있다. 반면, 그것을 판매하거나 인터넷에서 다

---

30 정확히는 나폴리어다.
31 저작권법 제30조, 사적 이용을 위한 복제. "공표된 저작물을 영리를 목적으로 하지 아니하고 개인적으로 이용하거나 가정 및 이에 준하는 한정된 범위 안에서 이용하는 경우에는 그 이용자는 이를 복제할 수 있다."

운로드할 수 있도록 하는 것은 위법이다. 다른 말로 하면 이런 문제 카드를 다른 사람이 만들어서 무상으로 배포할 가능성이 매우 낮다는 것을 의미하기도 한다. 직접 만드는 수밖에 없다.

정리

이 장에서는 암기에 관해 배웠다. 쥐가 장소를 기억하기 위해 사용하는 해마라는 부위는 사람이 장기 기억을 만들 때 사용하는 것이다. 뇌의 기억 구조는 컴퓨터에서 파일을 저장하는 것과는 다르며, 근육을 단련시키는 것처럼 반복이 필요하다.

반복이 중요하지만, 단순히 반복해서 읽는 것이 아니라 시험을 보는 것이 좋다. 시험을 보면 주관적으로는 자신감을 잃을 수 있지만, 객관적인 성과는 높아진다. 컴퓨터를 사용해서 테스트(시험)의 반복 간격이나 출제 난이도를 자동으로 조절해 주는 구조(소프트웨어)가 이미 존재하지만, 이런 구조를 적용한 교재는 아직 많지 않다. 20가지 규칙을 참고로 직접 만드는 것이 기억 강화를 위해 유용하다.

다음 장에서는 기억하기의 바로 전 단계인 읽는 것에 관해 생각해 보겠다.

제 **4** 장

효율적으로 읽으려면

1장에서는 학습 사이클에 관해, 2장에서는 사이클을 돌리는 원동력에 관해, 그리고 3장에서는 사이클을 돌려서 얻은 지식을 어떻게 머릿속에 기억시킬 수 있는지를 배웠다. 이 장에서는 지식이 머릿속에 들어오는 과정을 자세히 보도록 한다.

읽어야 할 책이나 자료가 많아서 어디서부터 손을 대야 할지 곤란해서 고민하는 사람들이 많다. 이 문제를 해결하기 위한 방법이 '속독'이라고 생각해서 더 빨리 읽으면 문제를 해결할 수 있다고 생각하는 사람도 많다. 나도 그렇게 생각해서 다양한 방법을 시도해 보았다.

속독술에는 다른 곳에도 적용할 수 있는 유용한 기술이 포함돼 있다. 하지만 옛날의 나처럼 속독술을 배우려고 하는 대부분의 사람들은 과도한 기대를 품고서 도전하는데, 이것은 기대를 부추기는 상술에 원인이 있다. 이 장을 읽으면 여러분의 기대를 낮추어 오히려 실망할 수도 있다. 하지만 현실을 제대로 인식하는 것이 이후 개선을 위한 큰 발판이 되리라 나는 생각한다.

'읽기'란 무엇인가?

여러분이 산처럼 쌓여 있는 자료를 '다 읽어야 하는 상황'이라고 생각해 보자. 그리고 '읽기'라는 작업의 효율을 향상시키고 싶다고 가정하자. 이때 '읽기'는 어떤 종류의 '읽기'일까?

소리 내어 읽는 음독도 '읽기'의 일종이지만, 여러분이 원하는 '읽는 작업의 효율화'는 '빠르게 소리 내어 읽는 음독'이 아닐 것이다. '읽기'라는 행위가 어떤 것인지 명확하게 알지 못하면 그것을 효율화시킬 수 없다. 따라서 먼저는 '읽기'가 무엇인지 보자.

책을 읽는 목적

먼저, 읽는 목적을 세 가지로 나눌 수 있다. 오락, 정보 찾기, 이해를 조합하기다.

■── 오락은 대상 외

독서의 효율화를 얘기할 때 '소설을 속독하면 재미가 없다' 등의 의견을 들은 적이 있다. 소설을 읽는 것은 소설을 조사하는 것이 목적이 아닌 한, 오락을 위한 것이다. 오락은 그것을 하고 있는 시간을 즐기는 것이 목적이므로 효율화해야 할 대상이 아니다. 이 책에서 오락을 목적으로 하는 독서는 대상 외로 간주한다.

■── 정보를 찾는 것이 목적인가?

오락이 아닌 독서라면 책을 읽는 목적은 새로운 정보를 얻기 위한 것이라 생각하는 사람이 많다. 정보를 얻는 것에 대해 깊게 생각해 보자.

사람은 자신이 경험한 정보로부터 추상화를 통해 머릿속에 모델을 구축하고 있다. 타인의 머릿속 모델을 직접 자신의 머릿속에 넣을 수 있다면 편리하겠지만, 그렇게 할 수는 없다.

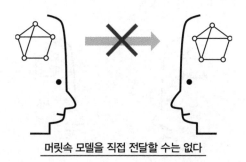

머릿속 모델을 직접 전달할 수는 없다

사람이라는 하드웨어에 그것을 가능하게 하는 통신 수단이 없기 때문이다.[1]

■── 정보 전달의 역사

사람은 진화 과정에서 '입을 통해 소리를 내서 타인에게 정보를 전달한다'라는 통신 수단을 손에 넣었다. 언어의 발명이 바로 그것이다. 입을 통해 낸 음은 바로 사라지므로 장기간 보존하기 위한 문자를 만들고, 책을 만들었다. 이를 통해 인

---

1   엄밀하게 말하면 적어도 현재의 사람으로 한정해야 한다. 미래에는 사람의 입출력이 확장될 가능성이 있기 때문이다.

류는 세대를 초월해서 지식을 축적할 수 있게 됐다. 하지만 책은 사람이 직접 베껴 써서 복제했으므로 오랜 시간이 걸렸다.

1445년에 대량으로 복제하는 방법이 발명됐고 책의 가격이 내려갔으며 많은 사람이 책을 소유할 수 있게 됐다.[2] 그 후 복사기나 인터넷 등의 발명에 의해 정보 작성, 복제, 운송, 보관 등의 비용이 줄어들었다. 비용이 줄어듦에 따라 정보를 입수하기가 매우 쉬워졌고 정보의 양도 늘었다. 그 결과 옛날 인류가 체험한 적이 없는 방대한 양의 정보를 매일 접할 수 있게 됐다.

■── 1차원 정보를 머릿속에서 조합하기

정보의 양이 늘어났음에도 불구하고 대부분의 지식 표현은 단어를 1차원적으로 나열한 것이다. 입을 통해 음을 내던 시대와 다를 것이 없다. 입을 통해 낸 음을 귀를 통해 듣는 것과 마찬가지로, 책에 적힌 문자를 하나씩 입력해서 자신의 머릿속에서 다시 조합한다.

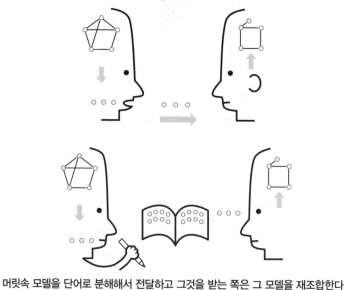

머릿속 모델을 단어로 분해해서 전달하고 그것을 받는 쪽은 그 모델을 재조합한다

2 　요하네스 구텐베르크(Johannes GutenBerg)의 활판 인쇄다.

인터넷상에 떠돌아다니는 디지털 데이터는 종이 서적에 비해 표현력이 높다. 예를 들어, 인쇄 비용을 이유로 종이 서적의 경우 그림을 흑백으로 표기하지만, 디지털 데이터는 컬러는 물론 동영상으로도 표현할 수 있다. 사람의 조작에 의해 확대, 축소해서 주변 풍경 사진까지 볼 수 있는 디지털 지도와 종이 지도를 비교해 보면 표현력의 차이가 더욱 분명해진다.

장기적으로 보면 인류가 지식을 표현하는 형식도, 주변 장치의 표현력 진화와 함께 변화해 나간다. 여러분은 그 과도기에 있다. 아직 100년 전과 크게 바뀌지 않은 활자 형식의 문헌[3]을 읽고 있지만, 한편으로 대량의 디지털 데이터 속에서 관심이 가는 기사를 검색해서 찾고, 그 기사의 하이퍼링크를 따라가며 주변의 지식을 수집하는, 100년 전에는 없었던 읽기 방식도 사용하고 있다.

■── 책의 내용만으로는 새로운 것을 조합할 수 없다

이처럼 외부에서 들어온 정보를 머릿속에서 조합할 때 들어온 정보만이 재료가된다. 책 속에 있는 정보를 그 책의 저자 머릿속에 있는 모델과 동일하게 조합하는 것은 아니다.[4] 책 속에 있는 정보를 계기로 자신의 개인적인 경험과 섞어서 자신만의 모델을 만들어 내는 것이다.

독서가 무엇인지 생각할 때에, '정보를 찾는 것'이라 생각하기 쉽다. 즉, 단순한 입력이다. 하지만 책을 통해 얻은 재료와 자신의 경험 등을 조합해서 구조화해 가는 '이해를 조합하는 것'이라는 것을 잊어서는 안 된다.

■── '찾는 것'과 '조합하기'를 그러데이션

유용한 정보를 '찾는 것'과 정보를 바탕으로 이해를 '조합하는 것'을 분리해서 생각할 수는 없다. 찾는 것을 목적으로 하는 읽는 법부터 이해를 조합하는 것을 목적으로 하는 읽는 법까지는 연속적인 그러데이션(점진적으로 변하는) 구조다. 어느

---

3   안타깝지만 이 책 자체도 문자가 나열돼 있는 옛날 형식의 콘텐츠다.
4   저자 머릿속의 모델은 관측이 불가능하므로 동일하게 조립했는지 자체를 검증할 수 없다.

쪽이 좋고 나쁘고가 아니라 자신이 하고 싶은 것이나 서적의 질, 내용에 의해 여러분이 주체적으로 선택해야 하는 것이다.

영국의 철학자 프랜시스 베이컨(Francis Bacon)은 책을 먹는 것에 비유했다. 즉, 약간 간만 보면 되는 책, 통째로 먹어야 좋은 책, 잘게 씹어서 소화해야 하는 책 등이 있다고 소개했다.[5] 여러분이 읽으려고 하는 책은, 간만 봐도 좋은 책인가? 아니면 잘게 씹어 먹어야 하는 책인가?

▌'읽기'의 종류와 속도

세상에는 다양한 속도의 읽는 법이 있다. 읽는 대상에 따라서도 속도가 달라진다. 예를 들어, 여러분이 SNS[6]를 가볍게 읽을 때의 속도와 어려운 전문 서적을 읽을 때의 속도는 다를 것이다. 화면인지 종이인지, 내용의 난이도, 내용에 대한 사전 지식의 정도, 읽는 목적, 저자와의 궁합 등 다양한 원인으로 책을 읽는 속도가 달라진다.

▌보통 때 읽는 속도는?

여러분은 보통 어느 정도의 속도로 문장을 읽는가?

무엇을 개선하고자 생각한다면, 먼저 현재 상황을 파악하는 것이 중요하다. 읽는 속도를 향상시키고 싶다면, 먼저 어느 정도의 속도로 읽고 있는지를 측정해 보아야 한다. 이렇게 하지 않으면 개선(향상)됐는지를 알 수 없다.

---

5   "Some books are to be tasted, others to be swallowed, and some few to be chewed and digested: that is, some books are to be read only in parts, others to be read, but not curiously, and some few to be read wholly, and with diligence and attention."
    Francis Bacon, (1625), "Of Studies".

6   Social Network Service, 2018년 현재, 트위터나 페이스북 등의 타임라인 형식을 생각하지만, 10년 후에는 이 책을 읽는 사람이라면 어떤 타임라인이 무엇인지 모르는 독자도 있을 것이다. 10년 후의 독자를 위해, 많은 사람이 짧은 문장을 공유해서 그것을 목록으로 볼 수 있는 것이라 생각하면 된다.

만약 이전에 측정해 본 적이 한 번도 없다면, 꼭 한번 시도해 보자. 책을 실제로 읽을 때는 내용에 집중하므로 자신의 감각에 의존해 측정하는 것은 어렵다. 제대로 스톱워치를 사용해서 읽는 법이나 읽는 책에 따라 어느 정도 차이가 나는지 측정해서 관찰해 보자.

'속독'이라는 용어 때문에 무조건 빨리 읽어야겠다고 생각하는 사람이 있을 수도 있다. 하지만 현실적인 목표 설정을 하지 않으면 의미가 없다. 달리기를 예로 들면, 지금 전혀 운동을 하고 있지 않은 사람이 '건강을 위해서 지금부터 매일 1km 달릴 거야'라고 목표 설정을 하는 것은 의미가 없다. 자신이 1km를 달리는 데 어느 정도 시간이 걸리는지, 달리기에 적합하지 않은 날이 얼마나 되는지, 지금 자신의 체력으로 다음 날 어느 정도 버틸 수 있는지 등을 측정하지 않고 계획을 세우면 제대로 진행되지 않는다.

읽기 속도의 피라미드

방법에 따른 읽기 속도의 차이를 피라미드형으로 도식화해 보았다.

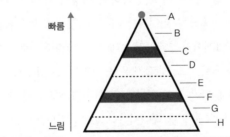

출처: '읽는 기술'을 조감하다 – 니시오의 하테나 블로그 다이어리에서 발췌
http://d.hatena.ne.jp/nishiohirokazu/20150201/1422772239

읽는 속도의 피라미드

세로축이 읽는 속도다. 위로 갈수록 빠른 읽기다. 피라미드의 각 층의 너비는 해당 속도로 읽을 때 소비되는 시간이다. 읽는 법이 빠를수록 사용하는 시간이 적어진다. 이 장에서는 피라미드 위에서부터 아래 순서로 설명한다. 피라미드를 올라가는 것이 중요하다고 생각할 수 있지만, 자신이 어느 정도의 높이에 있는지 파악하고 올라가야 할지 내려가야 할지 판단할 수 있게 되는 것이 중요하다.

읽는 속도를 측정할 때 좋은 기준이 되는 것이 '소리를 내서 읽는' 음독 속도다. 그림에서는 F에 해당한다. 음독을 훈련한 아나운서의 알아듣기 쉬운 음독이 이 정도 속도다. 읽기 쉬운 정도를 생각하지 않고 빠르게 소리 내서 읽으면 속도가 이것보다 약간 빨라질 수는 있지만, 대략 이 속도가 목(목구멍, 소리를 내는 기관)의 신체적 한계라고 보면 된다. 1분에 300단어를 읽는 경우, 책의 한 페이지가 900단 어라고 하면 1페이지에 3분이 걸린다. 한 권이 300페이지라면, 15시간이 걸린다 는 계산이다.

또 다른 기준은 사람 시야의 한계 속도다. '독서의 속도 피라미드' 그림에서는 C에 해당한다. 사람의 눈에는 잔상 효과가 있어서 50~100msec보다 빠른 점멸은 인 지할 수 없다. 램프가 점멸하고 있어도, 계속 켜져 있는 것처럼 보인다.[7] 이 속도 가 사람 눈의 성능 한계라고 생각하면 된다. 1페이지 100msec으로 읽으면 1초에 10페이지, 30초에 한 권이라는 소리다.

물리적인 종이책을 읽을 때는 페이지를 넘기는 손의 동작도 시간을 지연시킨다. 종이책을 1초에 2회 넘긴다면 2페이지가 0.5초이므로 1초에 4페이지, 1권은 75초 가 걸린다. 나는 책을 넘기는 동작을 생략하면 어떻게 될지 궁금해서 서적을 스 캔해서 파일로 만들고 고속으로 페이지를 넘길 수 있는 프로그램을 만들어 속독 실험을 해보았다. 초당 1페이지, 2페이지, 4페이지, 8페이지…로 속도를 바꾸어 페 이지를 넘기고 각 속도에서 어느 정도 내용을 파악할 수 있는지 보았다. 그 결과, 초당 16페이지가 되면 문장은 거의 보이지 않게 된다. '첫 번째 줄의 첫 10글자 정 도'에 주목하고 있는 상태에서 몇 페이지마다 한 번 정도 단어가 보이는 정도다. 한편, 보기 쉬운 그림은 쉽게 눈에 들어온다.

여러분이 어려운 책을 읽을 때 독서 속도는 목의 한계 속도인 1권 15시간과 눈의 한계 속도인 1권 30초 사이 어딘가에 해당할 것이다.

---

7   한편 하나의 단어를 25msec 동안만 제시하는 실험에서는 30~60% 정도 읽을 수 있다는 결과도 있다. 표시 시 간이 짧아서 인지하지 못하는 것이 아니라 연달아 시각적 자극이 들어왔을 때 구별할 수 없게 되는 것이다.

장애 요소는 어디?

회화나 음독을 할 때는 사람의 목이 가진 한계가 장애 요소가 된다.

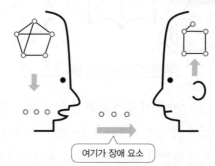

여기가 장애 요소

회화나 음독은 목이 가진 한계가 장애 요소가 된다

책을 읽을 때는 어디가 장애 요소가 될까? 종이책을 읽을 때는 손을 사용해 페이지를 넘기는 것이 장애 요소다. 전자책에서 빠르게 페이지를 넘기는 경우는 사람의 눈이 가진 한계가 장애 요소가 된다.

이런 하드웨어상의 장애 요소가 속도에 영향을 주는 경우에는 이들을 해결해 주면 읽는 속도를 개선할 수 있다. 예를 들어, 읽는 속도가 느린 사람 중에는 무의식적으로 성대를 움직여서 '조용한 음독'을 하는 사람이 있다. 이런 경우에는 목을 사용하지 않고 읽는 방법을 습득하면 문장을 읽는 속도가 훨씬 빨라진다. 눈이나 손을 움직이는 것이 장애 요소인 경우에는 이를 해결하면 속도 개선의 여지가 있다.

하지만 이 책을 읽고 있는 독자 대부분은 그것이 장애 요소가 아닐 것이다. 설령 페이지나 문자의 크기, 문자의 밀집도 등을 개선했다고 해도 잡지를 읽을 때의 속도와 어려운 전문 서적을 읽을 때의 속도는 다르다. 그 원인은 무엇일까?

목이나 눈, 손 등의 하드웨어 입장에서는 잡지와 전문 서적은 같은 것으로 차이점은 내용의 난이도밖에 없다. 만약 난이도에서 읽는 속도의 차이가 발생한다면 장애 요소는 여러분의 이해 속도가 된다. 즉, 정보를 읽어 들이는 것이 아니라 그것을 조합하는 것이 장애 요소인 것이다.

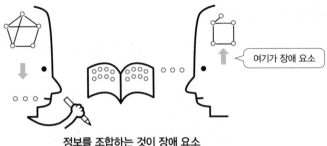

여기가 장애 요소

정보를 조합하는 것이 장애 요소

트위터 등의 SNS에 있는 단편적인 문장을 부담 없이 읽고 있을 때 콘텐츠는 짧은 조각으로 나뉘어 있고 각 조각 사이에는 관련성이 거의 없다. 따라서 '조합하기 위한 시간'이 요구되지 않는다. 즉, SNS를 읽을 때의 속도가 '조합하기'를 하지 않은 경우의 속도다.[8]

속독의 고통

이미 '조용한 음독'을 해결한 사람이 속독에 도전해서 고통을 느끼는 경우가 있다. 이해 속도가 장애 요소인 경우 단위 시간당 정보 입력량을 늘려도 단위 시간당 이해량은 늘릴 수 없다.

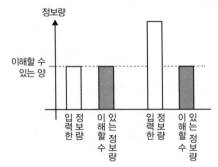

정보 입력량을 늘려도 이해량은 늘어나지 않는다

---

8 페이지를 넘기는 속도를 1초당 2회로 하거나, 수를 세면서 읽으면 읽어 나가면 속도를 일정하게 유지할 수 있다거나, 편한 마음으로 읽으라고 제안하는 속독술도 있다. 하지만 이들은 모두 뇌에 추가 태스크를 부여해서 독서와 병행해서 실행하므로 뇌의 성능을 저하시킨다. 따라서 조합하는 속도, 이해 속도가 장애 요소인 경우는 이런 기술들은 모두 역효과를 낸다. 적어도 무의식적으로 할 수 있을 때까지 훈련할 필요가 있다.

그림 왼쪽에서는 단위 시간당 이해할 수 있는 양과 단위 시간당 입력한 양이 동일하다. 더 많이 이해하려고 입력 속도를 두 배로 만든 것이 오른쪽이다. 입력한 정보의 양은 두 배로 늘었지만 이해할 수 있는 정보량은 바뀌지 않는다. 그 결과 입력한 정보의 50% 정도만 이해할 수 있다. 이런 상태가 되면 주관적으로는 '열심히 속독했지만 전혀 이해할 수 없다'라는 안타까운 상태가 된다.

나도 이 상태가 돼서 괴로웠던 적이 있다. 이 괴로움은 어디서 오는 것일까? 이 괴로움은 자아상과 현실이 불일치해서 발생한다. 먼저, '자신은 읽는 것보다 세 배 빠르게 읽어도 이해도를 유지할 수 있다'라는 잘못된 자아상을 가지게 되는 것이다. 실제로는 세 배 속도로 읽으면 이해도는 3분의 1이 된다. 이런 현실과 잘못된 자아상이 불일치를 일으킨다. 이 불일치가 스트레스나 괴로움을 만들어 내는 것이다.

■── 유지할 수 있는 속도 파악하기

고통스러운 것을 지속하는 것은 어렵다. 따라서 먼저 고통에서 해방될 필요가 있다. 이를 위해서는 '자신의 인지 능력에서는 이 속도가 한계다'라는 현실을 인정해야 한다.

마라톤을 예로 들어 보자. 자신이 계속 달릴 수 있는 속도를 파악하지 않고 달리면 도중에 힘이 빠져서 속도가 줄어든다. 자신의 속도를 파악하고 그 속도를 유지할 수 있는 것이 중요하다. 속도가 느리게 느껴지더라도 자신만의 페이스를 유지하는 것이 결과적으로는 오래 달릴 수 있다. 그리고 오래 달리다 보면 점점 체력이 늘어서 속도가 빨라지게 되는 것이다.

| 읽지 않는다

독서 피라미드에서 사람 눈의 한계보다 더 위에 있는 것에 관해 생각해 보자.

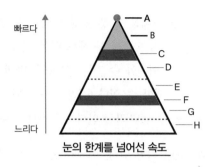

빠르다

느리다

눈의 한계를 넘어선 속도

피라미드 꼭대기에 있는 A는 가장 극단적인 '읽지 않는다'다. 읽지 않는다면 시간이 전혀 걸리지 않는다. 그 대신에 얻는 것도 없다.

이런 극단의 바로 앞에 있는 B에 대해 설명하고 있는 책이 문학 교수인 피에르 바야르(Pierre Bayard)가 쓴 《읽지 않은 책에 대해 말하는 법》[9]이다. 바야르는 '읽어야 하는 책이 존재한다', '책을 읽는 이상은 통독해야 한다', '책 X에 대해 말하려면 책 X를 읽어야 한다' 등의 세 가지 가설에 대해 정말 그것이 맞는지 의문을 던지고 있다.

바야르의 논의 중에서 특히 재미있는 부분은 '읽는다'와 '읽지 않았다'를 명확하게 구분할 수 있는지에 대한 의문이다. 바야르는 '읽지 않았다'를 네 가지로 분류하고 있다.

❶ 전혀 읽은 적이 없다.

❷ 타인에게서 내용을 들은 적이 있다.

❸ 대충 읽은 적이 있다.

❹ 읽은 적은 있지만 잊어버렸다.

아무리 책을 좋아하는 독서광이라도 이 세상에 존재하는 책을 모두 읽는 것은 불가능하다. 인생의 시간은 유한하며, 어떤 책을 읽을 때라도 '그 책을 읽는 시간은 다른 책을 읽을 수 없다'는 취사선택을 해야 한다. 이 취사선택을 위한 정보는 어디서 얻을 수 있을까?

---

9   《읽지 않은 책에 대해 말하는 법(How to Talk About Books Yu Haven't Read)》(피에르 바야르 저, 김병욱 역, 여름언덕, 2008)

■── 읽지 않고 지식을 손에 넣는다

어떤 저자의 책 X를 읽을지를 결정하기 전에 먼저 역사적 맥락에서 그 책의 내용을 추측할 수 있다. 예를 들어, 철학자 임마누엘 칸트(Immanuel Kant)의 《순수이성비판(Critigue of Pure Reason)》이라는 책은 수학자 고트프리트 라이프니츠(Gottfried Wilhelm Leibniz) 등이 신이 맞다는 것을 전제로 이성(理性)의 옳고 그름을 논한 것에 관해 비판적인 입장을 취한 책으로 서양 철학사의 중대한 전환점이 된 책이다.[10]

다음은 다른 사람에게 내용을 듣는 방법이다. 자신의 주변에 있는 해당 분야에 정통한 사람에게 들어도 되고, 지금 시대라면 검색해서 서평을 찾는 것도 동일한 효과를 얻을 수 있다.

대충 읽은 후에 제대로 읽고 싶다는 생각이 들지 않는다면 거기서 읽는 것을 멈출 수 있다. 읽을 수 있는 이상의 책을 '제대로 읽어야 한다'고 생각해서 스트레스를 받는 것보다 더 현실적인 목표 설정이다.[11]

1페이지 2초 이하로 정보를 찾는 읽기 기술

독서 파라미드를 다시 한번 보자. 지금까지는 두 개의 기준선인 C, F와 C보다 위에 있는 '읽지 않는 법'에 대해 설명했다. 나머지 부분은 F보다 위의 '빨리 읽는 법'과 아래의 '늦게 읽는 법'으로 나뉜다. '찾는다'와 '조합하다' 사이를 생각해 보면 빨리 읽는 법은 찾는 것에 중점을 둔다. 이 찾기 위한 읽기법을 배우려면 기존 속독술이 참고가 되므로 여기서 두 가지 속독술을 소개하도록 한다.

---

10 나도 이 두 권은 대충만 읽었다.
11 참고로 내가 이 책에서 언급한 책은 4회 읽었다. 적어도 1회는 기획 단계에서 '이 책을 언급하자' 하고 생각하는 정도로 읽고, 원고 집필 전에 언급하고 싶은 내용이 어느 페이지에 있는지 파악하는 정도로 2회째를 읽는다. 그리고 언급할 위치를 천천히 3회째 읽고, 읽으면서 원고를 작성하면 너무 상세해지므로 책을 닫고 원고를 작성한 후 마지막에 확인을 위해 4회째 읽는다. 하지만 제대로 통독하는 것만 읽은 것으로 간주한다면 0~1회밖에 되지 않는다.

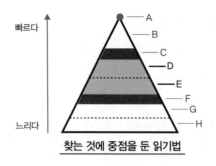

찾는 것에 중점을 둔 읽기법

먼저 소개할 것은 폴 셸레(Paul R. Scheele)의 《포토리딩》[12] 기술이다. 원서에서는 속도뿐만 전체적인 마인드를 강조하고 있다. 그림의 D에 해당한다고 볼 수 있다. 이 책에서 재미있는 부분은 이 책 자체를 세 개의 레벨로 읽는 법을 설명하고 있다. 각 단계마다 중요도별로 세 종류의 마크가 표시돼 있으며, 그것을 이용해서 세 가지 방법으로 읽을 수 있다. 그 방법은 다음과 같다.

- 레벨1(25분)

  책 전체를 훑으면서 목차, 각 장의 제목, 소제목을 확인한다.

  다시 한번 전체를 훑으면서 마크1을 찾아 그곳만 읽는다.

- 레벨2(+30분)

  다시 한번 책 전체를 훑으면서 마크2를 찾아 그곳만 읽는다.

- 레벨3(+45~90분)

  다시 한번 책 전체를 훑으면서 제목, 소제목을 확인하고 마크3을 찾아 그곳만 읽는다.

이 책은 약 250페이지 분량으로 각각 25분, 55분, 145분이 걸리며, 시간당으로는 1분 10페이지, 1분 5페이지, 1분 2페이지가 된다. 음독의 경우 1분에 3분의 1페이지로 읽으므로 확실히 6~30배 이상 빠른 속도다.

반면 250페이지의 일반 서적이라면 그냥 읽어도 145분이 걸리지 않는다고 생각하는 사람도 있을 것이다. 내가 이 책을 여기서 소개하는 것은 '10배 빠르게 읽을 수 있다'라는 것을 주장하기 위해서가 아니다. 다른 많은 속독술 책이 공통적으

---

12 《Photoreading: Read with Greater Speed, Comprhension, and Enjoyment to Absorb Complete Books》(폴 셸레 저, Learning Strategies Corporation, 2007)

로 가르치고 있는 '준비의 중요성', '단계적 상세화', '반복해서 읽을 것'의 유용성을 알려 주기 위해서다.

홀 마인드 시스템

폴 쉘레는 홀 마인드 시스템(Whole Mind System)이 5개의 스텝으로 구성돼 있다고 설명하고 있다. 하지만 나는 스텝4를 나누는 것이 더 알기 쉽다고 본다. 또한, 뒤에서 설명할 5일 실전 코스에서는 각 요소가 단계적으로 도입된다. 따라서 이 절에서는 5개를 8개로 분해 및 재구성해서 설명한다.

■── ❶ 준비

'준비'에서는 목표를 명확하게 가지는 것과 마음을 편안하게 가지는 것이 목적이다. 목적의 명확화는 이 책의 앞부분에서도 몇 번이고 언급한 내용이다.

■── ❷ 미리보기

이것은 1장에서 설명한 '먼저 대충 전체 모습을 파악'과 같은 개념이다. 바로 상세 내용을 읽는 것이 아니라 먼저 전체 모습을 그려보는 것이다.

이 요소는 다시 '조사'와 '키워드 찾기'로 나눌 수 있다. '조사'에서는 표지나 속지, 목차 등에서 정보를 수집한다. '키워드 찾기'는 책을 20페이지 단위로 열어서 눈에 띄는 키워드를 메모한다.

미리보기에 걸리는 시간은 한 권당 5분 정도다. 이렇게 대략적인 정보 수집을 한후 해당 책을 정말 읽어야 하는지, ❶에서 설정한 목적을 수정해야 하는지 등을 판단한다.

■── ❸ 포토리딩

홀 마인드 시스템의 가장 특이한 부분이 바로 이 포토리딩(Photoreading)이다. 포토리딩에서는 눈의 초점을 흐리게 해서 페이지 전체를 훑는다. 양쪽 페이지를 1~2초 만에 읽으므로 300페이지 책의 경우 3~5분 만에 다 읽을 수 있다.

폴 쉘레는 읽은 것처럼 느껴지지 않지만, 뇌에는 제대로 입력된다고 주장한다. 이 주장은 이 책의 내용 중에서도 가장 찬반이 나뉘는 부분이다. 만약 이것이 효과가 있다면, 소리를 내지 않고 음독의 속도로 읽는 버릇이 있는 사람에게 이 방법을 훈련시키면 속도를 향상시킬 수 있을 것이다.

■── ④ 질문 만들기

폴 쉘레의 설명에서는 스텝4는 '활성화(Activation)'였다. 이 스텝 내에서 '구체적인 질문 만들기', '숙성시키기', '답 찾기', '마인드맵 만들기' 등 네 가지를 언급하고 있다. 이 책에서는 각각을 나누어 별도의 단계로 보고 있다.

먼저 구체적인 질문 만들기에 대해 생각해 보자. 책의 내용에 대한 구체적인 질문을 만드는 것이다. 예를 들어, '활성화란 구체적으로 무엇을 하는 것인가' 등이다. 처음에는 '정보를 수집하자'였던 독서의 목적을 '활성화란 구체적으로 무엇을 확인하는 것인가'라는 구체적으로 목적으로 바꾸어 가는 작업이다.

책을 읽기 전에 목적을 명확히 하는 것이 중요하다고 계속 언급했다. 하지만 목적을 명확히 하려면 정보가 필요하다. 잘 알지 못하는 분야의 책을 읽고 정보를 수집하려고 할 때 '어떤 정보를 수집하는 것이 목적인가'를 명확히 할 수는 없다. 그래서 먼저 목적을 명확하게 하기 위한 정보를 수집하고, 나중에 목적을 상세화하는 것이다.

구체적인 질문을 만들기 위해서는 다시 5~15분 정도 책을 읽는다. 폴 쉘레는 이것을 나중보기(POST-VIEW)라고 부르고 있다. 문장을 큰 덩어리 단위로 보고 필요하다 싶은 부분을 2~3문장만 읽는 법이다.

질문의 답을 찾으려고 하기 쉽지만, 폴 쉘레는 "아직 답을 찾으려고 해서는 안 된다"라고 말하고 있다. 여기서는 질문의 답을 찾는 것이 아니라 질문을 만든 것에 집중한다.

■── ❺ 숙성시키기

적어도 10~20분, 가능하면 하룻밤 쉰다.

■── ❻ 답 찾기

숙성이 끝났으면 다시 책을 읽는다. 이번에도 ❹의 나중보기와 마찬가지로 대충 읽으면서 중요 문장만 읽는다. 단, 이 읽기의 목적은 질문에 대한 답을 찾는 것이다.

■── ❼ 마인드맵 만들기

배운 것을 노트에 적는다. 폴 셸레는 교육 컨설턴트인 토니 부잔(Tony Buzan)이 고안한 마인드맵(Mind-Map) 사용을 추천하고 있다. 제대로 노트 필기를 하는 것이 아니라 떠오르는 단어를 트리 형태로 적어 가는 방식으로, 키워드를 적어 둠으로써 나중에 쉽게 기억해 낼 수 있게 해준다.

■── ❽ 빨리 읽기

자신이 적절하다고 보는 속도로 멈추지 않고 처음부터 끝까지 한 번에 읽는다. 이것은 '읽기'라는 행위에서 많은 사람들이 떠올리는 '통독'에 해당하는 것이다. '책은 통독하지 않으면 안 된다'고 생각하는 사람들은 통독을 하지 않으면 책을 읽은 것처럼 느껴지지 않아서 자기 위로를 위해 통독을 하게 된다. '읽기'를 통독이라고 보는 입장에서는 홀 마인드 시스템은 읽기 전에 너무 많은 준비 작업이 필요하다고 느낄 수도 있다.

■── 5일 실전 훈련

홀 마인드 시스템의 구성 요소를 보았다. 전반부는 목적의 명확화와 대략적인 정보 수집이었다. 이것은 1장에서 언급한 것과 비슷한 개념이다. 후반부는 '구체적인 질문'을 준비해서 문장을 반복해 읽는 활동이고, 이것은 3장에서 배운 시험이 기억을 강화하는 것과 관련 있다. 하룻밤 수면을 취하는 것도 3장에서 배운 간격을 두어서 기억을 강화시키는 방법과 관련이 있다.

그러면 홀 마인드 시스템에서는 이 구성 요소를 어떻게 조합하는 것일까? 폴 셸레가 제안한 5일 훈련 프로그램에서는 한 권의 책을 5일 동안 반복해서 읽는다. '훑어 읽기'를 1회 읽은 것으로 간주한다면 총 10회 읽는다. 전체적으로는 2시간을 사용한다.[13] 한 권을 1회 통독하는 것이 아니라 10회 대충 읽는 것을 반복해서 읽는 방법의 질이 변화되는 것을 체험하기 위한 훈련이라고 볼 수 있다.

5일간의 훈련은 아래의 순서로 이루어진다. 복잡해질 수 있어서 생략했지만, 매일의 처음은 '❶ 준비'가 있고 마지막에는 다음 날까지의 하룻밤 수면(❺ 숙성시키기)이 포함된다.[14]

- **1일째**
  ❸ 포토리딩

- **2일째**
  ❷ 미리보기
  ❸ 포토리딩
  ❹ 키워드와 질문을 적으면서 나중에 보기

- **3일째**
  ❸ 포토리딩
  ❻ 답 찾기(이해했는지 여부는 신경 쓰지 말 것)
  – 키워드를 보면서 선택이 맞았는지 생각한다.

- **4일째**
  ❸ 포토리딩
  ❻ 답 찾기
  – 키워드를 보면서 질문을 추가한다.

---

13 이 책의 '10배 빨리 읽기'라는 주장은 2시간 내에 10회 읽는 것을 가리키고 있는 것일지도 모른다.

14 시간적으로는 2일째의 ❷는 2분 이내, ❹는 15~20분, 3일째의 ❻은 30분 이내, 5일째의 ❼은 10분 정도로 생각하면 된다.

- **5일째**
  - ❸ 포토리딩
  - ❻ 답 찾기
  - ❽ 구체적인 질문이 없지만 더 알고 싶은 경우는 고속 읽기를 한다.
  - ❼ 마인드맵 만들기

속독술의 사례로 홀 마인드 시스템에 대해 자세히 살펴보았다. 대부분의 사람은 '책을 읽는다'는 작업을 '한 번 통독한다'는 것이라 생각하며, 속독이란 이 통독을 빨리하는 것이라 오해하고 있다. 하지만 홀 마인드 시스템은 한 번 천천히 읽는 대신에 빠르게 대충 읽는 법을 몇 번이고 반복해 가는 방법이다.

포커스 리딩

비교해서 추상화하기에 도움이 되는 또 다른 속독술을 보겠다. 《포커스 리딩》[15]의 저자 데라다 마사츠구(寺田昌嗣)는 물리적인 육체 사용법[16]부터 생각법까지 넓은 범위의 주제를 다루고 있다. 이 책의 재미있는 부분은 속독에 대해 경영학적 관점을 끌어와서 설명하는 것이다.

예를 들어, 물리적인 잡화를 제조, 판매하는 사업을 생각해 보자. 이 사업은 재료를 구입 및 가공해서 상품을 만들고, 그것을 고객에 판매한다는, 일련의 흐름을 통해 가치를 생성한다. 상품을 판매하기 위해서는 재료를 구입해야 한다. 하지만 재료를 구입하는 것만으로는 아무런 가치가 없다. 구입 ➡ 가공 ➡ 판매의 3단계를 거치는 것이 중요하다. 마찬가지로 정보를 뇌에 입력하는 속도를 올려서 대량의 정보를 수집한다고 해도 그에 대한 가치가 생겨나지 않는다. 이 '구입, 가공, 판매'는 1장에서 설명한 학습 사이클의 3요소 '정보 수집, 모델화, 검증'과 관련이 깊다.

데라다는 독서의 가치를 '책 저자의 힘' × '독자의 경험치' × '독자의 사업 능력'이라고 보고 있으며, 이것을 독서에 소비한 시간으로 나눈 것이 독서의 투자 대비 효과

---

15 《포커스 리딩: 1권을 10분 만에, 10배의 효과를 얻을 수 있는 독서술(フォーカス・リーディング──「1冊10分」の スピードで,10倍の効果を出す いいとこどり読書術)》(데라다 마사츠구 저, PHP 연구소, 2008)
16 예를 들어, 책을 읽을 때 지면의 너비와 높이를 압축해서 읽도록 눈을 단련시키는 방법 등을 언급하고 있다.

로 보고 있다. 독서의 가치가 책에 의해서만 결정되는 것이 아니라는 관점이다. '독자의 경험치'에는 '책에서 유용한 정보를 추출하는 정보 수집력'과 '여러분이 지금까지 한 경험', '자신의 경험과 책에서 수집한 정보를 바탕으로 모델을 조합하는 능력'이 포함돼 있다. 또한, '독자의 사업 능력'에는 '고객으로부터의 정보 수집 능력', '경험과 정보를 바탕으로 고객의 필요를 이해하기 위한 모델 조합 능력', '고객의 필요를 만족할 만한 것을 만들고, 그것을 고객에게 보여 줘서 검증하는 것'이 포함돼 있다.[17]

■── 속도를 측정해서 조정하기

홀 마인드 시스템과 비교하면 포커스 리딩은 측정을 중시한다. 읽은 책의 페이지 수, 걸린 시간, 주관적인 이해도 등을 기록하므로 자신의 이해 정도를 파악한다. 그리고 원하는 이해 정도에 맞추어 입력 속도를 조정하는 것이 목표다. 읽는 속도 피라미드에서는 쉬운 책의 경우 D, 어려운 책의 경우 E가 되지만, 속도를 먼저 정하는 것이 아니라 원하는 이해 정도에 맞추어 조정한다.

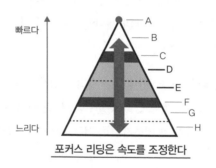

포커스 리딩은 속도를 조정한다

이해력이 부족한 사람에게 중요한 것은 빠르게 읽는 것이 아니다. 너무 빨리 읽으면 이해도가 떨어질 수 있다. 느리게 읽으면 이해도는 높아지지만, 너무 느리면 단위 시간당 읽을 수 있는 범위가 적어진다. 포커스 리딩에서는 최적의 속도를 찾아서 스트레스 없이 최고의 퍼포먼스를 성취하는 것이 목표다.

너무 빨리 읽어서 이해도가 부족하다면 다시 한번 읽으면 되지만, 너무 늦게 읽어서 시간을 많이 소비하면 되돌릴 방법이 없다. 따라서 최적의 균형 지점이 어딘

---

17 물건을 직접 만드는 경우, '고객의 필요를 만족시킬 수 있는 것'을 만들 수 있는지의 검증도 포함된다. 또한, '이 정도는 만들 수 있어' 하고 생각하려면 사전에 기술적인 것을 배워서 모델이 완성돼 있어야 한다.

지 모른다면 빨리 읽는 쪽으로 가는 것이 좋다. 홀 마인드 시스템에서 빠르게 몇 번이고 반복해서 읽는 것은 이 방식이라고 볼 수 있다.

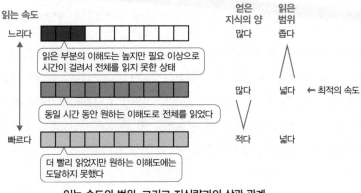

읽는 속도와 범위, 그리고 지식량과의 상관 관계

한편 익숙하지 않은 내용을 읽을 때는 이해하기 어려워서 곤란한 경우가 있다. 익숙하지 않은 내용은 보통 때보다 천천히 읽어야 하지만, 무심결에 보통 속도로 눈을 움직여서 이해가 따라가지 못하는 것이다. 이런 경우에는 의도적으로 속도를 늦추는 것이 좋다. 1장에서 소개한 '필사'는 이 방법 중 하나이며, 일부러 음독하는 방법도 있다. '한 페이지를 3분 이상 '조합하는' 읽기 방법'에서 어려운 책을 천천히 읽는 방법에 대해 소개하고 있다.

소제목에 주목

어느 속독술이건 언급하고 있는 것이 소제목에 주목하라는 것이다. 데라다는 각 장의 제목이나 소제목을 '선행 오거나이저(Pre-organizer)'라고 부르고 있다. 본문이 설명 앞에 등장하면서 지금부터 말하고자 하는 내용의 키워드를 나타냄으로써 오거나이즈(Organize)(조직화, 조합)를 지원하기 때문이다. 이런 중요성 때문에 속독 중에 선행 오거나이저가 등장하면 속도를 줄여서 제대로 읽는 것이다.

1장에서 배운 소스 코드 읽는 법에서는 폴더 구조, 파일명, 함수명 등에 주목해서 정보를 수집했다. 이것과 비슷하다.

홀 마인드 시스템에서는 읽기 시작하기 전의 조사 단계에서 목차나 소제목에 주목하도록 설명하고 있다. 자세히 소개하자면 책의 앞뒤 표지와 목차, 작성된 날짜, 색인, 처음과 마지막 페이지, 소제목, 굵은 글씨로 강조한 부분, 그림, 표, 그림과 표의 설명, 개요, 요약, 장 끝의 요약 등에 주목하라고 설명하고 있다.

목차나 소제목에 주목하는 이유는, 책의 저자라는 입장에서 나도 동의하는 바다. 왜냐하면 본문보다 소제목을 정하는 데 더 오랜 시간이 걸리기 때문이다. 소제목에는 '제목의 계층은 이 정도 깊이로 괜찮은가', '내용과 일치하는가', '목차를 읽으면 스토리가 보이는가' 등의 관점으로 몇 번이고 확인 및 수정 작업을 거친다. 많은 시간을 들여 정비한 정보이므로 지식의 지도를 얻기 위한 유용한 정보일 가능성이 매우 높다.

하지만 어디까지나 가능성이 매우 높은 것으로서 저자의 집필 스타일이나 편집자의 편집 방식에 따라서는 소제목의 구조화나 일관성 여부를 확인하지 않는 경우도 있다. 그런 책에서는 소제목에 기이한 표현을 사용하거나 재미있는 형식의 농담, 과도한 선전 문구 등이 사용되는 경우가 있다.

서적의 제목(타이틀)이나 부제목(서브타이틀)을 나는 믿지 않는다. 상업성이라는 이유로 내용을 적절하게 반영하지 못하는 경우가 자주 있기 때문이다. 특히, 번역서의 원본과 번역본을 비교하면 왜 이렇게 번역했는지 신기하게 느껴지는 경우도 있다.

그림은 주목을 끈다. 그림을 만드는 것은 문장을 만드는 것보다 많은 시간이 걸린다. 즉, 그림으로 표현돼 있는 것은 저자가 '시간이 걸리더라도 전달해야 하는 중요한 내용'이라고 생각했을 가능성이 높다. 또는 언어로 표현하는 것이 어려워서 고민 끝에 그림으로 표현해야겠다고 결정한 것일 수도 있다.[18]

나는 항목으로 기술하는 것도 관심을 끌 수 있는 작성 방법이라 생각한다. 일반 문장은 단어가 일차원적으로 나열돼 있어서 구조가 없지만, 항목은 트리 구조를 가지고 있다. 목차와 마찬가지로 저자의 머릿속 구조가 트리 구조로 표현되는 것이다.

---

18 그림이나 쉬운 내용을 강조하고 있는 책은 그림이 필요 없는 내용도 억지로 그림으로 표현하는 경우가 있다.

내가 쓴 책에만 국한된 얘기지만, 처음 읽을 때는 각주와 칼럼은 모두 건너뛰고 읽어도 좋나. 왜냐하면 본문에서 설명하고 있는 스토리와 관련된 정보지만, 본문에 넣으면 스토리가 '다른 길로 빠질 수 있다'고 생각했다. 그래서 '여기에 길이 연결돼 있지만, 이번에는 지나가지 않습니다' 하고 각주나 칼럼으로 빼놓은 것이나. 한편, 두 번째 읽을 때는 꼭 읽어 주었으며 한다. 생략하는 것이 편할 텐데 굳이 칼럼이나 각주로 넣은 이유는 그것을 언급하는 것에 가치가 있다고 믿기 때문이다.

Column

시간축 방향으로 읽는 법

소스 코드 읽는 법과 책 읽는 법은 각각 폴더 구조와 목차에 주목해야 한다는 점에서 공통점이 있다는 것을 배웠다.

반면, 소스 코드가 책과 다른 점은 두 가지 다른 방향으로 읽을 수 있다는 점이다. 프로그램의 실행 순서를 따라가는 '실행 시간' 방향으로 읽는 법과, 커밋 로그를 따라가면서 어떻게 만들어져 왔는지를 따라가는 '작성 시간' 방향으로 읽는 법이다.

소스 코드 읽는 법을 다시 서적과 비교해서 보자. 작성 시간 방향으로 읽는 법은 동일한 저자가 비슷한 주제에 대해 반복해서 작성할 때 해당 내용에 대한 변화 정도를 읽는 것과 같다. 이것은 난이도가 높지만, 시간의 변화에 따라 생각이 어떻게 변화했는지를 알 수 있다.[i]

책에 있는 내용은 항상 옳다고 생각하는 사람도 있을 것이다. 지적 생산 기술 책을 '적혀 있는 그대로 실행해야 해' 하고 자신의 상황을 고려하지 않고 '예제 코드를 필사'하거나 한다. 하지만 책에는 한 사람이 집필 시점에 가장 맞다고 생각한 것이 적혀 있을 뿐으로 시간이 흐르면 내용이 달라질 수도 있다. 옛날 사람이 청년기에 쓴 저서와 최근에 쓴 저서를 비교해서 읽으면, 의외로 내용이 바뀌어 있는 경우도 있다.[ii] 그렇다면 올해 출간된 책의 저자는, 30년 후에는 다른 방향으로 생각하고 있을 가능성이 높다.

중학교 등에서 교과서의 내용이 보편적으로 맞다고 가르치는 탓인지 모르겠지만, '책에 적혀 있는 것이 맞다'라는 잘못된 가치관을 가지고 있는 사람이 많은 듯하다. 하지만 그 교과서조차도 새롭게 발견된 증거에 의해 역사의 해석이 달라지거나, 근대사의 경우 주변국과의 이해 관계에 따라 해석이 달라져서 마찰이 일어나기도 한다. 보편적인 정답은 수학 등의 일부 분야를 제외하고는 성립하지 않는다고 봐야 한다.

---

i 실행 시간 방향으로 읽는 것은 책의 어떤 것에 해당할까? 저자는 잘 모르겠다.
ii 구체적으로는 철학자 루트비히 비트겐슈타인(Ludwig Wittgenstein)의 전기와 후기의 차이가 대표적이다.

1페이지 3분 이상 '조합'하는 읽기 기술

독서 피라미드를 다시 한번 보도록 하자.

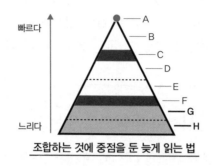

조합하는 것에 중점을 둔 늦게 읽는 법

F보다 위의 '빨리 읽는 법'에 대해서 배웠으니 이번에는 그 아래의 '느리게 읽는 법'에 대해 배워 보자. '찾는다'와 '조합하다' 사이를 생각해 보면 느리게 읽는 법은 조합하는 것에 중점을 둔다.

빨리 찾는 읽기가 강에 그물을 던져서 낚시를 하는 것과 같다면, 느리게 조합하는 읽기는 벽돌을 쌓아서 성을 만드는 것과 같다. 구체적인 읽기 방법으로 철학서와 수학서 읽는 법을 생각해 보자.

철학서 읽는 법

먼저 소개할 것은 페리스 여자대학원대학 문학부의 다카다 아키노리(高田明典) 교수가 쓴 《어려운 책을 읽는 기술》[19]이다. 이 책은 철학서 같은 어려운 책을 독서 노트를 만들어 가며 2회 읽는 법을 설명하고 있다.

한 권에 20시간 정도를 잡고 있으며, 한 권이 300페이지라면 페이지당 4분이 된다. 이것은 페이지당 3분이 걸리는 음독보다 느린 속도다. 독서 피라미드에서는 G에 해당한다. 이 방법론에서는 먼저 해당 책이 어떤 책인지 이해하는 데 시간을 투자한다.

---

19 《어려운 책을 읽는 기술(難解な本を読む技術)》(다카다 아키노리 저, 안천 역, 바다출판사, 2017).

■── 열려 있는 책, 닫혀 있는 책

먼저 열려 있는 책과 닫혀 있는 책의 차이를 소개한다. 열려 있는 책은 독자가 스스로 생각하도록 하는 책으로서 저자는 자신의 의견을 말하지 않는다. 닫혀 있는 책은 저자가 자신의 결론을 가지고 있으며, 그 결론을 향해서 논리를 진행해 나간다.[20]

세상에 있는 대부분의 책이 닫힌 책이지만, 철학서에는 열려 있는 책이 비교적 많다. 이 책《IT에 몸담고 있는 분들을 위한 지적 생산의 기술》은 내가 '정보 수집, 모델화, 응용'의 사이클 등 몇 가지 결론을 가지고 있으면서 그것을 구축한다는 점에서 '닫혀 있는 책'이다. 하지만 나의 결론 중 하나가 '구체적으로 어떤 방법으로 할지는 독자가 놓인 상황에 따라 결정하는 것이므로 독자는 그것을 스스로 구축해야 한다'다. 따라서 구체적인 방법론에 대해서는 꽤 '열려 있는 책'이라고 볼 수 있다.

■── 외부 참조가 필요한 책

저자가 가정하고 있는 지식을 독자가 지니고 있는지의 여부도 책 읽는 법에 큰 영향을 준다. 이 책《IT에 몸담고 있는 분들을 위한 지적 생산의 기술》에서는 다른 책에서 가져온 개념을 언급할 때 해당 책을 읽지 않아도 이해할 수 있도록 해당 책의 내용을 설명하고 있다. 반면, 소프트웨어 엔지니어링과 관련된 아주 기본적인 내용에 대해서는 다루고 있지 않다.

《더 시프트》[21]의 저자 린다 그래튼(Lynda Gratton)은 위키피디아처럼 '지식을 제공하는 서비스'가 등장하면 누구나 그런 지식을 습득할 수 있어서 해당 지식을 알고 있는 가치가 폭락한다고 생각했다. 그리고 그런 서비스가 제공하지 않는 지식을 가지지 않으면 살아남을 수 없다고 주장했다.

개인적으로는 정보 제공 서비스가 등장해서 저자는 '이런 것은 지면상의 이유로

---

20 철학자 움베르토 에코(Umberto Eco)의 '닫힌' 개념을 따온 것 같으나, 나는 읽은 적이 없다.
   《The Open Work》(움베르토 에코 저, Harvard University Press, 1989)
21 《일의 미래(The Shift: The Future of Work is Already Here)》(린다 그래튼 저, 조성숙 역, 생각연구소, 2012)

생략합니다. 인터넷을 검색해 주세요'라고 하므로 오히려 독자에 대한 기대 지식 수준이 올라간다고 보고 있다.

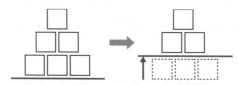

지식을 제공하는 서비스의 등장으로 저자가 기대하는 독자의 지식 수준이 올라간다

이 책을 쓰고 있는 2017년 현재, 위키피디아의 질은 한글판과 영어판에 있어 큰 차이를 보이고 있다. 만약 이 영향으로 영어권의 저자가 쓰는 책의 기대 지식 수준이 올라가면 한국인이 그 번역서를 읽는 경우 이해를 위해 많은 시간이 걸릴 수도 있다. 한국인이 영어 위키피디아를 통해 기초적인 것을 배워야 할 시기가 올지 아니면 인공지능 번역이 이 차이를 메꿀지는 저자인 나도 잘 모르겠다.

■── 등산형 책과 하이킹형 책

논리를 진행해 나가는 방향 관점에서는 등산형 책과 하이킹형 책이 있다. 등산형은 개념을 쌓아 가는 형식의 책이다. 앞부분을 소홀히 하면 뒤로 갈수록 따라잡을 수 없게 된다. 하이킹형 책은 다양한 개념을 계속해서 설명해 가는 책이다.

다카다는 하이킹형 독서는 산의 정상에 도달하는 것이 목적이 아니라 풍경을 즐기는 것에 주안을 둔 방식이라고 얘기하고 있다. 예를 들어, 이 장에서는 몇 가지 독서법을 나열해 가며 설명하고 있다. 이것은 그 방법들을 비교하므로 깊이 이해하게 되는 것을 기대하는 것이다. '풍경을 즐긴다'는 이것과 가까운 접근이라 나는 생각한다.

┃한 권을 40시간 걸려서 읽기

다카다는 300페이지의 일반 소설을 2시간 정도 만에 읽을 수 있는 사람을 가정해서 다음과 같은 시간 배분을 고려했다.

- 예비 조사와 책 선정에 3시간
- 통독에 4시간
- 자세히 읽기에 10시간

또한, 처음인 경우 여기서 가르치는 방법론 자체에 대한 학습 시간이 필요하므로 40시간 정도 걸릴 거라는 것을 각오하라고 하고 있다. 꽤 많은 시간이므로 그 정도 시간을 들여서라도 읽을 가치가 있는 책을 찾아야 하며, 이를 위해 예비 조사에도 시간을 투자하는 것이다.

■── 책장 보기

책을 선택하는 방법으로 '책장 보기'라는 방법론을 소개하고 있다.

❶ 특정 분야의 책장에 있는 책을 모두 본다(마음에 드는 것이 있으면 목차를 본다).

❷ 위 ❶을 반복한다(가능하면 여러 서점에서).

❸ 해당 분야의 전체 모습을 스케치해 본다.

재미있는 것은, 한 권의 책을 읽기 전에 '책장'이라는 책의 집합체에 대해 꽤 많은 시간을 사용해서 '보는' 작업을 하고 있다는 점이다. 또한, 저자(다카다 아키노리)는 "우리는 중학교 교육에서 쉬운 것부터 어려운 것 순서로 배우는 것에 익숙해져 있지만, 여기서는 쉬운 책이 아니라 관심이 있는 책을 선택해야 한다"라고 주장한다. 이것은 의욕을 유지하기 위해서다.

■── 독서 노트에 기록하면서 읽기

다음은 선택한 책을 실제로 읽는 방법에 대해 보자. 먼저, 저자는 '읽고 싶을 때에', '읽고 싶은 부분부터 읽는다'라는 원칙을 제대로 지키라고 말하고 있다.[22] 이것은 나중에 설명할 수학서 읽는 법과는 대립되는 개념이다.

다음은 독서 노트를 준비한다. 전체 분량을 1장 10페이지 등으로 미리 정해 두고, 장의 소제목을 노트에 기입해 간다. 이것은 이 장의 '소제목에 주목'(127페이지)

---

22 이것은 1장에서 소개한 '알고 싶은 것부터' 접근법과 비슷하다.

에서 제목, 소제목에 주목하자고 한 것과 비슷한 개념이다. 여기서는 단순히 주목하는 것이 전부가 아니라 그것을 노트에 옮겨 적으므로 더 정확하게 정보를 다루자고 하는 것이다.

이렇게 책을 읽으면서 이 독서 노트를 채워 나간다.[23] 이를 위한 비법으로는 다음과 같은 것이 있다.

- 모르는 것은 무엇이든 기록한다.
- 몇 번이고 등장하는 단어를 기록한다.
- 개념 간의 관계나 이유, 논리 관계 등을 화살표로 연결한다.

이것은 홀 마인드 시스템과 비교하면 '모르는 것을 기록한다'는 '질문 만들기'에 해당하고, '몇 번이고 등장하는 단어를 기록한다'는 '키워드 찾기'에 해당한다.

■── 모르는 것을 해결하기 위해 읽기

한 번 통독해서 독서 노트를 만든 후에 2.5배 정도의 시간을 들여서 자세하게 읽어 나간다. 이 단계에서는 1회째 통독에서 기록한 '모르는 것'을 하나씩 해결하는 것이 목적이다. 새롭게 모르는 것이 등장하면 그것을 기록한다. 그리고 알 때까지 반복해서 읽고 그래도 모르는 경우는 다음으로 넘어간다.

다카다는 '모른다'는 이유를 다음 네 가지로 분류했다.

- 용어에 대한 이해가 부족
- 논리 관계에 대한 이해 부족
- 문제 의식에 대한 이해 부족
- 그림이 필요하지만 없음

자신의 '모른다'가 어느 '모른다'에 해당하는지 확인하며 하나씩 해결해 가는 것이다.[24]

---

23 다카다는 지울 수 있게 연필을 사용해서 기록할 것을 권한다.
24 모르는 이유로, 책의 설명이 잘못됐을 수도 있지 않냐는 질문을 받은 적이 있다. 잘못된 책을 이해하기 위해 40시간이나 사용하는 것은 큰 손실이다. 그 확률을 줄이기 위해서 책장을 천천히 보거나 평판이 좋은 책을 조사하거나 고전 명작을 선택하는 등 선택 단계에 많은 시간을 들이는 것이다.

수학책 읽는 법

수학자 가와히가시 야스유키(河東泰之)는 '모르면 진도를 나가지 않는다'를 철저히 지킨 사람으로서 1회 세미나 준비에 50시간이 걸려도 이상하지 않다고 했다.[25] 읽기 속도 피라미드에서는 H에 해당한다.

수학책은 '등산형' 책이 많다. 모르는 것을 방치한 채 계속 읽으면 안 된다고 주변의 수학과 출신 지인들이 말하고 있는 것을 보아 수학과에서는 일반적으로 받아들여지고 있는 듯하다.

수학과 출신으로 암호 이론 등을 연구하고 있는 시게오 미쓰나리(光成滋生)를 인터뷰했을 때 나온 얘기가 바로 이에 대한 것이었다. 새로운 것을 배우는 방법으로 '교과서를 읽는 것밖에 없다'고 했지만, 자세히 생각해 보면 그가 말한 '읽기'는 일상생활에서 말하는 '읽기'와는 또 다른 것이었다. 일부를 인용해 보겠다.

> 공학 계열과 수학 계열의 가장 큰 차이는 책 한 권을 주고 '제대로 읽어'라고 지시했을 때 제대로 읽는 양이라고 생각합니다. '읽기'라고 하면 한 단어 한 단어 정확하게 이해하면서 읽어야 합니다. 모르는 것이 나오면 페이지를 넘겨서는 안 됩니다. 세미나에 가면 "설명해 주세요"라고 요청을 받으며, 그때 "이것은 이렇게 책에 나와 있습니다"라고 답하면 교수님은 "정말 그렇습니까?"라고 묻습니다. "정말 그렇습니다"라고 말하면 "그러면 보여 주세요"라고 다시 묻습니다. 전체를 자신이 이해한 언어로 설명할 수 있어야 하는 것입니다. "오늘 세미나는 5시간이었지만 한 줄밖에 진도를 나가지 못했네요" 하는 경우가 일반적이었습니다. 이것이 두 번, 세 번 지속되는 경우도 많았습니다. 이에 대해 교수님은 개의치 않았지만, 모르는 것을 알고 있는 척했다가는 혼났습니다. 프로그램의 디버깅도 이와 같습니다. '이건 절대 괜찮아'라고 하는 부분을 조금씩 늘려 나가는 것입니다.
>
> -'읽기'는 한 단어 한 단어 곱씹어 이해하는 것, 엔지니어 시게오(2), 사이보우즈
> https://cybozushiki.cybozu.co.jp/articles/m000352.html

한편 물리학과 출신으로 리눅스 커널을 개발하고 있는 코사키 모토히로(小崎資広)는 인터뷰에서 '모르더라도 일단 계속 읽어 나가는 것이 중요'하다고 답했다.

---

[25] 세미나 준비하는 방법
http://www.ms.u-tokyo.ac.jp/~yasuyuki/sem.htm

이 수학자와 물리학자의 차이에 대해 시게오에게 질문을 했더니 전체 모습을 이해하는 것과 정의를 이해하는 것의 차이라고 답했다.

> 물리를 공부할 때는 어떤 '이론'에 대해 이해하지 못하는 것이 있더라도 건너뛰고 전체 모습을 이해하면 됩니다. 반면, 수학 공부법에서 어떤 '정의'에 대해 왜 그런지, 더 좋은 정의가 없는지를 생각해야 합니다. 둘은 전혀 방향성이 다릅니다. 따라서 수학에서 정의를 이해하기 위해 드는 시간을 생략해서는 의미가 없습니다.
>
> –정의를 이해하기 위해 드는 시간을 생략해서는 의미가 없다, 엔지니어, 시게오(3), 사이버보우즈
> https://cybozushiki.cybozu.co.jp/articles/m000353.html

수학 공부에서는 정의를 이해하지 못하면 정확한 논의를 할 수 없으므로 모르는 것이 일절 없도록 정의를 완벽하게 이해하는 것이 요구된다. 전체 모습을 이해하는 것은 목표가 다르므로 시간 사용법도 다른 것이다.

■── 안다는 것의 정의

수학자의 '안다'는 정의는 일상생황에서 말하는 '안다'는 것과는 크게 다르다. 알기 위해서는 '왜 그런지'라는 질문에 답할 수 있어야 한다. 그 이유로 '책에 있으니까', '선생님이 그렇게 말했으니까' 하는 것은 허용되지 않는다. 자신만의 표현으로 왜 그런지를 설명할 수 없으면 아는 것이 아니다. 책에 모르는 정리나 정의가 있다면 당연히 그것을 조사해 봐야 한다. 가와히가시의 설명에 의하면 세미나에서 메모나 노트를 보는 것도 금지이며, 아무것도 보지 않고 자신만의 언어로 설명할 수 있는 상태를 '안다'고 정의하고 있다.

■── 안다는 것이 필요한가?

이것은 시간이 꽤 걸리는 수준 높은 읽기 법이다. 수학자를 양성하기 위한 훈련으로 필요할 수도 있지만, 다른 상황에서도 항상 이런 식의 읽기 법이 요구되는 것은 아니다. 여러분이 얻고자 하는 목적을 위해서 무엇을 '안다 = 아무것도 보지 않고 자신만의 언어로 설명할 수 있다'고 해야 할까? 애당초 무엇을 '안다'는 것이 필요한 걸까?

안다는 것이 필요하거나 안다는 것 자체가 목적인 경우는 어쩔 수 없다. 아무리 시간이 걸리더라도 해야 하며, 자신의 힘으로 설명할 수 있을 때까지 교과서를 계속 읽거나 구체적인 예를 생각해 보거나 다른 자료를 찾아보는 것 등을 반복하는 수밖에 없다. 반면, 안다는 것이 필요하지 않다면 '왜 그런지 이해는 안 되지만 이 책에 그렇게 적혀 있으니 믿자' 하고 계속 읽어 나가면 된다. 어떤 방법을 선택할지는 여러분의 목표(목적)에 따라 달라진다.

참고로 이 수학책 읽는 법은 책의 내용이 틀리거나 책 선택이 목적에 부합하지 않으면 많은 시간을 허비하게 된다. 따라서 책을 제대로 선택하는 것이 매우 중요하다.

읽기라는 태스크의 설계

지금까지 여러 가지 읽는 법을 소개했다. 여기서는 읽기라는 태스크를 설계하는 것에 대해 생각해 보겠다.

읽기라는 태스크의 완료 조건은 무엇일까? 이해는 완료 조건이 될 수 없다. 예를 들어, '이 책을 100% 이해할 거야' 하는 목표를 세울 수도 있지만, 이것은 적절한 완료 조건이 될 수 없다. 왜냐하면 '이 책에 적혀 있는 것'의 총량을 알지 못하므로 스스로 '100% 이해했는지'를 판단할 수 없기 때문이다.

또한, 유용성이라는 관점으로 보면, 해당 서적의 내용이 전부 머릿속에 있다고 해도 그렇게 큰 가치가 있는 것은 아니다. 내용을 '기억한다'는 측면에서는 여러분의 머리보다 서적 자체가 정확하다. 예전에는 컴퓨터를 사용한 검색 기술이 없었으므로 사람의 머리에 의존한 검색이 가치가 있었다. 하지만 그 영역은 이미 컴퓨터가 대체하고 있어서, 기억하는 것과 기억을 떠올리는 것은 더 이상 사람이 가치를 만들어 내는 것이 어려워지고 있다.[26]

---

26   나는 종이책을 스캔해서 전자화, ORC화해서 검색 가능한 상태로 만들어 두고 있다. 기억하는 것보다 검색 가능한 상태로 만들어 두는 것이 효율적이기 때문이다.

철학자 아르투어 쇼펜하우어(Arthur Schopenhauer)는 독서를 선생님이 알려준 모범 답안을 베끼는 것과 같다고 말했다.[27] 독서를 하고 있는 동안 머릿속은 다른 사람의 사상으로 채워지는 것이 전부로, 자신은 생각하고 있지 않다. 따라서 독서만 하고 있으면 생각하는 힘이 줄어서 바보가 된다고 주장한다.

■ 이해는 불확실한 태스크

'이해한다'는 노력한다고 해서 확실하게 달성할 수 있는 완료 조건이 아니다. 이런 태스크를 설계하면 이해할 수 없게 됐을 때 의욕을 잃게 된다. '이해할 수 있다'라는 암묵적인 전제가 잘못된 것이다. '이해하지 못할 수도 있다'는 것을 전제로 하고, 이 전제가 잘못된 경우(이해한 경우)에 기뻐하는 것이 오히려 낫다.[28]

이런 불확실한 태스크를 측정하는 방법으로 도전의 양을 측정하는 법이 있다. 예를 들어, 특정 주제에 관해 보고서를 작성해야 한다고 하자. '보고서를 작성하기 위해서 해당 주제에 대해 이해한다'는 것이 아니라 '해당 주제의 책을 세 권 읽는다'라고 설정하면 노력에 의해 달성 가능해진다. 걸리는 시간을 예상하는 것도 쉬워지고, 의욕을 유지하기도 쉬워진다. 권 수가 아닌 시간으로 측정하는 법도 있다. '세 권을 각각 1뽀모도로씩 읽는다'라고 설정하면 지금부터 두 시간 이내에 완성하면 된다.

내가 자주 하는 태스크 설계 방식은 시간을 나누어서 포스트잇(Post-it)을 만드는 것이다. 시간이 지나서 확실하게 끝나면 물리적인 '포스트잇'을 달성 증거로 손에 넣을 수 있다. 이 포스트잇은 다음 장에서 설명할 KJ법에 사용된다.

■ 독서는 수단, 목적은 따로 있다

독서 그 자체는 수단이며, 그 수단의 달성 조건을 생각하는 것 자체가 이상하다고 생각할 수 있다. '책을 읽어야 해' 하고 생각했을 때, 무의식적으로 수단을 목

---

27 《독서에 대해(読書について)》(쇼펜하우어 저, 스즈키 요시코 역, 광문사, 2013)

28 '정보를 찾는다'에 대해서도 마찬가지다. '찾을 수 있다', '찾지 못하면 안 된다'고 생각했지만 찾을 수 없다면 괴로워진다. '찾지 못할 수도 있지만, 찾아보겠다'라는 기분이라면 찾지 못하더라도 괴롭지 않고, 운이 좋아서 찾는다고 하면 기쁨을 느낄 수 있다.

적으로 만드는 것이다. 원래 목적은 독서가 아닌 다른 곳에 있은 건 아닌가? 진짜 목적을 명확하게 하자.

목적을 명확하게 하기 위해서 몇 가지 유형에 대해 생각해 보자.

■── 대략적인 지도의 입수

필요할 때 다시 읽는 것을 목적으로 삼는 사람도 있다. 해당 책의 어디에 어떤 지식이 있는지 파악해 두었다가 그 지식이 필요할 때 해당 부분을 읽는 것이다. 데이터베이스에서는 검색 효율을 높이기 위해 트리 구조의 인덱스를 사용한다. 서적에도 동일하게 검색을 용이하게 하기 위한 데이터가 있다. 바로 목차와 색인이다.

독서라고 하면 일련의 문장을 처음부터 순서대로 읽는 것이라 생각하기 쉽지만, 사전이나 매뉴얼처럼 필요한 부분만 읽는 것을 전제로 한 문서도 있다. 이런 문서를 읽기 위해서는 필요할 때 '읽어야 할 곳'을 찾는 것이 중요하다.

이 '찾는다'는 행위는 검색 엔진이 대체해 주고 있지만, 아직 검색 결과의 품질이 낮은 경우가 많으며, 품질을 검증하는 것과 결과를 선별하는 것이 중요하다. 이를 해결하기 위해 집단 지성을 활용하는 방법이 발전되고 있다.[29]

대략적인 지도를 얻기 위해서는 읽는 것이 최적의 수단이 아닐 수도 있다. 예를 들어, 서평 사이트의 줄거리를 읽는다든가, 책을 읽은 사람에게 식사를 대접하고 읽은 내용을 듣는다든가, 저자에게 직접 얘기를 들어도 된다.

■── 결합하기

한 권의 책에서만 정보를 찾는 것이 아니라 해당 책의 내용과 다른 지식을 결합해서 새로운 가치를 만드는 경우도 있다. 대표적인 예로 Syntopic Reading이라는 것이 있다.[30] syn-은 '같은', '함께'라는 의미의 접두어로,[31] 동일 주제의 여러 책을 동시

---

29 더 좋은 품질을 위해 편집 기능을 제공하는 위키피디아나, 질문에 대한 답의 정확도를 제3자가 투표하는 스택 오버플로(Stack Overflow) 등이 한 예다.

30 폴 셀레가 《포토리딩》에서 제안한 것이다.

31 접두어 syn-을 사용하는 단어로는 음이 동일하다는 의미의 심포니(Symphony), 기분이 동일하다는 의미의 심패시(Sympathy), 시간이 동일하다는 의미의 싱크로니시티(Synchronicity) 등이 있다.

에 읽는 방법이다. 이 책《IT에 몸담고 있는 분들을 위한 지적 생산의 기술》에서도 여러 책의 내용을 소개하고 있어서 여러 권의 책을 읽는 것과 비슷한 효과를 얻을 수 있다.

도야마 시게히코(外山滋比古)[32]는《나는 왜 책읽기가 힘들까》라는 책에서 여러 권의 책을 빠르게 많이 읽어서 예측하지 못한 연결 고리를 발견하는 독서법을 소개했다. 그는《아이디어의 레슨(アイディアのレッスン)》[33]이라는 책에서 재미있는 예를 들었다. 영화 필름은 한장 한장 정지 화면이지만, 짧은 순간 계속해서 표시하면 하나의 연결된 영상이 된다. 앞의 정지 화면의 잔상이 사라지기 전에 다음 정지 화면이 표시되므로 끊어짐이 없어지는 것이다. 언어도 마찬가지로 마음에 잔상을 만들고 잔상이 사라지기 전에 다음 단어가 들어오면 하나의 연결된 문장으로 이해된다고 말하고 있다. 따라서 너무 늦게 읽으면 오히려 이해에 방해가 된다는 것이 그의 주장이다. 이 언어가 만들어 내는 잔상을 '수사적 잔상'이라고 한다. 잔상이 사라지기 전에 다른 책을 읽으면 여러 권의 책 사이에 연결 고리가 발견되는 것이다.

결합은 여러 권의 책 사이에서만 발생하는 것은 아니다. 예를 들어, 지금 해결해야 할 문제가 있지만, 그 해결책을 찾기 위한 키워드조차 모른다고 하자. 이때 책을 읽어서 '이것이 찾고자 한 것이다'라고 깨닫게 되는 경우가 있다. 여러분의 문제 의식과 책 속의 지식이 예기치 못한 상태에서 결합을 이루고 문제 해결이라는 가치를 만들어 내는 것이다. 이 결합은 172페이지의 칼럼 '지식의 일치성'과 큰 연관성이 있다.

■── 사고의 도구를 손에 넣자

우리는 매일 다양한 경험을 하고 있다. 그리고 경험에 의해 알게 되는 것도 있다. 하지만 이 '알게 된 것'을 표현하기 위한 언어(용어)를 아직 모르는 경우가 있다. 이렇게 명칭이 없는 개념이나 사고가 독서를 통해 명확해지기도 한다.

---

32 도야마 시게히코(外山滋比古). 언어학자로 오차노미즈여자대학 명예교수.《사고 정리학(思考の整理学)》(도야마 시게히코 저, 양윤옥 역, 뜨인돌, 2009)은 200만 부 넘게 팔린 베스트셀러.《지적 생활 습관(知的創造のヒント)》(도야마 시게히코 저, 장은주 역, 한빛비즈, 2017)나《나는 왜 책읽기가 힘들까(亂讀のセレンディピティ)》(도야마 시게히코 저, 문지영 역, 다온북스, 2014) 등 이 책의 주제와 관련 있는 책을 다수 집필했다.

33 '수사적 잔상(修辞的殘像)'에서 소개됐으며,《아이디어의 레슨》이나《나는 왜 책읽기가 힘들까》에서도 언급하고 있다.

예를 들어, 나의 아내가 경영학 대학원에서 토론을 하고 있을 때 '여기까지는 손실이고 여기부터가 이익이다, 하는 기준선이 있을 것이다'고 생각했지만, 그것을 표현하는 용어를 몰라서 답답해 한 적이 있다고 한다. 나중에 그것을 친구에게 설명했더니 "아, 그건 손익분기점이라고 하는 거야"라고 했고, 아내는 새로운 용어를 손에 넣게 됐다. 개념의 명칭을 알면 해당 개념을 검색할 수 있어서 관련 지식을 쉽게 얻을 수 있게 된다.

이렇게 용어를 얻게 되면 해당 용어를 사용해서 사고할 수 있게 된다. 분명하지 않은 생각에 '언어'라는 '손잡이'가 생겨서 그것을 잡고 조작할 수 있게 되는 것이다. 모양이 없는 물은 그 상태로 옮길 수 없지만, 용기에 넣으면 옮길 수 있는 것과 같은 이치다.

1장에서 본 '디자인 패턴'(37페이지)이 바로 이에 해당된다. 유능한 프로그래머들이 목적을 달성하기 위해서 어떤 프로그램을 작성하면 좋을지 시행착오를 거치는 과정에서 공통 패턴을 찾아낸다. 이 패턴에 이름을 붙인 것이 디자인 패턴이다. 이름이 붙음으로써 사람이 '그 설계는 중재자 패턴을 사용하면 돼' 하고 대화를 할 수 있게 되며, 혼자서 생각할 때에도 개념을 더 쉽게 다룰 수 있게 된다.

이 장에서 소개한 '책장 보기', 'Syntopic Reading', '수사적 잔상' 등도 재미있는 개념에 용어를 붙인 것이다. 내가 언급한 '정보를 찾기 위한 읽기와 조합하기 위한 읽기'나 '전체 모습 파악과 정의의 이해' 등은 내가 중요하다고 생각한 개념에 이름을 붙인 것이다.[34]

1장의 칼럼 '패턴에 이름을 붙이는 것'(38페이지)에서 더글라스 엥겔바트가 언어를 '사람의 지능을 강화하는 방법'의 하나라고 했다는 것을 소개했다. 외부에서 생겨난 것을 추상화해서 모델을 만들고, 그 모델에 이름을 붙임으로써 머릿속에서 해당 모델을 사용해서 생각할 수 있게 된다. 이것은 언어에 의한 지능의 강화다.

---

34 다른 사람의 예는 단어이지만 내가 다룬 예는 단어가 아니다. 나도 의외라고 생각했지만 좋은 예를 찾을 수 없었다. 용어를 만들어 내지 않고 평이한 용어를 조합해서 설명하는 경우가 많다. 이것은 이후에 이 책을 영어로도 번역할 예정이기 때문으로, 새로운 용어를 만들어 내면 번역하기가 힘들어지기 때문이다.

여러분도 분명 책을 읽고 '아, 이런 경험을 한 적이 있어. 이걸 이렇게 부르는구나' 하고 생각한 적이 있을 것이다. 예를 들어, 책방에서 책장을 살펴보는 것은 많은 사람들이 경험하는 것이다. 책을 읽고 그 행위에 '책장 보기'라는 용어를 부여함으로써 여러분의 경험과 새로운 언어가 연결된다. 이렇게 하면 의식하지 않고 하던 행위를 의식적으로 하기 쉽게 된다.

여러분의 머릿속에 있던 형태 없던 경험이 책의 내용에 의해 자극을 받아서, 상자로 잘 포장되고 언어라는 손잡이가 붙어서 다루기 쉬워지는 것이다. 1장의 서두에서 상자 쌓기 예를 설명했었다. 이렇게 상자가 만들어져서 쌓을 수 있게 되는 것이다.

복습을 위한 교재 만들기

독서의 목적을 몇 가지 소개했지만, 내가 가장 추천하는 것은 복습을 위해 교재를 만드는 것을 목적으로 하는 것이다. 3장에서 배운 것처럼 기억을 정착시키려면 간격을 늘려서 복습하는 것이 중요하다. 반대로 말하면 한 번 읽고 다시 읽지 않은 책의 내용은 거의 남아 있지 않는다. 따라서 복습을 위한 교재 만들기가 필요하다.

■── 레버리지 메모 만들기

책을 읽고 유용한 정보를 찾은 사람은 무엇을 할까? 해당 페이지를 접어 놓거나 선을 긋거나 포스트잇을 만들 것이다. 경영 컨설턴트인 혼다 나오유키(本田直之)는 저서 《레버리지 리딩》[35]에서 책의 중요한 부분을 추출해서 '레버리지 메모'를 만들어야 한다고 제안한다. 이 레버리지 메모를 반복해서 읽어서 농축해 가는 것이다. 이것은 복습을 위한 교재 만들기에 해당한다.

나는 이 개념에 공감해서 오랜 기간 동안 레버리지 메모를 만들어 왔다. 하지만 이 방법에는 단점도 있다. 그중 하나는 문맥에서 분리시키는 것이다. 문맥에서 분

---

35 《레버리지 리딩(レバレッジ・リーディング)》(혼다 나오유키 저, 김선민 역, 미들하우스, 2008)

리된 메모는 책을 읽은 직후에는 관련 지식도 남아 있어서 메모한 내용을 충분히 이해할 수 있다. 하지만 시간이 지나면 관련 기억을 잊기 때문에 나중에 다시 읽더라도 의미가 없다. 따라서 출처를 명시해 두고 잊어버렸을 때는 다시 출처를 찾아볼 필요가 있지만, 시간이 걸린다.

다른 한 가지 문제점은 양이 계속 늘어난다는 것이다. 처음 레버리지 메모를 시작했을 때는 A4 용지 한 장으로 충분했으므로 출력해서 여유가 있을 때 읽을 수 있었다. 하지만 종이가 8장이 되면서부터는 이 방법을 사용할 수 없었다.

이런 이유로 레버리지 메모 읽기용 웹 서비스를 만들었다. 책을 읽기 시작할 때 해당 책의 정보를 등록해 두고, 읽고 있는 도중에 메모를 만들어야 할 때는 원터치로 해당 책의 정보가 있는 링크가 삽입되도록 한 것이다. 하지만 다시 읽기 구조를 잘못 설계해서 다시 읽기가 고통스러워졌고 결국 사용하지 않게 됐다.

이 웹 서비스에서는 메모에서 불필요한 정보를 제거해서 메모를 더 짧게 만든 것이 가장 좋은 점이었다. 그 다음으로 좋았던 것은 부족한 정보를 추가(또는 변경)하는 것이었다(단순히 복사만 하는 것은 좋지 않다고 생각했다).[36] 이렇게 설계하므로 반복 읽기를 통해 정보가 압축되고 질이 개선된다고 생각한 것이다.

하지만 메모를 반복해서 읽을 때 압축 또는 추가해야 하는 설계여서 편집(압축 또는 추가)해야 할 부분이 생각이 나지 않는 메모는 나중으로 미루게 되고, 그것이 도리어 별도 작업으로 쌓이게 됐다.

또한, 별도로 추출한 정보라 가치가 있다고 생각한 메모가, 시간이 흐른 후에 다시 읽으면 가치가 없는 것처럼 보이는 현상이 발생했다. 하지만 그런 가치가 없어 보이는 메모라도 삭제하는 것이 아깝게 느껴져서 발을 뺄 수 없었다. 가치가 없어 보이는 메모가 대량의 대기 작업이 되고 결국 지쳐 버리고 말았다.

---

36 당시 마이크 블로그인 텀블러(Tumblr)가 유행하고 있었다. 텀블러는 다른 웹 사이트의 콘텐츠를 일부 선택해서 원클릭으로 쉽게 자신의 블로그로 가져올 수 있었다. 거기까지 레버리지 메모를 만들려고 생각했지만, 이것은 블로그라는 타인의 글을 통째로 복사하는 것으로 좋지 않다고 판단했다. 그 후 트위터의 리트윗이나 페이스북의 공유라는 비슷한 기능이 등장했고, 이런 기능이 지식 창조를 위한 것이 아닌 정보 전달을 위한 것이라는 것을 이해하게 됐다.

다음에 소개하는 증분 읽기(incremental reading)는 이런 나의 실패에 대한 좋은 개선안이 될 수 있으리라 생각한다.

■── 증분 읽기

3장에서 소개한 슈퍼메모(SuperMemo)의 개발자 워즈니악은 재미있는 독서법을 만들어 냈다. 그것은 증분 읽기(Incremental Reading)라는 것으로 별도로 메모하는 것을 개선해서 독서의 형식 자체를 바꾼 접근법이다.

증분 읽기에서는 간격 반복법 시스템을 활용한다. 먼저, 이 시스템에 읽고자 하는 문장을 불러온다. 이것을 텍스트라고 한다. 텍스트를 읽어서 별도로 메모하고 싶다면 그 범위를 선택해서 단축키를 눌러 주면 새로운 텍스트가 만들어진다. 모든 텍스트는 간격 반복법 알고리즘을 따라서 점점 제시되는 간격이 늘어난다. 편집한 경우에는 간격이 짧게 초기화된다. 제시된 텍스트는 읽어도 되고, 읽지 않아도 된다. 그리고 읽는 도중에 흥미가 없어지면 언제든지 중단해도 된다.

이런 구조에서는 어떤 일이 발생할까? 읽으려고 생각해서 불러온 텍스트 중에 제시됐을 때 읽을 기분이 아닌 것이나, 읽어도 메모하기 전에 이미 질린 것은 다음 표시될 때까지 간격이 늘어난다. 반대로 별도로 메모한 것은 짧은 간격으로 제시된다.

명시적으로 버리려고 결심한 것은 심리적인 부담이 크다. 가치가 낮다고 생각해도 그만 남겨 두고 만다. 내가 만든 시스템에서는 이 가치가 낮아 보이는 것이 계속 눈에 띄는 곳에 남겨져 있었던 것이 실패의 원인 중 하나였다.

증분 읽기 시스템에서는 가치가 낮다고 판단한 텍스트는 제시 간격이 길어져서 제시 빈도가 낮아진다. 또한, 버리지 않았으므로 필요하다고 생각하면 검색해서 찾을 수도 있다. 이렇게 반복 제시를 통해 메모장을 만들어 가면 점점 가치가 있다고 느껴지는 정보의 메모가 다시 늘어난다. 또한, 복수의 정보원으로부터 정보가 섞여서 랜덤하게 제시됨으로써 지식과의 결합이 촉진된다.

나는 증분 읽기가 매우 유망한 접근법이라고 생각하지만, 아직 개선의 여지가 있다. 예를 들어, 더 이상 편집할 필요가 없어진 메모를 어떻게 할지에 대한 문제가 있다. 워즈니악은 빈칸 채우기 문제로 변환해서 일반 간격 반복법을 적용하면 된다고 주장하고 있지만, 나는 잘 모르겠다. 예를 들어, 이 장의 서두에서는 베이컨(Bacon)이 말한 독서에 관해 소개했다. 이것을 별도로 메모한다고 해보자. 이때 중요한 것은 책 읽는 방법에는 여러 가지가 있으며, 책에 따라 좋은 읽기 법이 다르다는 것이다. 베이컨이 구체적으로 어떻게 말했는지 기억하는 것은 중요하지 않다. 이런 경우에 빈칸 채우기 문제로 만드는 것도 이상하다. 충분히 압축된 레버리지 메모나 편집할 필요가 없어진 메모는 어떻게 하면 좋을지 나는 잘 모른다.

가치가 낮은 것을 명시적인 의사결정 없이 사라지게 하는 것은 증분 읽기의 매우 좋은 구조다. 이 개념이 폭넓게 알려져서 더 좋은 툴이나 방법론이 나온다면 좋을 것이다.

■── 사람에게 가르치기

사람에게 가르치기 위한 자료를 만드는 것은 자기 자신의 기억도 강화시킨다. 퍼즐을 푼 후에 해당 퍼즐을 푸는 방법을 써보면 아무것도 하지 않은 것에 비해 테스트 성적이 향상된다는 실험 결과가 있다.[37] 실제로 가르치지 않더라도 자료를 만드는 것만으로도 효과가 있는 것이다.

이것을 바탕으로 다른 사람에게 가르치기 위한 자료를 만드는 것을 독서의 목적으로 설정하면 유익하다. 사람에게 가르치기 위해 만든 자료는 나중에 자신이 읽어도 복습에 도움이 된다. 또한 인터넷상에 자료를 공개해 두면 가끔 SNS 등에서 언급돼서 다시 떠올릴 수 있는 계기가 되기도 한다. 사회적으로 수요가 많은 것일수록 높은 빈도로 언급되므로 높은 빈도로 개선할 여지가 있다.

이 책을 쓴 계기도 강의 자료를 인터넷상에서 공개한 것이 계기였다. 책을 읽고 무언가를 배웠다면 그것을 다른 사람에게 가르치기 위한 슬라이드나 블로그 글 등을 만들어서 공개해 보자. 공개를 통해 피드백을 받고 더 성장할 수 있게 되며, 머릿속에 이해한 것이 큰 나무로 자라나는 계기가 될 것이다.

---

37 Di Stefano, G., Gino, F., Pisano, G. P., Staats, B. and Di-Stefano, G, "Learning by thinking: How reflection aids performance", Boston: Harvard Business School, 2014.

정리

이 장에서는 지식이 머릿속으로 들어오는 과정을 살펴보았다. 특히, 문장 읽는 것을 중심으로 '정보를 찾는 것'과 '이해를 조합하는 것'의 조율에 관해 배웠다.

지식이 머릿속에 들어오는 프로세스 중에서 이 장에서 언급하지 않은 것은 타인과 대화하는 것, 실험하기 등이 있다. 이 방법들도 유익하다. 대화에는 독서와 달리 의문점을 질문할 수 있다는 장점이 있다. 실험은 독서나 대화처럼 누군가가 가지고 있는 지식을 적용하는 것이 아니라 새로운 지식을 만들어 내는 효과가 있다.

다음 장인 '생각을 정리하려면'에서는 문장으로부터 대량의 정보를 찾은 후에 어떻게 생각을 정리하면 좋을지에 관해 설명한다. 즉, 정보를 수집한 후의 '이해를 조합하는 것'에 관해 더 깊이 있게 생각해 본다.

여기까지 읽은 독자라면 내가 다양한 책을 읽고 대량의 정보를 찾은 후에 그것을 정리해서 이 책을 만들었다는 것을 알 수 있을 것이다. 이 책을 정리하는 과정에서 어떤 기법을 사용했는지 다음 장에서 설명하겠다.

제 5 장
생각을 정리하려면

이 장에서는 '생각이 정리되지 않는다'는 고민을 어떻게 해결할지 보도록 한다. 보고서를 작성하거나 발표 자료를 만드는 것은 생각을 정리해서 출력하는 지적 생산의 결과다.

많은 정보를 정리하는 것과 새로운 아이디어를 만들어 내는 것이 다르다고 생각하는 사람도 있다. 하지만 정보를 정리한다는 것은 자신의 머릿속에 모델을 만드는 작업으로서 지식을 만들어 내는 작업의 일종인 아이디어 창출과 큰 연관성이 있다.

또한, 아이디어를 만들어 내는 작업은 먼저 정보를 수집해서 정리하는 것부터 시작한다. 정보 정리와 아이디어를 만들어 내는 것은 명확하게 분리할 수 있는 것이 아니라 연속적인 과정인 것이다. 이 장에서는 여러 정보를 수집해서 입력한 후의 상태를 전제로 해서 자신의 머릿속에서 정리해 가는 과정에 중점을 두고 설명한다. 새로운 지식을 만들어 내는 방법에 대해서는 다음 장에서 다룬다. 이 장과 다음 장에서는 지금까지 배운 것을 결합하고 있다.

정보가 너무 많다? 너무 적다?

정보를 수집해서 보고서를 작성하려고 의자에 앉아 있다고 생각해 보자. 그리고 무엇을 써야 할지 고민하고 있는 상태다. 이 상태는 아마도 재료가 될 정보가 부족하거나 정보가 너무 많아서 정리하기 어려운 상태로서 무엇부터 쓰면 좋을지 혼란스러워하는 상태일 것이다. 이 두 가지 상황은 사실 전혀 다른 상태다. 먼저, 둘 중 어떤 상태인지를 구분할 필요가 있다.

메모하기 법을 통한 정보량 확인

머릿속에 어느 정도의 정보가 있는지 확인하기 위해서 먼저 5분간 보고서에서 언급해야 할 정보를 생각나는 대로 기록해 본다. 나는 보통 50mm × 38mm 크기의 포스트잇에 작성해서 포스트잇의 수를 정보량의 단위로 사용한다.

메모하기를 한 후에 뒤에서 설명할 KJ법을 사용하려면 메모한 것을 쉽게 이동할 수 있어야 한다. 따라서 포스트잇을 사용하면 편리하다. 한편, 메모 작성하기를 처음 해본다면 '포스트잇을 사야지' 하고 뒤로 미룰 수도 있다. 그러지 말고 일단은 가장 익숙한 방법을 사용하자. 큰 노트에 적거나 컴퓨터에 적어도 괜찮다.

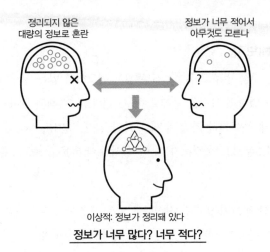

정보가 너무 많다? 너무 적다?

정리를 위해서 먼저 머릿속의 정보를 전부 메모해 보는 것은 2장에서 소개한 GTD와 비슷하다. GTD에서는 태스크에 제한받지 않고 신경 쓰이는 모든 것을 기록해 보았다. 이 메모 작성하기 법도 보고서에 실제로 적을 문장이 아니라 관련 있다고 생각되는 정보를 모두 작성해 보는 것이다.[1]

■— 질을 요구해서는 안 된다

이 단계에서는 질(質)을 요구해서는 안 된다. 질이 높은 것만 작성하려고 하면 손이 멈춰 버린다. 보고서에 실제로 작성할지는 신경 쓰지 말고 작성할지도 모르는 것, 작성에 도움이 될 만한 것, 메모 기록하기를 하고 있는 중에 떠오르는 것 등을 전부 기록하도록 하자.

한 장에 작성할 분량은 수 단어에서 한 문장 정도면 된다. 작성하는 것에 대한 마음의 장벽을 가능한 한 낮춰야 한다. 즉, 무엇이든 작성해도 좋다.[2] 내용은 복

---

1 GTD 작업은 태스크 관리에 메모 작성하기를 적용한 것이라 볼 수 있다.
2 '한 문장 이하로 작성해야 한다고 오해하지는 말자. 여기서 말하는 것은 '짧게 쓰기'가 아닌 '가능한 한 장벽을 낮추자'다.

잡하게 작성해도 되지만, 글자는 나중에 직접 읽을 수 있을 정도로 간결하게 쓰자. 읽지 못한다면 작성한 의미가 없고, 읽는 것에 대한 부담이 생겨서 다시 읽지 않게 된다.

■── 실제로 해보자

여기서 책 읽는 것을 멈추고 실제로 5분 정도 메모하기 법을 실시해 보자. 작성해야 할 보고서가 있다면 그것을 주제로 하고, 없다면 '이 책의 내용을 타인에게 전달하려면 어떻게 해야 하는가'를 주제로 하면 된다. 필기도구와 타이머를 준비해 두고, 타이머를 5분으로 설정하자. 타이머 시작 버튼을 누르고 5분간 주제에 집중해 보자.

머릿속에 충분한 정보가 있다면 작성하고 있는 도중에 5분이 지나서 주관적으로 매우 짧게 느낄 것이다. 반면, 정보가 부족하다면 5분이 매우 길게 느껴진다. 아무것도 생각나지 않은 상태에서 무리해서 생각을 짜내려고 하기 때문이다.

내가 참석한 워크숍[3]에서 참가자에게 메모하기 법을 하도록 한 결과, 한 명당 16분간 80~100장의 메모할 수 있었다. 1분당 평균 5장 이상으로 1장 12초 이하의 속도로 쓴 것이다. 이것을 부담으로 느끼지 말고 마치 높은 점수를 얻기 위한 게임이라고 생각하고 해보자.

■── 100장을 목표로 하자

보고서를 작성하기 전의 준비로 먼저 100장의 메모 작성하기를 목표로 해보자. 5분에 20장을 기록했다면 대략 25분에 100장을 준비할 수 있다는 계산이 된다.[4] 다음 단계를 진행하기 전에 100장 전후의 포스트잇을 준비하는 것이 좋다. 이후에는 이 단계에서 적어도 50장의 포스트잇을 만들었다고 가정하고 이것을 정리하는 법을 설명하도록 한다.

---

3   교토대학 서머 디자인 스쿨에서 2013년과 2014년에 실시한 워크숍이다. 자신의 학습 방법을 디자인한다는 주제로, 3일간 12시간을 사용해 메모하기 법을 한 후 KJ법으로 구조화해서 발표한다.
4   실제 해보면 자기 머릿속의 정보가 적어서 속도가 잘 나지 않을 것이다. 반대로 메모한 것을 보고 자극을 받아서 속도가 붙는 경우도 있다. 이 실험이 자신의 머릿속을 볼 수 있는 계기가 될 것이다.

만약 50장조차 준비하지 못했다면 정보 수집이 부족한 것이다. 관련 서적을 읽든가 해서 생각에 필요한 재료를 수집하자.[5]

■── 100장을 목표로 하는 것의 이점

이 100장 메모하기를 목표로 하는 접근법은 두 가지 이점이 있다. 첫 번째는 진척을 명확하게 측정할 수 있다. '보고서를 작성해야지', '발표 자료를 작성해야지' 하는 태스크의 설계는 태스크가 애매하고 진척을 파악하기 힘드므로 의욕을 잃기 쉽다. 반면, '100장 작성하기'라는 태스크 설계에서는, 30장 작성하면 30% 진척으로 매우 알기 쉽다. 또한, 작성하면 작성할수록 착실하게 목표를 향해서 진행해 나간다. 목표에 도달하기 위한 진행 방향이 명확해서 길을 잃어버릴 수가 없다.

다른 한 가지는 중단하기 쉽다는 것이다. 사회인이 바빠서 많은 시간을 확보하는 것이 어렵다. 이 메모하기 법에서는 100장 작성하기가 끝날 때까지 계속 책상 앞에 앉아 있을 필요가 없다. 실제로 나는 이 책을 집필할 때 역까지 걸어가면서 한 장, 지하철 안에서 7장, 에스컬레이터에서는 세 장 등 매일 조금씩 메모하기 법을 진행했다. 수첩이나 주머니에 50mm × 38mm 포스트잇을 넣어 두고 한 장에 아이디어 하나를 기록한 것이다.

집필이나 보고서 작성은 많은 시간을 한 번에 확보할 수 없어서 시작하기가 힘들다고 생각하는 사람이 많다.[6] 하지만 적어도 이 메모하기 법 단계에선 적은 시간만으로도 진행할 수 있다.[7] 많은 시간을 확보한다고 해도 아무것도 준비되지 않은 상태에서 작성하는 것보다 사전에 100건의 단편적인 아이디어가 준비된 상태에서 시작하는 것이 효율적이다. 따라서 먼저 메모하기 법부터 시작하자.

---

5 이것은 3장에서 소개한 '책을 읽은 후에 그 내용을 가능한 한 떠올려 보고 다시 읽으면 이해하기 쉬워진다'와 관련 있다. 한 번 떠올려 보려고 한 후에 정보 입력 단계로 돌아가면 효율적이다.
6 '집필은 큰 태스크다'라는 정신적 모델이 원인으로서 의욕을 잃고 나중으로 미루는 것이다.
7 메모하기 법보다 꽤 뒤의 과정이긴 하지만, 검수자가 읽을 수 있는 형태로 문장을 정형화하는 단계에서는 휴일에 시간을 확보해서 임시 사무실 등에서 한 번에 다 작성하기도 한다. 이 단계에서도 단편화할 수 있는 방법이 있을 수 있지만, 아직 발견하지 못했다.

■── 중복은 무시하자

시간적으로 분산해서 메모하기를 하면 동일한 것을 몇 번이고 반복해서 쓰지 않을까 걱정하는 사람도 있다. 기록이 중복돼도 상관없다. 오히려 중복을 피하려고 해서는 안 된다. '중복되지 않게 하자'라고 생각하면 '과거 포스트잇을 확인한 후에 없으면 새로운 것을 쓰자' 하는 상태가 돼서 태스크가 커진다.

100장 작성한 것을 정리했을 때 같은 내용이 세 장 있다고 하자. 실제 손해 보는 것이 있을까? 시간적으로 떨어져 있는 자신이, 각 시점에 '이것은 작성해야 해' 하고 생각한 것이므로 중요한 것임에 분명하다. 중복은 중요도의 지표로 유용한 것이다.

완전히 동일한 내용으로 중복돼도 유용하지만, 비슷하더라도 미묘하게 다른 내용의 중복은 더 유용하다. 공통점이 무엇인지, 차이점이 무엇인지를 생각할 수 있는 기회가 된다. 2장에서도 설명한 것처럼 비슷하지만 약간 다른 것을 비교하는 것은 이해를 조합하는 데 도움이 된다.

구체적인 예를 들어 보겠다. 나는 이 장을 집필하기 전에 작성한 포스트잇에는 '관련성이 큰 것은 가까운 곳에 위치시킨다'와 '관련성이 있어 보이는 것은 가까운 곳에 위치시킨다'라는 두 장의 내용이 있었다. 비슷하지만 다르다. 이 두 장을 발견한 나는, 차이가 의미 있는 차이인지 단순히 잘못 표기한 것인지를 생각해 보았다. 그 결과 의미가 있는 차이라는 결론을 내렸고,[8] '관련성이 큰 것은'이 아닌 '관련성이 있어 보이는'을 채택하기로 했다.

이외에도 각 포스트잇의 수준(수직 관계, 또는 수평 관계)이 달라도 되는지에 대해 걱정하는 사람도 있을 것이다.[9] 수준을 맞추려는 것처럼, 한 장의 메모로는 파악

---

8 관련성이 있는지, 관련성이 큰지는 사전에 알 수 없다. 처음에는 '왠지 관련이 있어 보인다'라는 생각으로 시작한다. 그 뒤에 다양한 정보를 수집하면서 관련성이 있어 보인다는 생각이 점점 강해진다. 그리고 증거를 발견한 후 타인에게 '이것은 관련성이 있다'라고 설명할 수 있는 상태가 된다. 신념은 애매한 상태에서 시작하지만, 점점 구체화되는 것이다. 따라서 처음부터 관련성이 크다는 것을 요구하는 것은 처음부터 완성도가 높은 문장을 작성하려고 하는 것과 동일하다.

9 쓰려고 하는 주제에 대해 수준을 맞춰서 분해해 가는 또 다른 방법론과 헷갈릴 수도 있다.

할 수 없는 것에 신경 쓰다 보면 과거에 작성한 것까지 꺼내서 살펴봐야 하는 상태에 이르게 된다. 결국 태스크가 커져서 마음의 부담이 커진다. 정리는 나중에 하는 것으로 여기서 할 필요가 없다. 지금은 정리하려고 하지 말고 많이 작성하려고 하자.

너무 많은 정보는 어떻게 정리해야 하는가

그러면 50~100장 정도의 포스트잇을 준비했다고 하자. 이것은 '정보가 너무 많다? 너무 적다?'라는 질문에 '너무 많다'는 답이 나온 것이다. 다음은 이 많은 정보를 어떻게 정리해야 할지 생각해 보자.

나열해서 보기 쉽게 하자

먼저 포스트잇을 책상 위에 나열해서 보기 쉽게 만들자. 사람의 작업 기억은 한정돼 있다.[10] 따라서 머릿속으로만 생각하고 있으면 사고의 단편이 점점 사라져 버린다. 그래서 메모해야 하는 것이다. 메모하는 것을 통해 사고의 단편이 유지되는 것이다.

다음은 이 '뇌의 바깥쪽에 있는 사고의 단편'을 적은 노력으로 뇌로 불러오는 구조가 필요하다. 그중 하나가 책상 위에 펼쳐서 열람할 수 있게 만드는 것이다.[11] 이렇게 하면 손을 움직여서 메모를 넘겨볼 필요 없이 시선의 이동만으로도 뇌에 입력할 수 있게 된다.[12]

---

10 1956년에 심리학자 조지 밀러(George A. Miller)가 7±2개라고 논문을 써서 과학지뿐만 아니라 일반인들 사이에서도 유명해진 적이 있다. 2001년에 심리학자인 넬슨 카원(Nelson Cowan)은 4개라고 주장했다.

11 이것은 어디까지나 구체적인 예의 하나다. 아직 컴퓨터가 보급되지 않았던 시절에 나온 예로, 정보처리 기술이나 사람과 기계 사이를 연결하는 기술 진화에 의해 더 좋은 구현 예가 나올 가능성이 높다. 일단 추상화하면 '외부화한 사고를 적은 노력으로 재내부화하는 수단'이 여기서 필요하다.

12 1장 칼럼 '패턴에 이름을 붙이는 것'(38페이지)에서 설명한 모델로서, 말하자면 사람의 작업 기억을 도구와 방법론을 사용해서 강화하는 것이다.

나열한 것은 나중에 이동할 것이므로 너무 빼곡하게 나열하지 말고 공간을 두고 나열하는 것이 좋다. 한편, 책상의 면적에도 한계가 있으므로 전체적으로 넉넉하게 나열하는 것이 어려울 수도 있다. 그럴 때는 현실적인 방법으로, 정리되지 않은 포스트잇을 책상 끝에 빼곡하게 나열하고 가운데에 작업 영역으로 여유를 두고 사용하면 된다.

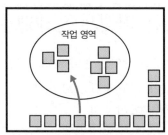

책상 끝에 빽빽하게 나열하고, 가운데를 작업 영역으로 한다

또한, 집에 있는 침대를 사용하는 방법도 있다.[13] 50mm × 38mm 포스트잇을 사용하고 있지만, 더 큰 70mm × 70mm을 사용하는 사람은 책상 위의 면적이 부족할 수도 있다. 그때는 화이트보드[14]나 벽[15]을 사용하는 방법도 있다. 디지털 데이터로 기록한 사람은 넓은 모니터를 사용해서 나열하는 방법을 고민하는 것도 좋다.

---

13 일본 이외의 독자를 위해 보충하자면 일본은 집에서 신발을 벗는 문화권이므로 깨끗한 마루를 책상 대신에 작업 공간으로 사용할 수 있다.

14 일반적인 1760mm × 905 mm 화이트보드에는 70mm 사각형 포스트잇을 빽빽하게 나열하면 가로 세로 12장, 가로 25장인 300장을 나열할 수 있다. 반면, 의외로 1m 사각의 책상 위에 50mm × 38 mm 포트스잇을 나열하는 경우 세로 26장, 가로 20장의 520장으로 나열할 수 있다. 포스트잇 크기는 정보의 밀도에 큰 영향을 주는 것이다.

15 벽면을 사용하는 경우의 문제는 중력과 키의 영향으로 시선의 상하 방향 이동에 제약이 있다는 것이다. 일반적인 화이트보드에서 가장 높은 부분은 지면으로부터 180cm 떨어져 있어서 대부분의 사람이 눈높이에서 볼 수 있다.

메모하기 법의 실제 예

이 장에서 설명하는 방법은 내가 집필이나 강연 자료를 준비할 때 사용하는 것이다. 여기서는 구체적인 예로서 이 장을 실제로 집필할 때 어떻게 메모하기 법을 사용했는지 소개하겠다.

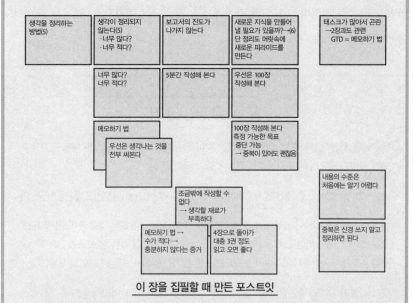

생각을 정리하는 방법(5)

생각이 정리되지 않는다(5)
·너무 많다?
·너무 적다?

보고서의 진도가 나가지 않는다

새로운 지식을 만들어 낼 필요가 있을까?→(6) 단 정리도 머릿속에 새로운 피라미드를 만든다

태스크가 많아서 곤란 →2장과도 관련 GTD = 메모하기 법

너무 많다? 너무 적다?

5분간 작성해 본다

우선은 100장 작성해 본다

메모하기 법

우선은 생각나는 것을 전부 써본다

100장 작성해 본다 측정 가능한 목표 중단 가능 → 중복이 있어도 괜찮음

내용의 수준은 처음에는 알기 어렵다

조금밖에 작성할 수 없다 → 생각할 재료가 부족하다

중복은 신경 쓰지 말고 정리하면 된다

메모하기 법 → 수가 적다 → 충분하지 않다는 증거

4장으로 돌아가 대충 3권 정도 읽고 오면 좋다

이 장을 집필할 때 만든 포스트잇

먼저 내용에 중복이 많다는 것을 알 수 있을 것이다. 이 책의 목차안을 만드는 단계에서 포스트잇을 만들었다. 2016년 5월에 첫 목차안을 만든 단계에서는 '먼저는 100장 작성해 본다'라고 했었다. 100장이라고 한 이유는 보통 내가 그렇게 하고 있기 때문이다. 이 5장의 포스트잇을 만든 후에는 그대로 둔 채 4장을 집필했다.

2장에서 동기부여 방법에 대해 쓰고 있을 때 '메모하기 법이 익숙하지 않은 독자에게 있어 '100장 작성해 본다'는 시간이 얼마나 걸릴지 모르는 큰 태스크'라는 것을 깨달았다. 그래서 첫 시작의 범위를 줄여서 '먼저 5분간 작성해 본다'라는 포스트잇을 추가했다. '2장 타임박싱' (72페이지)에서는 큰 태스크는 시간으로 나누어서 작게 만드는 얘기를 했었다. 이 접근법을 구체적인 예가 바로 '5분간 작성해 본다'다.

그 뒤로 위의 포스트잇들을 보고 2017년 8월 시점의 생각으로 재구성해서 문장을 만들었다. 여러분이 지금 읽고 있는 문장은 이렇게 탄생한 것이다.

나열하는 과정에서 떠오르면 바로 기록

나열하는 과정에서 이전에 작성한 포스트잇을 보고 자극을 받아 새로운 아이디어가 생각날 수도 있다.[16] 생각난 것은 무엇이든 기록하자. 얼핏 관련성이 없어 보일 수 있어도 기록하자. 나중에 관련성을 찾을 수도 있다. 기록하지 않으면 잊어버리고 끝나는 것이다.[17] 이후의 단계에서도 적용되는 얘기지만, 언제든 포스트잇을 추가해도 상관없다.

Column

포스트잇의 크기

문구류는 자신이 좋아하는 것을 사용하는 것이 최선이다. 하지만 구체적인 예를 듣고 싶어하는 사람도 많으니 내가 사용하고 있는 것을 소개하겠다.

나는 50mm x 38mm 포스트잇을 사용하며 만족하고 있다. 펜은 0.7mm의 젤잉크 볼펜을 사용한다.

큰 포스트잇에 1mm~2mm 두께의 펜(사인펜이나 마커)을 사용하는 것을 좋아하는 사람도 있을 것이다. 나도 화이트보드에 붙여서 여러 사람이 보도록 할 때는 큰 포스트잇과 두꺼운 펜을 조합해서 사용한다. 0.7mm 펜으로 쓰면 좀 떨어진 곳에서는 잘 안 보이기 때문이다.

여러 사람이 함께할 때는 한 명이 할 때와 또 다른 어려움이 있다. 따라서 먼저 혼자서 하는 것에 익숙해지는 것이 중요하다. 한 명이 책상에 나열하는 것을 가정해서 그것에 맞추어 포스트잇은 작은 것을, 펜은 얇은 것을 쓰고 있다. 이 크기의 포스트잇은 A4 용지에 붙이면 가로의 경우 25장, 세로의 경우 28장을 붙일 수 있다.

관련성이 있어 보이는 것을 가까운 곳에 위치시킨다

포스트잇을 펼쳐서 살펴보자. 잠시 보고 있으면 각각의 포스트잇 안에 '관련성이 있어 보이는 것'이 보이기 시작한다. 관련성이 있어 보이는 것을 찾았다면 그 두

---

16 특히 시간적으로 분산해서 메모하기를 한 경우라면 '1개월 전의 자신은 이렇게 생각하고 있었지만 지금은 약간 다르다', '비슷한 내용을 여러 번 작성했다. 중요한 것이다' 하고 과거의 자신과 대화할 수 있게 된다.

17 예를 들어, 다른 프로젝트에 관한 아이디어가 떠오르거나 해야 할 일을 떠올리기도 한다. 나는 이것도 포스트잇에 기록해서 책상의 한쪽 구석에 붙여 둔다. 메모하기를 통해 지금 당장 잊더라도 자유로울 수 있고, 지금 정리하고 싶은 주제에 뇌의 100%를 사용할 수 있게 된다.

개의 포스트잇이 서로 가까운 곳에 위치하도록 이동한다. 이것을 반복하면 상호 관련성이 있어 보이는 포스트잇들이 점점 그룹을 형성하게 된다.

이 '관련성'이란 무엇일까? 내가 관찰한 바에 의하면 이 부분에서 좌절하기 쉬우므로 '관련성이란 무엇인가' 절에서 자세히 다루도록 한다.

포스트잇을 펼쳐서 관련성이 있어 보이는 것을 인접하게 배치하는 기법은 문화인류학자인 가와키타 지로(川喜田二郎)의 《발상법(発想法)》에서 배웠다. 이름의 이니셜을 따서 KJ법이라고 부른다.[18] 당시에는 아직 포스트잇[19] 같은 것이 없어서 정보 카드를 사용하고 있었다. 2011년에 KJ법을 적용하려고 했을 때 《발상법》에 있는 대로 정보 카드를 사려고 했지만, 당시 다마예술대학에서 조교를 하고 있던 아내가 포스트잇을 사용하는 것이 좋다고 권했고, 그 이후로는 계속 포스트잇을 사용하고 있다.

정보를 적은 종이를 이동하는 KJ법을 경험한 적이 있는 사람이 많을 것이다. 반면, 가와키타의 저서를 잘 읽어 보면, KJ법에서는 단순히 정보를 적은 종이를 이동하는 것이 다가 아니라 그 이후에도 여러 과정을 거친다. 특히, 흥미로운 것은 모은 종이를 묶어서 이름을 붙이는 '명찰 만들기'다. 자세한 내용을 설명하기 전에 여기서 우선 KJ법의 전체 흐름을 확인해 보자.

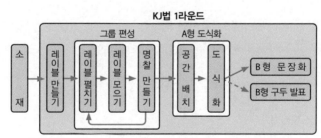

《지(知)의 탐험학: 취재부터 창조까지(「知」の探検学──取材から創造へ)》
(가와키타 지로, 고단샤, 1977)에서 인용

KJ법의 1라운드 순서

---

18 첫 등장은 《파티학: 사람의 창의성을 개발하는 방법(パーティー学──人の創造性を開発する法)》(가와키타 지로 저, 사회사상사, 1964)이며, 자세하게 설명된 것은 《발상법(発想法)》(1967)이다.

19 이른바 포스트잇(Post-it)이다. 포스트잇은 3M의 상표로 1980년에 시판됐다.

■── KJ법의 흐름

KJ법을 시작하기 전에 먼저 정보 수집 단계가 있다. 가와키타는 이것을 '탐험'이라고 불렀고, 자신의 마음 속을 찾는 내부 탐험과 바깥을 찾는 외부 탐험으로 나누어 설명했다. 특히, 외부 탐험은 실제 탐험도 포함하고 있다. 이것은 가와키타가 문화인류학자로서 탐험을 통해 관련 분야의 정보를 모으고 그것을 구조화해 이론을 만드는 사람이라는 것을 생각하면 납득이 간다.

반면 나는 탐험이나 현장 조사의 경험이 많지 않아서 외부 탐험이라고 하면 책을 읽거나 다른 사람의 이야기를 듣는 것이다. 따라서 여기서는 자세히 다루지 않겠다. 현장 조사에 관심이 있다면 가와키타의 《지(知)의 탐험학》을 읽으면 도움이 될 것이다. 소프트웨어를 만드는 일 중에서도 사용자의 필요를 이해하는 프로세스는 문화인류학과 관련이 많다.[20]

KJ법은 반복해서 실행하는 것으로, 1라운드는 다음 네 가지 단계로 구성된다.

❶ 레이블 만들기

❷ 그룹 편성

❸ A형 도식화

❹ B형 문장화[21]

'레이블 만들기'는 단문이 적힌 종이를 만드는 작업이다. 지금까지 포스트잇에 메모하기를 한 이유는 실은 이 레이블 만들기의 과정이었다.

'그룹 편성'은 다음 세 가지 단계로 구성된다.

❶ 레이블 펼치기

❷ 레이블 모으기

---

20 《10인의 이노베이션 전문가(The Ten Faces of Innovation)》(톰 켈리, 조너선 리트만 공저, Currency/Doubleday, 2005)에서는 새로운 것을 창출하는 인재를 10가지 부류로 소개하고 있다. 10가지 부류의 처음으로 소개된 것이 '인류학자'다. 나머지 9가지 부류는 '실험자', '화분 운반수', '허들 선수', '협력자', '감독', '경험 디자이너', '무대 설계가', '간병인', '이야기꾼'이다.

21 B형 문장화의 아류로 B형 구두 발표가 있다. 모두 언어를 일차원으로 나열한 것이다. 여기서는 지면상의 이유로 생략했다.

❸ 명찰 만들기

이 중 ❶ 레이블 펼치기는 단문이 적힌 종이를 책상에 나열하는 작업이다. 이에 대해서는 '나열해서 보기 쉽게 하자'에서 설명했다. ❷ 레이블 모으기는 관련성이 있어 보이는 곳을 가까운 곳에 위치시켜서 그룹을 만드는 작업이다. 앞에서 간단히 소개했지만 뒤에서 자세히 다루도록 하겠다. 마지막으로 ❸ 명찰 만들기를 한다. 이것은 그룹에 해당 내용을 잘 표현하는 '명찰'을 붙여서 여러 레이블을 하나로 묶는 작업이다.

예를 들어, 처음에 100장의 포스트잇이 있다고 하자. 이것을 레이블 모으기해서 3~5장의 그룹으로 만든 후 명찰을 붙여서 묶으면 외관상은 25장 정도로 레이블이 줄어든다. 많은 정보로부터 중요한 부분만 추출해서[22] 훨씬 다루기 쉬운 분량으로 줄인 것이다.

이 25장에 대해 다시 관련성이 있어 보이는 것을 가까운 곳에 위치시켜 그룹을 만들고 명찰을 붙인다. 그러면 6~7장으로 줄어든다. 이 6~7장의 포스트잇을 다시 관련성을 생각해 가며 배치한다. 최적의 분량이 될 때까지 이렇게 그룹 편성을 반복한다. 결과적으로 여러분이 작성한 100장의 포스트잇 어떤 전체 모습을 가지고 있는지 알 수 있게 된다.

이것이 끝나면 다음은 'A형 도식화'를 한다. 묶은 포스트잇을 순서대로 풀어 나가며 시행착오를 통해 적합한 공간 배치를 찾는다. 그리고 이 배치에 대해 필요에 따라 외곽선이나 화살표를 그린다. 가와키타는 이것을 '도식화'라고 불렀다.

마지막 단계는 'B형 문장화'로, 이 도식을 바탕으로 문장을 만든다.[23] 단편의 집합으로부터 도식을, 도식으로부터 문장으로 형식을 변형해 가므로 시점을 바꿀 수 있으며, 이를 통해 미처 의식하지 못한 것을 찾아낼 수 있다.

---

22 여기서는 '1장 추상/ abstract'(31페이지)을 다시 보면 재미있을 것이다.

23 여담이지만 레이블 간의 '관련성이 있어 보인다'를 기계적으로 판단할 수 있다면 인공 신경망 연구자인 테우보 코호넌(Teuvo Kohonen)이 제안한 자기조직화 맵 등의 알고리즘을 사용해서 관련성이 있어 보이는 것을 가까운 곳에 자동으로 배치해 출력할 수 있다. 2013년 구글 연구자인 토마스 미콜로프(Tomas Mikolov)가 만든 word2vec 등을 사용해 단어나 단문의 의미를 벡터 공간에 투영하는 연구가 진행되고 있으므로 언젠가는 KJ법의 공간 배치 작업에 컴퓨터가 사용되리라 본다.

그룹 편성에는 발상의 전환이 필요

워크숍을 하면서 관찰해 보면 KJ법에서 사람들이 가장 많이 헤매는 것이 그룹 편성이다. 정보 처리에 대한 사고 방식을 크게 바꿀 필요가 있기 때문이다. 이 절에서는 어떻게 사고 방식을 바꿔야 하는지 설명한다.

■── 그룹 편성은 객관적이지 않다

포스트잇을 객관적으로 정리하려는 사람이 있지만, 바람직하지 못하다. 그룹 편성은 주관적인 것이다. 객관적으로 접근하려고 해서 예를 들면, 어떤 책에서 읽은 프레임워크(정리의 구조)를 떠올리고, 거기에 맞추어 분류했다고 하자. 이것은 객관적인 행위가 아니다. 타인이 주관적으로 만든 틀에 정보를 넣는 행위다. 자신이 수집한 정보가 아닌 남의 생각을 우선시하고 있는 것이다.

한편 자신의 주관적인 생각을 객관적인 생각이라 착각하는 사람도 있다. 이것도 위험한 상태다. 타인의 생각이 자신의 생각과 달랐을 때 자신이 객관적이고 맞는 반면 상대는 주관적이고 틀리다고 판단해 버리기 때문이다. 이 상태에 있으면 자신이 가진 생각의 틀을 벗어날 수 없게 된다.

정보를 어떻게 해석해야 하는지에 대해서는 객관적이면서 올바른 기준은 존재하지 않는다. '많은 사람이 동의하는 기준'이 있기 때문이다. 따라서 객관적이려고 노력하지 않아도 된다. 자신만의 주관적 해석을 가지는 것이 중요하다. 그리고 그것이 주관적 해석이라는 것을 잊지 않고 다른 사람이 자신과 다른 의견을 말했을 때 자신과 대등한 주관적 의견으로 받아들여서 새로운 포스트잇으로 만든다. 그리고 그 틀을 변경할 수 있는지를 모색해 나가면 되는 것이다.

■── 그룹 편성은 단계적 분류가 아니다

포스트잇을 계층적으로 분류하려고 하는 사람이 많다. 가와키타는 이것을 민주적이 아닌 통제적인 그룹 편성으로 여겨서 강하게 반대했다.

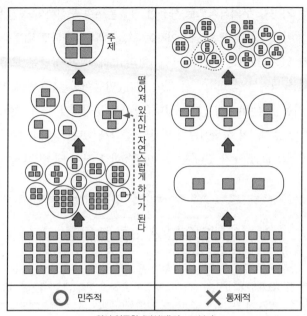

떨어져 있지만 자연스럽게 하나가 된다

○ 민주적   ✕ 통제적

앞서 언급한 《발상법》의 p.77부터

계층적으로 분류해서는 안 된다

왜 분류해서는 안 되는지 이해하는 것은 KJ법을 활용하는 데 매우 중요하다. 자세히 살펴보자.

■── 기존의 분류 기준을 사용하는 단점

분류하는 것의 단점에는 두 가지가 있다. 먼저, 기존 분류 기준에 따라서 분류하는 경우 KJ법에 의해 얻은 구조가 기존 구조와 같아진다. 예를 들어, 다양한 꽃 사진이 눈앞에 있다고 하자. 이것을 기존 생물학적 분류 기준을 따라서 분류하고 '장미과' 등의 명찰을 붙였다고 해서 새로운 구조가 만들어지는 것은 아니다. KJ법을 하는 의미가 없다.

이 작업에 의해 얻을 수 있는 것은 기존 분류를 따라서 가지고 있는 정보를 정리한 것이다. 만약 이것이 정말 원하던 것이라면 포스트잇을 나열해서 상향식으로 그룹을 만드는 것이 아니라, 분류 기준을, 예를 들어 화이트보드 등에 적어서 그것을 보면서 적절한 곳에 하나씩 데이터를 붙여 나가는 것이 효율적이다.

기존의 분류 기준을 무의식적으로 사용한 경우는 A형 도식화의 공간 배치까지는 아무 문제 없이 잘 진행되므로 착각이라는 것을 깨닫지 못하고 KJ법을 진행해 버리는 경우가 있다. 하지만 관련성을 추가하려고 해도 '이 꽃들은 모두 장미과다' 하고 테두리를 그리는 정도밖에 할 것이 없다. 만들어진 그룹 안에 자신의 경험을 근거로 하는 시점이나 이야기는 없다. 따라서 문장화가 쉽지 않아 고생을 하게 된다. 예를 들어, '이 사진에는 장미과와 콩과가 있다. 장미과에는 A, B, C가 있으며 콩과에는 D, E, F가 있다'처럼 무미건조한 문장이 돼 버린다.

C o l u m n

프레임워크에 의한 효율화

세상에는 다양한 프레임워크, 즉 사고의 틀이 존재한다. 예를 들어, '4장 모르는 것을 해결하기 위해 읽기'(134페이지)에서는 다카다의 알지 못하는 이유 네 가지를 소개했다. 이런 사고의 틀을 따르면 사고 효율은 좋아진다. 직접 틀에 대해 생각하지 않아도 되기 때문이다. '모른다'의 4분류의 예라면 여러분이 '모른다'라고 느꼈을 때 이 '모른다'는 네 가지 중 어느 '모른다'일까를 생각하므로 '모른다'의 종류가 명확해진다.

한편, 프레임워크에 의한 효율화와 프레임워크에 의한 사고가 고정화되는 것은 동전의 앞뒷면처럼 서로 떨어질 수 없는 사이다. '모르는 이유는 이 네 가지 중 하나'라고 생각해 버리면 무의식적으로 네 개 중 어느 것을 선택할지 생각해서 해당되지 않는 것을 무의식적으로 놓쳐 버린다.

변화가 필요하지 않은 상황이라면 과거의 사람이 생각한 틀을 사용해 효율화하는 것이 합리적이다. 반면, 기존 틀을 부수고 직접 새로운 틀을 만들 수 있는 힘이 없다면 변화가 필요해졌을 때 아무것도 할 수 없게 된다. 나는 가와키타가 새로운 구조를 만들어 갈 것을 강하게 원하고 있다는 것을 느낄 수 있다.

■── 사전에 분류 기준을 만드는 것의 단점

직접 분류 기준을 만드는 경우는 기존 기준을 사용하는 경우보다 '새로운 구조'가 만들어질 여지가 있다. 하지만 사전에 분류 기준을 만들어서 그것을 따라 분류하다 보면 '제대로 분류되지 않는 것'과 만나는 경우가 있다. 제대로 분류되지 않는 것과 만났을 때 '이것을 어디로 분류하면 좋지?' 하고 고민하기 쉽다. 하지만 이 고민 자체는 사실 이상한 것이다. 어디로 분류해야 하는지 판단할 수 없다는 것은 분류 기준이 적절하지 못하다는 의미다.

적절한 분류 기준을 만들려면 분류 대상에 어떤 것이 있는지 전체 모습을 파악해야 한다. 하지만 정보가 너무 많아 파악할 수 없는 상태라면 어떻게 해야 할까? 전체 모습을 파악하지 못한 상태에서 사전에 만든 분류 기준은 높은 확률로 틀렸을 가능성이 있다.

사전에 분류 기준을 만든 시점의 여러분은 '제대로 분류할 수 없는 것'에 대해 신경 쓰지 않고 있었을 것이다. 즉, '맹점'이다. '제대로 분류할 수 없는 것'과 만나서 맹점이 있다는 것을 깨닫고 기존 틀을 부수고 새로운 틀을 만들 기회를 손에 쥔 것이다. 이 타이밍에서 옛날 분류 기준을 버려야 한다.

안타깝게도 사람은 버리는 것을 잘 못한다. 사전에 만든 분류 기준이 중요하다고 생각해서 이후에 깨달은 맹점의 데이터를 경시하기 쉽다. 하지만 만약 맹점이 있는 데이터를 버리면 최종적으로 얻을 수 있는 것은 '사전에 자신이 생각한 분류 기준'과 비슷한 구조다. 이것으로는 KJ법을 사용해 포스트잇을 모으거나 그룹화하는 의미가 없다.

따라서 KJ법을 하기 위해서는 사전 분류 기준을 가지지 않는 것이 중요하다. 하지만 무의식적으로 가지게 되는 경우도 있다. 중요한 것은 사전 분류 기준이 어디까지나 임시 분류 기준으로 제대로 분류할 수 레이블이 있으면 분류 기준 쪽을 바꿔야 한다는 접근이다. 레이블에 적힌 구체적인 정보가 진짜 주체이고 그것을 어떻게 구조화하는가는 주관적 해석으로 구체적인 정보에 종속되는 것이다.

■── 분류로 부담을 줄이는 것의 이점

정보가 너무 많은 경우는 분류를 통해 일부에만 집중하므로 부담을 줄일 수 있는 이점이 있다. 예를 들어, '2장 먼저 기지를 만들어라'(56페이지)에서는 '오늘 해야 할 태스크인지 분류해서 오늘 해야 할 것에만 집중'한다는 기법을 소개했다. 유용한 테크닉 중 하나다.

나는 이 책의 원고를 작성하기 위해 700장 정도의 포스트잇을 사용했다. 이 분량은 설령 나열했다고 해도 정보를 찾는 것이 곤란하다.[24] KJ법을 익숙하게 사용한다고 해도 이 정도 분량을 다루는 것은 고통이다. 따라서 장 단위로 나누어서 집필 중인 장의 포스트잇만 보고 집필했다.

단, 이 장 단위 분류는 하향식으로 '이런 장이 있어야 한다' 하고 정한 것은 아니다. 먼저, 포스트잇을 써서 그것을 상향식으로 그룹 편성했다. 이 작업을 통해 장 단위라는 구조가 보이기 시작한 것이다. 실제로 어떻게 했는지는 '포스트잇의 수가 방대할 때 명찰 만들기'(168페이지)에서 소개한다.

▌관련성이란 무엇인가?

가와키타는 '관계성이 있어 보이는' 것을 모으라고만 설명했다. 이것도 KJ법을 배우는 사람이 포기하기 쉬운 부분이다. '관련성'이란 도대체 무엇일까?

■── 유사한 것만이 관련성이 아니다

어떤 것을 분류할 때는 비슷한 것을 하나의 그룹에 넣는다. 즉, 분류는 'A와 B가 비슷하다'라는 유사 관계에 주목하는 것이다. KJ법에서 '관련성이 있어 보이는 것을 모은다'라고 할 때 이 '관련성'은 유사 관계만을 의미하는 것은 아니다. 예를 들어, 'A라는 의견과 B라는 의견이 대립하고 있다'에서 대립도 관련성이며, 'A는 B에 포함된다'에서 포함도 관련성이다. 'A 뒤에 B가 됐다'의 시간 변화도, 'A이기에 B이다'의 인과 관계도 모두 관련성이다.

■── NM법은 대립 관계에 주목한다

그룹 편성 개념을 배우려고 할 때 가와키타의 '관련성이 있어 보이는 것'이라는 표현을 해석하기 쉽지 않다. 이것은 개선하려고 나카야마 마사카즈(中山正和)는

---

24 A4 복사 용지에 포스트잇을 빼곡하게 나열하면 1장당 포스트잇 25장 정도이므로 700장의 포스트잇의 경우 28장의 복사 용지를 나열하게 된다.

《NM법의 모든 것》[25]이란 책에서 '대립 관계'에 주목할 것을 제안했다.

예들 들어, '사내 교육'이라는 주제에 대해, 사내에서 20명의 의견을 듣고 수집한 정보가 60장의 포스트잇이라고 하자. 이 중에서 대립 관계에 있는 것을 찾는다. 사내 교육이 주제라는 것은 사내 교육에 대한 20명의 의견이 하나로 그룹화돼서는 안 된다는 것을 의미한다. 그렇다면 이 포스트잇 중에 대립 관계에 있는 포스트잇이 있어야 한다. 이 대립 관계에 주목하는 것이다.

NM법은 대립에 주목한 후 그 대립의 해소에 도움이 될지도 모르는 가설을 세우는 것이 목적이다. 이것은 정보를 모으는 방법이 아니라 새로운 가설을 만들어 내는 방법이다(자세한 내용은 다음 장에서 다룬다).

NM법에서는 대립 관계에 주목했지만, KJ법은 대립을 포함해서 어떤 관계이든 상관없다. 그룹을 만드는 단계에서는 그 관계가 어떤 관계인지 설명하지 못해도 된다. 왠지 관련성이 있어 보이는 것을 모아서 그룹을 만들고, 그 그룹의 내용을 설명해 보는 접근법이 좋다(가와키타가 제안한 것이다). 내용을 잘 설명할 수 있다면 좋은 그룹이고, 그렇지 않다면 그룹을 분해하기만 하면 된다. 이 단계에서 마음의 장벽을 만들지 않는 것이 중요하다.

■── 주제가 연결되는 관계

KJ법의 그룹은 발표 슬라이드와 비슷하다고 생각한다. 한 장의 슬라이드에 넣어서 설명할 수 있는 내용과 그렇지 않은 내용이 있다. 관련성이 없는 것을 무리해서 한 장의 슬라이드에 넣으면 설명이 잘 연결되지 않는다. 물리적으로 가까운 위치에 있는 포스트잇은 동일한 슬라이드상에 두거나 또는 시간적으로 가까이 있는 슬라이드순으로 설명하는 형태다. 자연스럽게 설명이 되도록 포스트잇을 배치하는 것이다.

---

25 《증보판 NM법의 모든 것: 아이디어 생성의 이론과 실전적 방법(増補版 NM法のすべて──アイデア生成の理論と実践的方法)》(나카야마 마사카즈 저, 산업능률대학출판부, 1980)

설명이 연결되는지 여부에 대해 구체적인 예를 들어 보겠다. 다음 두 장의 포스트잇이 있다고 하자. 이 두 장은 얘기가 연결되는가?

- A: KJ법은 시간을 무한정으로 다룬다.[26]
- B: '생각이 정리되지 않는다'와 '방이 정리되지 않는다'는 비슷하다.

나는 이 두 장을 자연스럽게 연결하는 방법을 떠올릴 수 없었다. 여기에 포스트잇 두 장을 추가해 보았다.

- C: 문화인류학자와 대부분의 사회인은 놓인 환경이 다르다.
- D: 필요할 때 바로 꺼낼 수 있게 한다.

이 네 장을 두 장씩 그룹화한다고 하면 어떻게 하겠는가? 어떻게 나눠야 하는지 정답은 없지만, 나의 주관적인 방법으로 나누면 다음과 같이 된다.

- A + C: KJ법은 시간을 무한정으로 다룬다. + (하지만) + 문화인류학자와 대부분의 사회인은 놓인 환경이 다르다. + (따라서 사회인을 위한 커스터마이징이 필요할 수도?)
- B + D: '생각이 정리되지 않는다'와 '방이 정리되지 않는다'는 비슷하다. + (방이 정리한다는 것은) + 필요할 때 바로 꺼낼 수 있게 한다. + (정보의 정리도 같을까?)

이처럼 이야기를 연결하는 것이 좋은 그룹화다. 괄호 안에 있는 것은 지금 설명을 위해서 추가한 것이다. 모은 포트스잇을 보면서 연결고리가 되는 스토리를 생각하면 새로운 정보가 만들어질 수 있다. 이 예에서는 '사회인을 위한 커스터마이징이 필요'하다는 새로운 정보가 만들어졌다. 이런 정보는 잊어버리지 않게 바로 포스트잇에 기록하자.[27]

▌묶어서 명찰을 붙이고 압축해 간다

KJ법에서는 관련성이 있어 보이는 포스트잇을 모은 후에 묶어서 명찰을 붙인다.

---

26 'KJ법은 시간을 사용하려고 하면 무제한으로 얼마든지 시간을 소모할 수 있다'라는 의도의 표현이다. 알기 쉽도록 다시 써야 하나 고민했지만, 실제로 내가 작성한 포스트잇을 소개하는 것이 좋다고 생각했다.

27 이 부분의 원고를 처음 작성했을 때는 A+B 방법을 떠올리지 못했다. 지금 다시 읽어 보고 '방의 정리도 시간을 무한으로 사용한다는 조합 방법을 떠올렸다. 이처럼 소재가 같더라도 거기서부터 무엇이 나올지는 때에 따라 달라진다.

명찰이란 해당 그룹의 내용을 설명하는 포스트잇으로 묶은 포스트잇 그룹의 가장 위에 배치한다.

포스트잇에 메모해서 화이트보드에 붙이는 것은 자주 사용되는 기법이지만, 명찰까지 만드는 경우는 잘 보지 못했다. 이유는 아마 포스트잇의 양이 많지 않기 때문일 것이다. '나열해서 보기 쉽게 하자'(153페이지)에서 소개한 것처럼 일반적인 화이트보드에 붙일 수 있는 포스트잇의 양은 의외로 적다.

가와키타에 따르면 KJ법의 준비 과정으로 두 시간의 브레인스토밍을 하면 수십 장부터 수백 장의 포스트잇이 만들어진다.[28] 브레인스토밍을 제안한 알렉스 오스본(Alex Faickney Osborn)은 저서에서 브레인스토밍의 규칙에 대해 '엄밀하면서 정확하게 진행돼야 하는 유일한 규칙은 제안된 모든 아이디어를 기록하는 것'이라고 말했다.[29] 두 시간의 브레인스토밍으로 모든 아이디어를 기록하고. 1분에 평균 한 장의 포스트잇을 만든다면 120장이 된다. 충분히 있을 수 있는 일이다.

개인적인 경험으로는 120장 전후의 포스트잇이 있으면 KJ법을 사용할 수 있다. 이 장의 서두에서 먼저 정보가 많은지 적은지를 식별하라고 설명하면서 포스트잇 100장을 목표로 하라고 설명한 것은 이것을 의식한 것이다. 다음은 충분한 양의 정보가 기록돼 있는 상태에서 명찰 만들기가 어떤 기능을 하는지 배워 보자.

■── 명찰 만들기의 장단점

그룹을 만들어서 명찰을 붙이는 것에는 장단점이 있다. 장점은 보이는 포스트잇 수가 줄어든다는 것이다. 사람은 정보가 많으면 쉽게 지친다. '정보가 많다'고 하는 고통을 해소하려면 메모해서 구체적인 양을 명확하게 해야 한다. 그 결과 예를 들어, 100장의 포스트잇을 얻을 수 있는 것이다. 다음은 이 정보 과다의 고통을 해소하기 위해서 묶어서 보이는 장 수를 줄여 나가는 것이다. 5장의 포스트잇이 한 장으로 모아지면 처음 100장이었던 것도 20묶음으로 바뀐다.

---

28 장시간의 경우에 300장이 될 때도 있지만, 그것을 정리하려고 하면 고지식한 사람은 노이로제에 걸릴 수도 있다.
29 《Your Creative Power》(알렉스 F. 오스본 저, Read Books, 2007)

한편 단점은 묶어 놓은 것의 내용을 보는 데 시간이 많이 걸린다는 것이다. 명찰 만들기는 정보의 열람성을 희생해서 처리해야 하는 정보의 양을 줄이는 작업인 것이다. 따라서 가능한 한 희생이 적도록 명찰에 그룹의 내용을 잘 설명하는 문 장을 기록해야 한다.

■── 명찰을 만들 수 있는 그룹이 좋은 그룹

명찰에 좋은 설명을 작성하기 위해서는 그룹 작성의 단계에서 분류를 하지 말아야 한다. 예를 들어, A~E 5장의 포스트잇을 '이것은 문제의 원인이야, 이것도 문제의 원인이야' 하고 생각해서 그룹으로 만들었다고 하자. 이 그룹에 어떤 명찰을 붙일까? 공통점이 문제의 원인이라는 것밖에 없으므로 '문제의 원인'이라는 명찰을 붙여야 하지만, 이 명찰에서는 그룹의 내용을 전혀 알 수 없다.

명찰에 제대로 설명을 기입할 수 없었던 것은 5장의 포스트잇에 '문제의 원인이다' 이외의 공통점이 없었기 때문이다. 이 5장을 그룹으로 만드는 것이 잘못된 것이다. '이 A와 관련성이 있어 보이는 포스트잇은 없나?'를 생각해서 A'나 A"를 찾아 그룹으로 만들어야 한다.

그룹화 방법을 잘 모르겠다는 독자는 꼭 적당한 그룹을 만들어서 명찰 만들기에 도전해 보자. 내용을 잘 요약해서 명찰을 만들 수 있는 그룹과 그렇지 않은 그룹의 차이를 실감할 수 있을 것이다. 잘 요약할 수 있는 그룹이 좋은 그룹이다. 이 연습을 통해 좋은 그룹을 편성하는 기술을 익힐 수 있다.

■── 포스트잇의 수가 방대할 때 명찰 만들기

명찰 만들기는 포스트잇의 수가 많은 경우에 매우 유용하다. 장 수가 150장을 넘으면 나열하더라도 정보를 찾기가 어렵다는 것을 느낀다. 묶어서 명찰을 만들면 정보 홍수에서 오는 고통을 완화할 수 있다.

구체적인 예로 이 책이 만들어진 과정을 소개하겠다. 먼저, 이 책에 포함되면 좋을 주제를 메모했다. 메모한 후에 세어 보니 600장 정도였다. 이 경우 전부를 펼쳐서 확인하는 것은 어렵다.

그래서 먼저 펼칠 수 있는 것만큼만 펼쳤다. 약 150장 정도였다. 그리고 거기에 그룹을 만들고 명찰을 붙이는 작업을 했다. 대략 어떤 정보가 있는지 파악할 수 있었다. 묶는 과정을 통해 공간에 여유가 생기므로 거기에 포스트잇을 계속 추가한다. 그리고 다시 그룹 편성을 한다. 이미 묶은 것과 새로운 포스트잇이 관련성이 있고, 해당 명찰이 새로운 포스트잇의 설명으로도 적합하다면 해당 포스트잇을 묶음에 추가한다.[30] 다르다고 생각하면 단순히 나열해 두었다가 적절한 시점에 새로운 명찰을 붙여서 묶는다.

이 작업을 하다 보면 정보를 탐색할 수 있는 정도의 분량으로 줄어든다. 이것을 보고 '어떤 장을 만들지'를 임시로 결정한다. 장 간의 관련성이나 장이 어떤 순서로 나열되면 좋을지를 이 상태에서 생각한다. 600장의 포스트잇은 십여 장으로 나뉜다.

이렇게 만들어진 정보의 묶음을 관찰한 후에 재구성한다. '주제 A와 주제 B는 다르지만, 굳이 말하자면 A의 일부가 B다. 병합할 수는 없을까'나 '주제 C는 독립된 장으로 만들 정도의 분량이 아니므로 관련성이 강한 주제 D의 칼럼으로 삽입하는 것이 좋을지도' 등등을 생각하게 된다. 예를 들어, 이 단계에서는 '명상'이라는 장이 있었지만, 다른 장과 연결하는 것이 어려워서 지웠다. 이렇게 해서 이 책의 목차가 만들어진 것이다. 그후 포스트잇 묶음을 장별로 나누어 다시 펼쳤다가 각 장의 내용을 그룹화했다. 이때는 포스트잇이 700장 정도로 늘어나 있었지만, 10개로 그룹화하니 70장 정도가 돼서 충분히 처리할 수 있는 양이 됐다.

1장에서 추상화, 모델화, 패턴의 발견 프로세스를, 정보를 쌓아 올려서 피라미드를 만드는 것이라 설명했다. 피라미드형으로 쌓아 올리려면 먼저 토대가 될 돌을 모으고 그 위에 돌을 쌓을 필요가 있다. 마찬가지로 정보를 쌓아 올리려면 먼저 토대가 될 정보를 모으고 그 위에 정보를 쌓아야 한다. KJ법의 명찰 만들기도 먼저 구체적인 포스트잇을 많이 준비해서 모으고, 그 위에 '명찰'을 올리는 작업이다. 매우 비슷하다는 것을 알 수 있다.

---

30 엄밀하게 생각하면 '묶음을 펼쳐서 내용을 비교해야 한다'는 기분이 들 수 있지만, 번거로우므로 하지 않는다. 묶은 포스트잇을 전개하는 것은 물리적인 수고를 요하므로, 전사적 장치로 KJ법을 실행해서 원터치로 내용물을 확인할 수 있다면 그렇게 하는 것도 좋다.

■── '생각이 정리되지 않는다'와 '방이 정리되지 않는다'는 비슷하다

KJ법을 모르는 사람에게 명찰 붙이는 작업을 어떻게 설명하면 좋을지 고민하다가 떠오른 것이 방 정리이다. 정리돼 있는 방은 예를 들어, 볼펜이 필요한 경우 바로 찾아서 사용할 수 있는 준비가 돼 있다. 스탠퍼드 대학의 로버트 혼(Robert E. Horn)[31]은 저서 《정보 디자인 원론》에서 정보 디자인을 '정보를 사람이 효율적이면서 효과적으로 사용할 수 있는 형태로 준비하는 기술과 지식'이라고 정의했다.[32] 즉, 방 정리와 정보 디자인은 모두 필요할 때 바로 사용할 수 있도록 준비하는 것이라는 점에서 비슷하다.

정리란 어떤 대상을 어떤 형태로 만드는 것일까? 구체적으로 생각해 보자. 예를 들어, 필기 도구를 모아서 서랍에 넣는다. 그리고 '필기 도구'라는 레이블을 붙인다. 이것은 바로 관련성이 있어 이는 것을 모아서 그룹을 만들고 거기에 명찰을 붙이는 것과 같다.

Column

명찰과 포스트잇의 색

명찰을 다른 포스트잇과 어떻게 구분해야 하는지 질문을 받곤 한다. 여러분이 하고 싶은 대로 하면 되지만, 참고할 수 있도록 내가 사용하는 방법을 소개하고자 한다.

먼저, 포스트잇의 색으로 구분하는 것은 하지 않는다. 이것을 하면 보기는 좋지만, 여러 색의 포스트잇을 나누는 것이 귀찮다. 한때는 명찰의 문장에 빨간색 사인펜으로 외곽선을 그리곤 했다. 하지만 이것도 빨간색 사인펜을 준비하는 것이 귀찮아져서 관뒀다. 지금은 그냥 검정색 볼펜으로 사용해서 명찰의 문장에 외곽선을 그리고 있다. 명찰의 명찰은 이중으로 외곽선을 그린다. 화려하지는 않지만 실용적이며 한 가지색 포스트잇과 볼펜 한 자루만 있으면 실행할 수 있다.

내가 KJ법을 사용하는 이유는 혼자서는 도저히 감당할 수 없는 정보를 도구를 사용해 인지 능력의 한계를 끌어올려 처리하기 위해서다. 따라서 색에 의미를 부여해서 사용할 여유가

---

31 혼은 Information Mapping이라 불리는 정보의 가시화와 분석 기법을 개발했다.

32 《정보디자인 원론(Information Design)》(로버트 제이콥슨 편집, MIT press, 2000) (로버트 혼은 저자 중 한 명)

없다. 단색의 포스트잇을 사는 것이 어찌 보면 인지적 부하가 낮아질 수도 있다. 최근 단색의 포스트잇 4,000장 정도를 한 번에 구입했으므로 실제로 부하가 낮아지는지 실험해 볼 예정이다.

한편, 색이 다른 포스트잇을 신경 쓰지 않고 사용하는 스타일에는 이점이 있다. 시간적으로 분산해서 메모할 때 색을 신경 쓰지 않고 포스트잇을 사용하면 동일한 시점에 메모한 내용은 동일 색일 확률이 높다. 그 결과 KJ법으로 모은 그룹에 여러 색이 있으면 시간적으로 떨어져 있는 아이디어가 결합했다는 것을 알 수 있다.

정리하기 기술로 '수납 장소에 분류 레이블을 먼저 붙이지 마라'는 것이 있다. 예를 들어, 필기 도구를 정리하다 보면 검정색 펜만 서랍을 다 채우는 경우도 있다. 이런 관찰된 결과를 바탕으로 '검정펜', '그 외 필기 도구'라는 명찰을 만들 필요가 있다. 전체 모습을 파악하지 않고, '이러한 것이 이 정도 있을 거야' 추측해서 분류 레이블을 붙여 버리면 필기 도구 서랍에 필기 도구가 다 들어가지 않아 다른 서랍에 옮기려고 해도 이미 거기에 또 다른 레이블이 있어서 넣지 못하는 상태가 발생한다. 따라서 분류 레이블을 먼저 붙여서는 안 된다.

또한, 동일한 필기 도구라도 연필과 지우개는 함께 사용하는 경우가 많다. 한편, 지우개와 사인펜은 함께 사용하지 않는다. 연필과 사인펜은 모두 '쓰는 것'이지만 그런 관점에서 분류하는 것보다 함께 사용하는 것을 가까이 두는 것이 사용하기 편리하다. '효율적이면서 효과적인 형태로 준비'하는 것이 목적으로 분류하는 것이 목적이 아니라는 것을 명심해야 한다.

나는 실패한 예로 '공구' 상자에 납땜 인두를 넣어 둔 적이 있다. 이때 납땜용 납을 다른 상자에 넣어 두었던 것이다. 인두로 작업을 하려면 양쪽 상자를 모두 열어서 꺼낼 필요가 있다. 지금은 납땜에 필요한 인두와 납 그리고 관련 도구를 한 상자에 정리해 두고 있다.

지식의 일치성

지식이 맞다는 것은 무엇에 의해 보장되는 것일까? '책에 그렇게 써 있다'가 보장해 주지는 못한다. 여러분이 실제로 경험한 것은 그 경험 자체와 관찰한 사실까지는 맞지만, 그것을 사람이 해석해서 의미를 붙인 것은 맞다고 보장할 수 없다.[i]

실험할 수 있는 분야에 대해서는 '이 해석이 맞다면 이 실험 결과는 이렇게 되겠지만, 실제로는 그렇게 되지 않았다' 하는 반증을 할 수 있다. 1장에서는 프로그래밍을 배울 때는 자신의 해석에 근거해서 프로그램을 작성하고, 그 실행 결과를 관찰해서 이해한 것을 검증할 수 있다고 얘기했다. 이것은 틀린 것은 찾을 수 있지만, 맞다는 것을 보장해 주지는 않는다.[ii]

그러면 실험이 불가능한 분야에서는 어떻게 해야 할까? 그런 분야에서 사용할 수 있는 기준 중 하나가 다양한 것과 일치하는지를 보는 것이다. 이것도 맞다는 것을 보장해 주지는 않지만, 유익한 기준이다. 여러 가지와 일치한다는 지식은 응용 범위가 넓기 때문이다.

예를 들어, 서로 다른 저자가 집필한 책에서 어떤 지식이 일치한다면 해당 지식은 분명 맞을 가능성이 높다. 책에 있는 지식이 자신의 경험가 일치한다면 쉽게 납득할 수 있다. 강연을 한 경우에는 강사가 한 얘기가 청중의 경험과 잘 일치한다면 청중이 매우 즐거워할 것이다.

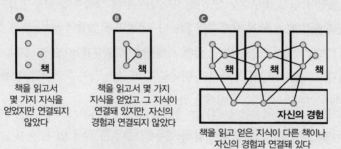

A 책을 읽고서 몇 가지 지식을 얻었지만 연결되지 않았다

B 책을 읽고서 몇 가지 지식을 얻었고 그 지식이 연결돼 있지만, 자신의 경험과 연결되지 않았다

C 책을 읽고 얻은 지식이 다른 책이나 자신의 경험과 연결돼 있다

책 속의 지식이 자신의 경험과 연결되면 좋다

---

i 1장에서 아인슈타인의 그림을 소개했다.

ii 계산기 과학자인 에츠허르 데이크스트라(Edsger Wybe Dijkstra)는 "테스트를 사용해 버그의 존재를 증명할 수 있지만, 버그의 부재는 증명할 수 없다"라고 말했다.
   출처: 《프로그래밍 수련법(The Practice of Programming)》(브라이언 W. 커니핸, 롭 파이크 공저, 김정민, 장혜식, 신성국 공역, 인사이트, 2008년)

책을 읽고 밑줄을 긋거나 별도로 기록하는 사람이 많다. 이 기록을 포스트잇으로 만들어 그룹 편성을 해보면 매우 좋은 학습이 될 수 있다. 화려한 문장에 이끌려 기록한 문장이 좀처럼 다른 지식과 연결되지 않고 따로 노는 것을 볼 수 있다. 반대로 전혀 멋은 없는 문장이지만, 사실은 여러 책의 정보를 연결해 주는 매우 중요한 지식을 발견하는 경우도 있다.

책을 읽고 포스트잇을 만들고 그룹 편성을 해보자. 이 검증 활동을 통해서 여러분이 메모한 문장이 다른 것과 쉽게 연결되는 높은 수준의 지식인지 또는 그렇지 않은 지식인지를 쉽게 알 수 있다. 이를 반복하므로 여러분은 '다양한 것과 일치할 것 같은 지식'을 찾아내는 기술을 향상시킬 수 있다.

'다양한 것과 일치할 것 같은 지식'을 수집해서 거기에 KJ법을 사용하면 어떤 일이 벌어질까? '관련성이 있어 보이는 것'을 그룹으로 만들고, 거기에 명찰을 붙이는 것은 일치할 것 같은 지식을 조합해서 왜 일치하는지를 언어화하는 작업이다. 이것은 반복하면 지식 사이의 일치도가 늘어나서 머릿속에 밀접하게 연결된 지식의 네트워크가 구축된다. 개인적으로 이렇게 만들어진 네트워크의 유용성은 매우 높다고 본다.

▌묶은 포스트잇을 다시 펼친다

KJ법의 지금까지 단계에서는 포스트잇을 그룹화하는 방향으로 진행했다. 정보를 점점 압축해 온 것이다. 여기서는 전환하도록 하겠다. 최종적인 결과는 문장이나 슬라이드를 만들기 위해 압축한 것을 펼치는 것이다.

먼저, 묶은 포스트잇을 그대로 둔 채 습자지 같은 것에 나열한다. 이때 가장 안정돼 보이는 구도를 시행착오를 통해 찾는다. 이것이 되면 묶은 포스트잇을 펼쳐서 한 단계 아래의 포스트잇을 꺼낸다. 이 포스트잇을 주변의 포스트잇과의 관계를 고려하면서 안정된 구도로 배치한다. 이것을 반복해서 모든 묶음을 펼친다.

다음은 도식화 단계다. 펼쳐서 공간적으로 배치된 포스트잇을 살펴보고, 그룹화된 포스트잇을 원으로 감싸거나 그 원과 다른 원 사이에 화살표를 그린다.

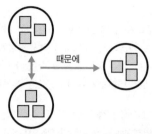

때문에

포스트잇 주변에 쌍방향 화살표나 단방향 화살표를 그린다

화살표는 예를 들어, 'A이므로 B'라는 관계나 'A라는 의견과 B라는 의견이 대립한 다' 등의 관계를 표현하기 위한 것이다. KJ법은 다양한 관계를 단순히 포스트잇을 가까이 배치해서 표현한다. 따라서 배치에서는 표현되지 않는 것을 표현하기 위해서 나중에 추가로 그리는 것이다.

이렇게 하면 관련성이 있어 보이는 것이 가까이 위치하도록 공간적으로 배치되며, 외곽선이나 화살표 등을 그린 '도식'이 만들어진다.

▎문장화해서 출력

마지막 과정 'B형 문장화'는 이 도식을 가지고 문장을 만들어 설명하는 작업이다. 지금까지 만들어진 도식은 정보가 2차원 공간상에 배치됐다. 하지만 책의 목차 안을 만들려면 이것을 트리 형태의 구조로 만들어야 한다. 그리고 문장으로 만들려면 1차원의 단어를 나열해야 한다.

이런 형식의 변환 작업은 사실은 매우 유익하다. 문장으로 만들려고 하면 이야기가 잘 연결되지 않기 때문이다. 도식은 대략적인 전체 모습을 파악하는 데 유용하다. 하지만 연결이 잘 돼 있지 않으면 그것을 찾기가 쉽지 않다. 예를 들어, 도식상에서는 'A이므로 B이다'로 설명할 수 있었지만, 문장으로 작성해 보면 논리 전개가 어렵다고 느낄 수도 있다. 이것은 학습 기회. 모자란 것(맹점)을 찾았다면 그것을 메꿀 기회가 찾아오는 것이다.

문장이 상세한 관계를 기술할 수 있다면 도식이 필요 없다고 생각할 수도 있다.

하지만 문장의 세부적인 곳에 집중하다 보면 전체적인 균형 감각을 잃을 수도 있다. 전체를 조감하는 새의 눈과 세부에 주목하면서 착실하게 진행해 가는 벌레의 눈, 이 양쪽을 바꿔 가며 사용하는 것이 중요하다. KJ법은 이 시점의 전환을 의식적으로 실시하는 방법이라고 할 수 있다.

이렇게 KJ법을 통해서 단편적인 100장의 포스트잇을 1차원 문장으로 만들었다. 문장이 만들어지면 타인에게 설명해서 피드백을 얻을 수 있게 된다. 학습 기회가 되는 것이다. 또한, '4장 사람에게 가르치기'(145페이지)에서 설명한 것처럼 타인에게 설명하려고 하면 자기 자신의 기억도 강화된다. 또한, 여기서 만든 문장이나 슬라이드는 장래의 복습을 위한 교재가 될 수 있을 것이다.

사회인을 위한 튜닝

가와키타는 문화인류학자다. 즉, '생각을 정리하는 것'을 업으로 하는 사람이다. 그는 생각을 정리하기 위해 많은 시간을 할애할 수 있는 입장에 있다. 한편, 대부분의 사회인은 만성적으로 시간이 부족한 상황에 놓여 있다고 생각한다. 따라서 원래 KJ법을 그대로 적용해서는 현재 사회인의 필요를 채워 줄 수 없다. 상황이 바뀌면 거기에 맞게 방법론을 다시 설계해야 한다.

KJ법을 정해진 시간, 짧은 시간에 할 수 있도록 설계를 변경해 보자.

단계의 생략

먼저 단계를 생략할 필요가 있다.

명찰 만들기는 반드시 해야 하는 것은 아니다. 분량이 너무 많아서 고통을 느끼고 있는 경우에 필요한 대책이다. 가와키타는 그룹 수가 적어질 때까지 명찰 만들기와 그룹화를 반복할 것을 제안했지만, 이것을 몇 번 경험해서 좋은 그룹 편성이 무엇인지 이해했다면 보통의 작업에서는 하지 않아도 된다. 나는 600장의 포스트잇을 가지고 책의 목차안을 만들 때 명찰 만들기를 했지만, 장 단위로 나눈 60~100장 정도의 포스트잇은 명찰을 만들지 않고 직접 공간 배치를 했다.

도식화도 필수는 아니다. 몇 번의 경험을 통해 방법을 습득해서 필요할 때 사용할 수 있게 되면 유용하다. 하지만 필요하다고 느끼지 않는 때는 하지 않는다. 나는 포스트잇의 공간 배치만으로는 표현할 수 없는 것을 기록할 때만 도식화를 한다. 예를 들어, 두 개의 그룹이 상호 대립 관계에 있다거나 특정 그룹을 얘기한 후 다른 그룹을 얘기하려고 하는 경우 도식화한다. 자신이 필요성을 느꼈을 때만 하면 되는 것이다.[33]

▌중단 가능한 설계

다음은 중단 가능한 설계에 대해 생각해 보자. 이것은 특히 사회인에게 중요하다. 나는 전업 저술가가 아니라서 보통 때는 일을 하면서 휴일이나 밤에 집필을 한다. 책 한 권을 작성하는 데 1~2년 정도 걸리지만, 그 기간 동안 집필에만 전념하는 것은 아니다. 따라서 책상에 포스트잇을 펼쳐 놓은 상태로 둘 수 없다.

메모하기 법은 중단 가능하게 만드는 것이 쉽다. 작은 포스트잇을 가지고 다니면서 자투리 시간에 메모하고, 그것을 클리어 파일에 넣어서 서류함에 저장한다. 문제는 책상이나 화이트보드의 표면이 중요한 리소스라는 것이다. 포스트잇을 펼치는 단계에서 책상이나 화이트보드에 직접 펼치면 중단할 때 정리하는 것이 곤란해진다. 이때 나열한 것을 다시 묶으려면 괜한 짓을 했다는 생각이 들고, 정리하는 것 자체도 시간이 걸린다.

그 대책으로 나는 A4 용지에 붙여 둔다. 처음 펼쳐서 살펴보는 단계에서 A4 용지에 빼곡하게 나열해서 붙인다. 내가 사용하는 50mm × 38mm 포스트잇이라면 A4 용지에 25장을 붙일 수 있다. 포스트잇이 100장이면 4장의 A4 용지에 꽉 찬다. 이것을 목록 용지라고 부르기로 하자.

---

33 1장에서 YAGNI 원칙을 배웠다. 필요하지 않는 것은 하지 말아야 한다.

다음 관련성이 있어 보이는 것을 가까운 곳으로 이동시키는 단계에서는 새로운 종이를 사용한다. 목록 용지를 보고서 관련성이 있어 보이는 짝을 찾았다면 그 두 장을 떼어 내서 새로운 종이에 붙인다. 기존 KJ법에서는 A형 도식화 시점에 처음으로 습자지에만 붙이지만, 이 방법은 처음부터 종이에 붙이므로 필요하면 쉽게 그림을 추가할 수 있다.

이 방법이라면 중단하고 싶을 때에도 A4 용지를 보관하면 되므로 정리가 손쉽다. A4 용지를 보관하고 필요한 때 바로 꺼낼 수 있게 해주는 도구는 싼 가격에 쉽게 구할 수 있다. 예를 들면, 클리어 파일이나 종이 폴더 등이 있다. 또한, A4 용지 자체도 쉽게 구할 수 있다. 예를 들어, 인쇄물의 뒷면을 사용해도 되고, 뒷면이 없다면 100장 정도가 들어 있는 프린터 용지를 구매하는 방법도 있다. 필요한 때 종이가 모자라면 시간 낭비이므로 충분하게 준비해 두면 좋다.

▎A4 서류의 정리법

경제학자인 노구치 유키오(野口悠紀雄)는 밀어내기 파일링에서는 A4 용지가 들어가는 봉투를 많이 준비해서 서류를 봉투에 넣는다. 봉투에는 안에 있는 내용물의 설명을 쓴다. 그리고 새롭게 추가한 봉투와 꺼내서 사용한 봉투는 가장 끝으로 이동시킨다. 이를 통해 자주 사용하는 것이나 최근 사용한 것이 한쪽 끝에 모이게 되고, 다른 한쪽은 잘 사용하지 않는 것이 모이게 된다. 컴퓨터 파일을 예로 들면, 변경 시간순으로 정렬하는 것이다.[34]

밀어내기 파일링은 1993년에 제안된 것이다. 이 시대는 개인용 컴퓨터가 지금만큼 보급되지 않았으며, 스마트폰도 없던 시절이었다. 이후 25년이 지나서 많은 사람이 스마트폰 등을 가지고 다니며 언제든지 디지털 데이터에 접근할 수 있게 됐다. 이런 상황에 기반해서 사용자 인터페이스 연구자인 마스이 도시유키(增井俊之)는 디지털 데이터 이용을 전제로 한 정리법을 2013년에 제안했다. '클리어 파일 정리법'이라고 하는 것이다.[35]

---

34 《초정리법-정보 검색과 신시스템(『超整理法──情報検索と発想の新システム』)》(노구치 유키오 저, 중앙공론신사, 1993)

35 http://masui.blog.jp/archives/397102.html

클리어 파일 정리법에서는 클리어 파일에 크게 번호를 적어 두고 서류를 그 파일에 넣는다. 그리고 해당 번호와 내용물의 대응 관계는 디지털 데이터로 저장해 둔다. 클리어 파일은 나열 순서를 바꾸지 않고 항상 번호순으로 보관한다. 이렇게 하면 찾고자 하는 것의 번호는 디지털 데이터를 검색하면 금방 알 수 있다. 예를 들어, 38번이라는 것을 알았다면 번호순으로 나열돼 있는 클리어 파일 중에서 38번을 찾으면 된다. 어떤 것이 어디에 있는지의 정보는 디지털 데이터로 관리하므로, 검색 등의 정보 처리 기술을 활용할 수 있다.[36]

나는 집필 중인 장의 포스트잇만은 휴대용 서류 케이스에 넣어서 항상 들고 다닌다. 새롭게 작성한 포스트잇을 보관하거나 짧은 대기 시간에 그 포스트잇을 A4용지에 붙이거나 한다.

반복하는 것이 중요

'3장 기억과 근육의 공통점'(84페이지)에서는 반복하는 것이 기억을 만들기 위해서 중요하다고 설명했다. 또한, '만드는 과정을 통해 깊이 있게 이해한다'(104페이지)에서는 의미에 관해 생각하는 등 인지적으로 고도의 작업을 하는 것이 기억에 남기 쉽다는 것을 설명했다. KJ법은 인지적으로 고도의 처리로 이것을 반복하므로 효율적으로 기억을 만들 수 있다.

KJ법을 반복한다

가와키타는 KJ법은 한 번하고 끝나는 것이 아니라 몇 번이고 반복하는 것이라고 했다. 나도 KJ법을 몇 번이고 반복하거나 시간을 두고 다시 하는 것에 가치가 있다고 느낀다. KJ법을 통한 지식은 잘 관리된 밭과 같은 것으로 새로운 씨가 뿌려지면 잘 자라난다. 방치해 두면 너무 자라서 경관을 해치므로 정리하고 싶어진다.

---

36 이 방법은 물리적인 공간에서 물건을 정리하는 방식을 완전하게 분리한 것이 재미있는 부분이다. 물리적 공간은 번호와 사물을 매칭해서 보관하기 위해서만 사용된다.

또 다른 예로, KJ법을 통한 지식은 잘 정리된 필통과 같다. 그 자체로도 사용이 쉬워서 반복해서 사용하게 된다. 문구와 달리 지식은 사용하면 비슷한 지식이 모이게 된다. 즉, 비슷한 문구가 점점 늘어나는 것이며, 늘어난 문구도 필통에 넣고 싶어진다. 새로운 문구를 추가하려면 필통을 다시 정리하고 싶어진다.

█ 반복의 시발점

이처럼 반복해서 KJ법을 사용하는 것은 유용하지만, 지금부터 KJ법을 시작하려고 생각한 사람에게 '반복이 필요하다'고 말하는 것은 목표를 애매하게 만들기 때문에 좋지 않다. 처음부터 반복하려고 생각하지 않아도 된다. 예를 들어, 프레젠테이션이 목적이라면 슬라이드를 만들어서 발표하고 해당 슬라이드를 공개하면 목표 달성이라고 생각해도 상관없다.

강연 슬라이드를 인터넷상에 공개해 두면 그것을 본 사람이 '이 내용으로 강연을 부탁하고 싶다'거나 '책으로 만들어 보자' 하는 의뢰가 오는 경우가 있다. 인터넷상에서 언급된 것을 알거나, 만난 사람이 '그 기사를 읽었어요' 하고 언급하거나 한다. 공개해 두면 타인이 시발점이 되는 것이다. 그리고 그 빈도는 공개한 것의 사회적 가치가 높을수록 높은 빈도가 된다.

이렇게 언급됐을 때 다시 읽어 보고 약간 재구성하고 싶다고 생각하는 때가 있다. 이것은 다시 KJ법을 할 기회다.

█ 증분 개선

타인에게 반복의 시발점을 의존하는 방법 외에도 3장에서 소개한 슈퍼메모 (SuperMemo)의 개발자 워즈니악이 제안한 증분 쓰기(Incremental Writing)가 있다. 작성한 문장이 간격 반복법으로 점점 길어지는 간격에서 제시되는 것이다.

페이스북 등의 SNS가 가지고 있는 수년 전의 동일 날짜에 등록한 내용을 제시하는 기능도 시발점으로의 효과를 발휘한다. 과거에 자신이 작성한 문장이 지금 자신에게 자극을 주는 것이다. 예를 들어, 3년 전에 자신이 적은 문장을 지금 보고서 현재에도 중요하다고 생각했다면, 현재의 자신이 더 잘 수정해서 글을 재등록한다.

나는 이 책의 집필 계획 중에 증분 쓰기를 잠시 테스트해 본 적이 있다. 제시된 문장의 자극으로 출력이 빨라지는 감각은 분명 흥미로운 것이었다. 반면, 정해진 시간 내에 정해진 분량의 원고를 작성해야 하므로 종이책 출판 프로세스와는 맞지 않는다고 판단했다.[37]

'3장 지식을 오래 유지하는 간격 반복법'(95페이지)에 배운 것처럼 간격을 넓혀서 제시하는 것은 장기 기억을 단련시킬 때 유용하다. 마감일이 있는 집필이 아닌, 장기적으로 자신을 단련하는 것에 적합하다.

과거의 출력을 다시 그룹으로 편성

내가 위에서 설명한 포스트잇 보관 방법을 발명하기 전에는 발표가 끝나면 바로 포스트잇을 버렸었다. 이런 상태에서 해당 발표를 다시 해달라는 요청이 있다면 어떻게 해야 할까? 특히 대상이 약간 다르거나 추가적인 주제를 의뢰받는 등 슬라이드를 수정해야 하는 상황이면 어떻게 할까?[38]

기본적으로는 다시 메모하기 법부터 하면 된다. 물론 손으로 메모하기를 해도 된다. 나는 발표 슬라이드를 A4 한 장에 25개의 슬라이드가 인쇄되도록 하는 프로그램을 만들었다. 이렇게 출력한 용지에 25장의 포스트잇을 붙이면 한 장의 슬라이드가 한 장의 포스트잇과 거의 동일한 크기가 된다. 나는 한 시간의 강연에 대략 100페이지 정도의 슬라이드를 사용하므로 전부 출력해서 한 장씩 잘라 내면 바로 그룹 편성을 할 수 있다. 이 과정에서 새로운 생각이 떠오르면 포스트잇을

---

37 2018년 현재 가장 좋아하는 서비스는 스크랩박스(Scrapbox)라는 위키 형식의 서비스다(https://scrapbox.io). 자신이 작성한 문장 중 중요하다고 생각하는 부분을 표시해 두면 이후에 다른 곳에 표시하려고 할 때 과거 표시 페이지와 제목 등이 자동으로 보여진다. 이를 통해 과거에 자신이 작성한 문장을 보고 다시 읽기나 개선의 시발점이 될 수 있다.

38 이것은 실화로, 고등학교에서 강연한 내용을 나고야대학이나 수도대학에서 강연해 줬으면 하는 의뢰를 받은 적이 있다. 또한, 프로그래밍 언어 파이썬의 학회인 PyCon JP에서 기조 강연한 내용에 대해 KJ법과 U 이론 얘기를 추가로 얘기해 주었으면 한다는 부탁을 받은 적도 있다.

추가하고 반대로 '이것은 이번 청중에게는 적당하지 않아' 하는 것은 제외해 둔다.

하지만 이 방법은 출력한 종이를 자르는 작업이 귀찮다. 또한, 포스트잇과 달리 뒷면에 접착 부분이 없어서 붙여서 가지고 다니는 것이 불편하다. 풀을 사용해 봤지만, 쉽지 않았다. 언젠가는 전자적인 방법으로 바꾸고 싶다고 생각하고 있다.

▌전자화

나는 스마트폰을 사용한 전자적인 메모하기를 하고, 나중에 PC의 브라우저상에서 KJ법을 하는 프로그램을 2013년에 만들었다. 당시에는 모니터가 너무 작아서 가독성이 낮았고, 가독성을 확보하려면 종이가 좋다고 생각해서 결국 사용하지 않게 됐다. 또한, 그림을 그리는 것도 쉽지 않았다.

이 책을 집필하고 있는 2018년, 펜 입력 장치의 기능이 고급화되고 있다. 또한, 가로 70cm, 세로 50cm 크기의 액정 모니터가 사무실용으로 판매되고 있다. 이 화면 크기라면 보통 때 사용하는 포스트잇의 경우 빼곡하게 나열하면 가로 14장, 세로 10장의 140장을 붙일 수 있다. 화면 크기가 두 배 정도 커지면 화면상에서 KJ법의 공간 배치를 하는 것도 현실적이 될 것이다.

2013년에 내가 만든 프로그램은 공동 편집이 가능한 것이었지만, 사내에서 실험해 본 결과 공동 편집은 크게 필요 없었다. 이것은 '생각을 정리한다' 프로세스가 개인 주관에 근거해서 개인의 내면과 대화하며 하는 것이기 때문이다. 또한, 포스트잇의 배치에는 언어화되지 않은 정보가 포함되므로 타인이 배치한 것을 다른 사람이 보면 배치 의도를 알 수 없어서 불필요하다고 판단해 버리는 경우도 있다. 포스트잇 배치를 여러 사람이 공유한다면 함께 보면서 긴밀한 대화를 통해 배치를 수정하는 것이 좋다.

정리

이 장에서는 '생각이 정리되지 않는다'는 고민을 해결하기 위해서 먼저 메모해서 충분한 정보가 있는지 확인하고 메모한 것을 책상 위에서 물리적으로 정리해 가는 방법을 배웠다. 이 방법은 내가 실제로 책의 원고나 강연 자료 등을 만들 때 사용하고 있는 방법으로 집필의 생산성이 크게 올라가는 것을 실감했다.

이 장 중에서도 '기록하고 나서 생각할 것', '작성한 것은 상향식으로 그룹 편성할 것', '그룹을 잘 요약한 명찰을 붙일 것' 등 세 가지는 지적 생산에서 중요한 프로세스다. 하향식으로 분류하는 것이 아니라 상향식으로 그룹을 편성하는 것이 왜 중요한지 원리 원칙을 매우 강조했다.

이 장에서는 소개한 기법은 1964년에 고안된 KJ법을 기반으로, 1980년에 판매되기 시작한 포스트잇을 사용해서 사회인인 내가 2011년부터 2018년에 걸쳐 본업을 겸해 가며 집필하는 싱황에 맞추어 커스터마이징한 것이다. 여러분도 이 책에 적혀 있는 기법을 그냥 가져다 따라 하는 것이 아니라 원리를 이해해서 자신의 상황에 맞게 커스터마이징해서 사용해 보면 좋을 것이다.

제 **6** 장
아이디어를
떠올리려면

지금까지 학습 방법이나 의욕을 유지하는 태스크 관리, 정보의 입력과 기억 방법 등을 배웠다. 이 장에서는 아이디어를 어떻게 만들어 내는지에 관해 설명한다.

'지적 생산'이라는 용어는 '생산'이라는 용어가 포함돼 있으므로 출력하는 것에 의식이 맞춰지기 쉽다. 하지만 아이디어는 어떻게 생기는 것인지를 자세히 보면 앞의 장에서 다룬 내용이 모두 연결되는 것을 알 수 있을 것이다.

'아이디어를 떠올리는 것'은 애매하면서도 큰 태스크

여러분은 내일까지 새로운 아이디어를 만들어 내야 한다고 해보자. 먼저, 무엇을 하겠는가? 책상에 앉아서 끙끙대지는 않는가?

'아이디어를 떠올린다'라는 태스크는 달성 조건이 불명확하고 걸리는 시간도 예측하기 어려운 큰 태스크다. '확실하게 아이디어를 떠올리는 방법'이란 존재하지 않는다. 이런 태스크에 '열심히 하자' 하는 정신론으로 싸우는 것은 비효율적이다.

애매하면서 큰 태스크로 받아들이는 것이 아니라 분해하도록 하자. 분해해 보면 측정이나 관리 가능한 단계를 찾을 수 있다.[1]

아이디어를 떠올리는 세 가지 단계

동서고금을 막론하고 많은 책이 아이디어를 어떻게 만드는지에 대해 논의해 왔다. 그것을 세 가지 단계로 정리해서 밭에 비유하고자 한다.

❶ 경작 단계

❷ 발아 단계

❸ 성장 단계

---

1 1장에서 달성 조건이 불명확한 태스크 문제와 대처 방법을 배웠다.

발을 간다 → 싹이 튼다 → 키운다

경작, 발아, 성장

■— 경작 단계

경작 단계는 정보를 모으고 섞어서 연결 고리를 찾는 단계다. 정보를 모으는 부분은 5장에서 소개한 '포스트잇을 100장 만들자'처럼 정량적인 목표를 정해서 진척을 측정할 수 있다.

■— 발아 단계

발아 단계는 관리가 불가능하다. 정보를 숙성해서[2] 아이디어의 싹이 틀 때까지 기다리는 것이다. 마감일까지 시간이 없다면 시간 제한을 정해서 해당 시간까지 싹이 튼 정도로 나머지 단계를 진행한다.

■— 성장 단계

성장 단계는 만들어진 아이디어를 연마해 가는 단계다. 아이디어가 유용한 것인지 잘 모른다. 따라서 유용한지 아닌지를 실험에 의해 검증하고 수정해 나가야 한다.

| 발상법 비교

그렇다면 이 3단계를 바탕으로 새로운 아이디어 만드는 법을 배워 보자. 이 절에서는 제임스 웹 영(James Webb Young)의 《아이디어 발전소》[3], 가와키타 지로의 《발상법》[4], 오토 샤머(Otto Scharmer)의 《U 이론》[5]을 비교해 본다.

---

2 3장에서 본 간격을 넓혀서 기억이 정착된다는 것, 4장의 홀 마인드 시스템에서 본, 반복해서 빠르게 읽을 때 하룻밤 숙성의 시간을 가질 것이 이 '숙성한다'에 해당한다.
3 《아이디어 발전소(A Technique for Producing Ideas)》(제임스 웹 영 저, 신동운 역, 스타북스, 2014)
4 《발상법-창조성 개발을 위해(発想法-創造性開発のために)》(가와키타 지로 저, 중앙공론사, 1967)
5 《U 이론(Theory U: Leading from the Future as It Emerges)》(오토 샤머 저, Berrett-Koehler, 2009)

■── 영의 아이디어 만드는 법

아이디어 만드는 법이라고 하면 제임스 웹 영의 《아이디어 발전소》[6]가 고전적인 명서다. 1940년에 집필된 이 책은 광고대리점을 운영하던 영이 "이렇게 훌륭한 광고 아이디어는 어떻게 만들었어요?"라는 질문을 받고서 자신은 물론 주변의 아이디어맨까지 관찰해서 쓴 책이다.

영은 아이디어가 만들어지는 과정을 5단계로 나누었다.[7]

❶ 자료 수집

❷ 자료 가공

❸ 노력의 포기

❹ 아이디어 탄생

❺ 아이디어 확인

❷의 자료 가공이란 아이디어를 나열하거나 조합하거나 해서 관련성을 찾는 작업이다. 영은 '아이디어는 기존의 요소를 새롭게 조합한 것'이라고 생각했다. 그리고 기존의 요소를 조합하는 능력은 각 요소의 관련성을 찾는 능력에 의존하는 부분이 많다고 주장했다.

영은 수집한 데이터를 3인치 × 5인치[8] 카드에 기록했다고 한다. 카드에 기록하면 상하좌우로 나열해서 조합할 수 있기 때문이다. 이것은 5장에서 설명한 KJ법과 비슷한 방식이다.

그리고 자료를 수집하는 단계(**❶**)와 그것을 가공하는 단계(**❷**)를 명확하게 나누었다. 하지만 나의 경험상 데이터 조합을 시도하는 도중에 정보의 부족을 알게 되거나 관련성이 있어 보이는 책을 떠올리는 경우가 자주 있다. 따라서 **❶**과 **❷**는 몇 번이고 반복되는 것이라 **❶**과 **❷**를 한 단계로 모아서 '경작 단계'라 부르기로

---

6   《아이디어 발전소(A Technique for Producing Ideas)》(제임스 웹 영 저, 신동운 역, 스타북스, 2014)

7   영은 이렇게 간략하게 나누어 설명하지 않았지만 내가 요약한 것이다.

8   약 76mm × 127mm이다.

한다. 영은 데이터 가공을 씹는 것에 비유했다. 즉, 경작 단계는, 입에 넣고서 씹어 삼키는 것을 계속 반복하는 것이라 할 수 있다.[9]

❷의 자료 가공 단계에서는 두 가지가 발생한다. 첫 번째는 아이디어를 떠올리는 것이다. 영은 이것을 임시 아이디어, 부분적인 아이디어라고 생각해서 어떤 것이든 기록해야 한다고 주장했다. 이것은 KJ법의 도중에 생각이 난 것은 어떤 것이든 추가하는 것과 같다. 두 번째 발생하는 것은 절망이다. 마지막에는 머릿속이 복잡해지거나 명확한 것을 아무것도 말할 수 없어서 절망한다는 것이 영의 주장이다.

절망할 때까지 자료를 가공한 후에 노력하는 것을 포기하고 다른 것을 한다. 그러면 예측하지 못한 시점에 아이디어가 탄생한다. 이것이 ❸과 ❹다. 나는 이것을 '발아 단계'라고 부르겠다. '발아시키는 단계'가 아니라 '발아하는 단계'인 것이 중요하다. 이 단계는 관리할 수 없으며, 노력에 의해 추진하는 것도 불가능하다.

마지막의 ❺는 만들어진 아이디어를 갈고 닦는 단계다. 아이디어는 만들어져서 나온 상태 그대로는 유효하게 작동하지 못한다. 막 세상에 나온 아이는 일을 할 수 없는 것과 같다. 따라서 현실의 문제를 해결하기 위해 다양한 조건에 부합하도록 수정을 반복할 필요가 있다. 이것은 나는 '성장 단계'라 부르고 있다.

■── 가와키타의 발상법

KJ법의 고안자인 가와키타의 《발상법》은 문화인류학자인 가와키타가 현장 조사를 통해 모은 정보를 어떻게 설명 가능한 이론으로 만들어 가는지에 관해 논하는 책이다. 가와키타는 W형 문제 해결 모델을 제안했다.

---

9   4장에서 베이컨(Bacon)이 책을 먹는 것에 비유해서 '잘 씹어 소화시켜야 하는 것'이라 말한 것을 소개했다. 비슷한 개념이다.

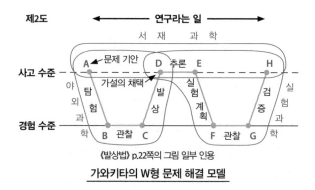

제2도 ◀─── **연구라는 일** ───▶

서 재 과 학

사고 수준

문제 기안
A   D 추론 E   H

가설의 채택

야외과학   탐험   발상   실험계획   검증   실험과학

경험 수준

B 관찰 C   F 관찰 G

《발상법》 p.22쪽의 그림 일부 인용

가와키타의 W형 문제 해결 모델

이것도 동일하게 단계로 나누어 보자.

❶ 문제 기안

❷ 탐험

❸ 관찰

❹ 발상

❺ 가설의 채택

❻ 추론

❼ 실험 계획

❽ 관찰

❾ 검증

가와키타는 '실험 과학 전에 야외 과학이 필요하다'고 주장했다. ❶부터 ❺까지가 야외 과학, ❻부터 ❾까지가 실험 과학이다. 실험 과학에서는 가설을 실험을 통해 검증한다. 이를 위해서는 먼저 가설을 세울 필요가 있다. 가설이란 '이런 모델에 관측 사실을 잘 설명할 수 있지 않을까' 하는 아이디어다. 이 아이디어를 만들어 내는 프로세스를 가와키타는 야외 과학이라고 불렀고, 그 방법으로 탐험학[10]이나 KJ법을 고안했다.

---

10 가와키타는 KJ법을 생각하는 과정에서 그 전단계인 탐험 방법을 더 자세히 다룰 필요가 있다고 느껴서 《지의 탐험학(「知」の探検学)》(가와키타 지로 저, 고단샤, 1977)이란 책을 썼다.

W형 문제 해결 모델에서는 ❸의 관찰에 의해 정보를 수집했다. 그리고 이 수집한 정보를 ❹발상으로 KJ법을 사용해 정리하고 그 과정에서 가설을 떠올린다. KJ법은 영의 자료 가공 단세에 해당한다. 정보를 모아서 가공하는 '경작 단계'와 가설을 떠올리는 '발아 단계'의 경계는 명확하지 않다. 가와키타는 경작하고 있는 동안에 발아할 수 있다고 설명하고 있다.

가설을 떠올린 후에는 ❻부터 ❾까지의 실험 과학이다. 가설이 맞는지를 실험을 통해 검증한다. 즉, 가설을 바탕으로 어떤 실험을 하면 검증할 수 있는지를 생각한 후 실험을 실시한다. 그리고 실험 결과를 관찰해서 가설이 맞는지를 검증한다. 실험 결과가 가설을 부정하는 경우는 가설을 수정해야 한다. 가설이 현실을 바르게 설명하도록 가설의 수정을 반복한다. 이것은 성장 단계다.

■── 샤머의 변화 패턴

매사추세츠 공과대학 슬로안대학원 교수 오토 샤머(Otto Scharmer)는 '변화'가 무엇에 의해 발생하는지 관심을 가지고 130명의 혁신적인 리더들을 인터뷰했다. 리더들의 행동에서 공통적인 패턴을 발견했는데 그것이 바로 'U 이론'이다.[11]

샤머는 7단계로 구성된 U 곡선 모델을 제안했다.[12]

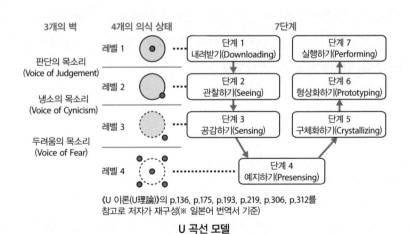

《U 이론(U理論)》의 p.136, p.175, p.193, p.219, p.306, p.312를 참고로 저자가 재구성(※ 일본어 번역서 기준)

U 곡선 모델

---

11 'WEB+Press Vol. 91'의 칼럼 '시점을 바꿔 보자' 마지막회 '변화의 디자인 패턴'에서 U 이론에 대해 처음 다뤘다.
12 '경작하기, 발아하기, 성장하기'의 그림이 U자형인 것도 이 모델에서 발상을 얻은 것이다.

❶ **내려받기(Downloading)**: 자신의 생각에 고취돼서 외부를 관찰하지 않는 상태

❷ **관찰하기(Seeing)**: 외부를 관찰하고 있지만, 자신의 기존 틀에 얽매여서 타인의 시점으로 정보를 취하지 못하는 상태

❸ **공감하기(Sensing)**: 타인의 시점으로 정보를 취해서 자신의 기존 틀을 벗어났지만, '자신'을 포기하지 못한 상태

❹ **예지하기(Presensing)**: '자신'을 포기하고 미래의 변화 가능성을 보고 있는 상태[13]

❺ **구체화하기(Crystallizing)**: 아이디어가 구체화되는 상태

❻ **형상화하기(Prototyping)**: 시제품(프로토타입)이 만들어진 상태

❼ **실행하기(Performing)**: 아이디어가 기존 시스템에 적용돼서 실행되고 있는 상태

U 곡선 모델의 각 단계는 '행동'이 아닌 '상태'이므로 단계 사이에 '행동'이 있다. ❶~❹가 경작 단계이고, ❹에서 ❺로 이동하는 부분이 발아 단계, ❺~❼이 성장 단계다.

U 이론은 경영학 이론이므로 조직 혁신을 고려하고 있으며, ❸에서는 타인의 공감을 필요로 하고 있다. 앞의 두 명의 발상법과 비교해서 U 이론이 가지는 차별점이기도 하다.[14]

가와키타는 KJ법에서 포스트잇을 자신의 생각으로 분류하는 것이 아니라 상향식으로 그룹화해서 새로운 구조를 발견하려고 했다. 이것은 U 이론에서 자신의 기존 틀을 벗어나야 한다는 접근법과 비슷하다.

---

13 4단계에 대해서는 당초 'U 이론'을 p.215를 참고로 해서 '자신에 따라 현실이 될 가능성을 보고 있는 상태'라고 했었다. 하지만 번역자인 나카도이 료(中土井僚) 씨에게 문의한 결과 '자신'이라는 표현에 위화감이 있다고 한다. 'U 이론'에서는 이에 관해서 '큰 S의 자신(self)'이라는 표현을 쓰고 있으며, 이 시점의 변화가 중요하다고 생각하고 있다.

14 경영학인 노나카 이쿠지로는 PDCA 싸이클을 돌리기 전에 공통화(Socialization)이 필요하다고 주장했다. 이것은 타인과 동일한 위치에서 공통적인 체험을 하는 것으로 명확하게 언어화할 수 없는 정보를 공유하는 것이다. 이것도 U 곡선 모델과 관련 있다.

■── 발아는 관리할 수 없다

기존의 발상법을 통해 아이디어를 떠올리는 태스크가 수많은 세부 태스크로 구성된다는 것을 알았다. 이 세부 태스크를 '경작하기', '발아하기', '성장하기'라는 세 단계로 정리했다. 경작하기와 성장하기는 태스크를 관리할 수 있다. 하지만 발아하기는 관리가 불가능하다. 노력을 통해 발아시킬 수 없으며, 기다리면 반드시 발아하는 것도 아니다. 아이디어가 발아하는지는 운에 달려 있다.

따라서 아이디어를 만들어 낼 필요가 있는 경우, 아이디어가 발아하지 않는 것을 전제로 해서 계획을 세워야 한다. 예를 들어, 일주일 뒤에 새로운 아이디어에 관해 발표해야 하는 상황이라고 하자. 좋은 아이디어가 나올 것을 전제로 계획을 세우면 계획한 대로 아이디어가 나오지 않으면 마감일에 대한 압박과 아이디어를 내야 한다는 조바심으로 스트레스를 받게 된다. 그렇지 않고 경작 단계에서 불완전한 아이디어라도 모두 기록해 두고 예정 기간 내에 아이디어가 발아하지 않은 경우는 그 불완전한 아이디어를 가지고 성장 단계로 진행하면 된다. 불완전한 아이디어로 발표 자료를 만들기 시작하는 것이다.

좋은 아이디어가 발아할 확률을 조금이라도 높이기 위해서는 경작하는 시간을 잘 사용해야 한다. 또한, 아이디어가 발아하는 것을 기다리는 데 시간을 모두 써 버리면 아이디어를 성장시키는 데 사용할 시간이 없어져 버린다. 아이디어를 키울 시간을 사전에 잘 확보해 두어야 한다. 마감일부터 성장에 필요한 시간을 빼서, 언제까지 발아를 기다릴지 스스로 마감일을 정하는 것이다. 관리할 수 있는 부분을 관리하고, 관리할 수 없는 것은 관리하지 않는 것이 좋은 아이디어를 만들기 위한 최대한의 노력이다.

먼저 정보를 수집한다

각 단계에 대해 자세히 보자. 경작 단계의 첫걸음은 정보를 수집하는 것이다. 가와키타는 저서 《지의 탐험학》에서 스스로 정보를 수집하는 내부 탐험과 타인이나 서적으로부터 정보를 수집하는 외부 탐험으로 나누어 설명했다.[15]

외부 탐험으로 다른 사람에게 묻는 방법은 이 책에서는 다루지 않겠다. 내 자신이 이에 대한 경험이 없기 때문이다. 내가 타인의 얘기를 들을 때는 자신의 아이디어가 이미 있는 상태에서 그것을 얘기해서 반응을 관찰한다. 이것은 경작 단계가 아니라 성장 단계다.

예를 들어, 상품 개발을 위해서 예비 고객에게 인터뷰를 하는 일이나 유명인의 인터뷰 기사를 작성하는 일에서는 자신의 생각에 연연해서는 안 되며, 타인의 얘기를 마음대로 해석하지 않고 있는 그대로 적는 것이 중요하다. 이때 '분명 이럴 거야' 하는 자신의 아이디어를 가지고 있으면 그것이 편견이 돼서 무의식적으로 상대의 얘기를 비뚤어지게 받아들인다. 이런 종류의 일에서는 아이디어를 가지는 것을 피해야 한다는 어려움이 있다.

자신의 내면을 탐색

편견을 가지지 않고 타인의 얘기를 듣는 것은 어려우므로 먼저 자신의 얘기를 듣는 것부터 연습해 보자. 자신은 어떻게 생각하고 있는지 제대로 들어 보자.

영(Young)은 자료를 특수 자료와 일반 자료로 분류했다. 특수 자료란 지금 해결하고 싶은 문제에 특화된 자료다. 영은 광고업에 종사하고 있었으므로 비누 광고를 예로 들어 설명했다. 비누는 어떤 특징을 가지고 있는지 비누를 사는 대상 고객

---

15 책을 읽는 방법에 대해서는 4장에서 설명했다.

은 어떤 특징을 가지고 있는지 등이 특수 자료에 해당한다.[16]

무엇이 특수 자료인지는 여러분이 놓여 있는 환경이나 풀어야 할 문제에 따라 다르다. 하지만 자신의 주변에 있는 과제를 해결하는 경우에는 특화 정보의 수단으로 가장 유효한 것은 자기 자신일 가능성이 높다. 정답이 밖에 있다고 믿고 자신 외의 것만 탐색하는 것이 아니라 자신의 시선이 향하는 곳, 자신을 한 명의 인터뷰 대상으로 존중하고 주관적으로 어떻게 생각하고 있는지를 잘 들어 주어야 한다.

언어화를 촉진하는 방법

자신의 내부에서 정보를 빼내기 위해서는 먼저 언어화돼 있지 않은 것을 언어화하는 것이 중요하다. 언어화해서 종이에 쓰면 그것을 이용해서 움직일 수 있다. 그렇게 하지 않고 머릿속에서만 생각하고 있으면 잡을 수 있는 고리가 없는 애매모호한 상태가 지속되게 된다.

물리학자이자 철학가인 마이클 폴라니(Michael Polanyi)는 사람이 말할 수 있는 이상의 것을 알고 있다고 봤다. 바다 위에 보이는 빙산은 극히 일부이고 바다 아래에 대부분의 부피가 존재하는 것과 같다.

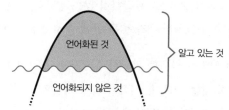

언어화된 것은 빙산의 일각. 극히 일부에 지나지 않는다

언어화란 바다 아래에 있는 '아직 언어화되지 않은 것'을 바다 위로 끌어올리는 것이다. 어떻게 하면 언어화를 촉진할 수 있을까?

---

16 일반적 자료는 반대로 해결하고 싶은 문제와는 관련 없는 자료다. 매일 호기심을 가지고 다양한 분야의 지식을 수집해 두고 어떤 문제를 해결해야 하는 상황이 되면 관련된 특수 자료와 관련성이 없어 보이는 일반 자료를 조합해서 새로운 아이디어를 만들어 낸다.

■── 질문을 통한 시발점

질문은 언어화를 촉진한다. 이 원리를 응용한 것이 프레임워크다. 프레임워크는 질문 뭉치다. 예를 들어, 《린 스타트업》[17]에서는 제품을 만들기 전에 다음과 같이 가치 가설 시트를 채우도록 제안하고 있다.

> **가치 가설 시트**
> (사용자) ____ 는 (욕구)_____ 하고 싶지만, (과제)_____ 때문에,
> (제품의 특징) _____에 가치를 둔다.

가치 가설 시트

빈칸을 채우게 하면 '이 제품은 어떤 사용자를 전제로 하고 있는지', '해당 사용자는 어떤 욕구를 가지고 있는지', '그 욕구를 충족시키기 위해 문제가 되는 것은 무엇인지', '제품에 어떤 특징이 그 과제를 해결하는지' 등을 스스로에게 묻게 된다.

■── 프레임워크의 장단점

프레임워크는 맹점을 찾는 데 도움이 된다. 빈칸을 채워 나가다 보면 지금까지 생각하지 못한 것을 생각하게 된다. 한편, 프레임워크는 그 자체가 기존 고정화된 사고의 틀이다. U 곡선 모델을 다시 한번 보자. 내려받기(Downloading) 상태는 생각의 틀에 사로잡혀서 틀 밖을 관찰하지 않는 상태다. 작은 원으로 표현된 자신의 시점이, 큰 원으로 표현된 생각의 틀 안에 갇혀 있는 것이다.

관찰하기(Seeing) 상태는 외부를 관찰하고 있지만, 생각의 틀을 포기하지 않고 새로운 정보를 받지 않는 상태다. 시점이 틀의 극단까지 이동해서 경계 밖을 관찰하고 있는 것이다. 하지만 틀은 아직 존재한다.

공감하기(Sensing) 상태는 새로운 시점의 정보를 받아들이고, 틀이 흔들리기 시작하는 것으로 틀을 내려놓는 것에 공포를 느끼는 상태다.[18] 시점이 틀의 밖으로

---

17 《린 스타트업(The Lean Startup)》(에릭 리스 저, 이창수, 송우일 공역, 인사이트, 2012)
18 Voice of Fear를 틀을 부수는 것에 대한 공포의 음성이라고 해석해서 이 문장을 작성했다. 한편, 《U 이론》의 번역가 나카도이 료(中土井僚)는 "레벨 3에서는 이미 틀이 부서진 상태로 여기서 부수는 것을 무서워 하는 것은 아이덴티티다"라고 해석했다. 이 지적에 납득했지만, 이 절을 다시 쓰기 어려웠고, 이 절에서는 레벨 1부터 레벨 3으로 진행하는 것에 집중해서 설명하고 있다. 따라서 이 부분을 조율하는 것을 미래의 나의 숙제로 남겨 두기로 했다. 이해해 주기 바란다.

이동하고 틀이 흔들려서 점선으로 바뀐다.[19]

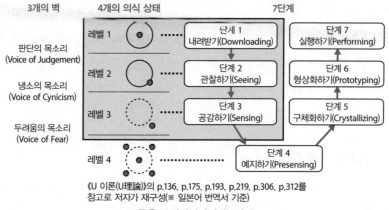

《U 이론(U理論)》의 p.136, p.175, p.193, p.219, p.306, p.312를 참고로 저자가 재구성(※ 일본어 번역서 기준)

틀을 포기하기까지의 3단계

정말로 새로운 것은 기존 틀의 밖에 있다. 하지만 프레임워크를 전부 채우는 것만으로 검토해야 할 것을 전부 검토한 것처럼 느끼게 된다. 이것은 프레임워크라는 생각에 사로잡혀서 외부를 제대로 관찰하지 못하는 내려받기다. 프레임워크가 새로운 맹점을 만드는 것이다. 생각을 버리고 관찰하는 것이 필요하다.

이외에도 외부를 관찰해서 얻은 정보를 프레임워크에 맞추어 정리하려고 하지만, 잘 되지 않아서 정보를 버리는 사람이 있다. 이것은 프레임워크라는 기존 틀에 맞지 않는 정보를 받아들이지 않는 관찰하기 상태다. 이 정보야말로 새로운 것을 만들기 위한 중요한 정보일 수도 있다. 버리는 것은 정말 아깝다.

이렇게 틀에 맞지 않는 정보가 늘어날 때 언젠가 프레임워크를 버려야 하는 결정을 해야 한다. 하지만 이것을 무서워하는 사람이 있다. 틀을 포기하는 것에 공포를 느끼는 공감하기 상태다. 지금까지 프레임워크가 잘 작동했으면 했을수록 포기하는 것에 대한 공포심을 크게 느낀다.

---

19 이와는 상관없지만, 레벨 4의 그림이 무엇을 의미하는지 궁금한 독자도 있을 것이다. 레벨 1~3은 시점의 위치가 바뀌지만, 한 명의 시점이다. 반면, 실제 현실에서는 여러 명이 서로 다른 시점을 가지고 있다. 다른 시점을 가진 여러 명이 상호작용하는 시스템으로 세상을 보는 것은 그 구성 요소인 개인의 시점과는 다르다. 이것이 레벨 4의 시점이다.

프레임워크는 습관성 약물과 같다. 적절한 시점에 조금만 사용해도 유효하지만, 계속 남용하다 보면 약이 듣지 않게 된다. 이것은 2장에서 배운 탐색과 이용의 절충점과도 관계가 있다. 기존에 잘 동작하던 패턴을 반복해서 사용하면 단기적으로는 효율이 좋다. 한편, 그것을 반복하면 새로운 것을 탐색할 수 없다. 탐색과 이용의 균형이 중요한 것이다. 가와키타는 저서 《창조성이란 무엇인가》[20]에서 보수(保守)와 창조를 균형 있게 하는 것이 중요하다고 설명했다. 이것도 비슷한 개념이다.

■── 창조는 주관적

균형을 취하는 것의 중요도는 개인의 의사결정에 있어서는 납득하기 쉽다. 하지만 이것이 조직의 의사결정이 되면 새로운 것을 해서 실패의 책임을 지기 싫다는 집단적 위험 회피에 의해 보수적인 선택을 하기 쉽다. 예를 들어, 새로운 아이디어에 대해 납득할 수 있도록 설명을 요구받는 경우도 있다.

새로운 것의 창조는 주관적이다. 사람들이 이미 논리적으로 납득하고 있는 것은 창조적인 것이 아니다. 따라서 객관적으로 설명할 수 있는 것을 제약 조건으로 넣어 버리면 '이미 있는 것'으로부터 그다지 멀지 않은 답밖에 나오지 않는다.

여러분이 새로운 것을 만들고 싶다면 설령 주변에서 객관적으로 설명을 요구하더라도 씨를 뿌려 싹을 틔우는 단계에서는 주관적으로 생각해야 한다. 발아했다면 그것을 키우는 단계에서 사후적으로 객관적인 설명을 짜내는 것이다. 주관적이 될 것, 기존 틀을 깨는 것, 이것이 보수(保守)에 치우칠 수 있는 판단을 더 창조적으로 만들기 위해서 필요한 것이다.

▌신체 감각

주관적이 되는 것과 비슷하지만, 개인의 경험이나 신체 감각에 주목하는 것이 있다. 반대로 생각해 보자. 구체적인 체험이나 신체 감각을 묻지 않는, 추상적인 개

---

20 《창조성이란 무엇인가(創造性とは何か)》(가와키타 지로 저, 쇼덴샤, 2010)

념을 다루는 경우는 자주 있다. 자신이 '추상적 개념을 다루고 있다'고 자각하지 못하고 사용하고 있는 때도 많다.

노벨물리학상 수상자인 리처드 파인만(Richard Phillips Feynman)의 전기에 의하면 어떤 사람이 "구두창이 닳는 것은 지면과의 마찰 때문이다"라고 말한 것에 대해 "마찰이란 무엇인가?" 하고 반문했다고 한다. 여러분은 어떻게 대답하겠는가?

답할 수 없다면 여러분에게 '마찰'이란 벚꽃의 가지만 잘라와서 뿌리가 없는 지식과 같다. 용어는 의미를 이해하지 못하더라도 기호로 사용할 수 있다. 용어를 이해하고 있는지는 그 용어를 사용하지 않고 설명할 수 있는지로 실험할 수 있다. 예를 들어, "구두창이 닳는 것은 지면의 울퉁불퉁한 부분이 구두창을 깎아 내기 때문이다"[21]라고 답할 수 있다면 마찰이라는 개념을 구체적인 형태로 머릿속에 가지고 있는 것이다.[22]

구체적인 형태 위에 쌓아 올렸다면   뿌리가 없는 지식은
풀어서 구체적으로 설명할 수 있다   구체적으로 풀어 낼 수 없다

쌓아 올린 지식과 뿌리가 없는 지식

추상적 개념이라고 하면 학술 용어 등을 떠올리는 사람이 많을 것이다. 하지만 신체 감각을 동반하는지에 대한 관점으로 보면 꽤 많은 경우가 추상적 개념이다. 예를 들어, '새소리'란 무엇일까? 새소리를 자신이 듣고 있는 상황을 떠올려 보자. 가능하다면 주변 사람에게 같은 질문을 해서 답이 자신과 어떻게 다른지 비교해 보자.

'새소리'라고 하면, 아침에 참새가 짹짹거리는 소리를 떠올리는 사람도 있을 것이고, 가을의 노을과 까마귀의 '까악까악' 하는 소리는 떠올리는 사람도 있을 것이

---

21 《발견하는 즐거움(The Pleasure of Finding Things Out: The Best Short Works of Richard P. Feynman)》(리처드 파인만 저, 김희봉, 승영조 공역, 승산, 2001)
22 1장에서는 피라미드 정상에 있는 상자를 가져와도 동일한 높이에 둘 수 없고 지면에 떨어진다는 얘기를 했었다.

다. 닭이 '꼬끼오' 하고 우는 것이나 자신이 기르는 앵무새 소리를 떠올리는 사람도 있을 것이다.

지금 여러분이 팀에서 소프트웨어를 개발하고 있으며, 멤버 한 명이 알림음을 새 소리로 하자고 제안했다고 하자. 여러분은 찬성인가, 반대인가? '새소리'라는 추상적 개념이 어떤 소리를 표현하고 있는지 알 수 없다. 이 상태에서는 '새소리'의 좋고 나쁨을 의논하더라도 생산적이지 않다. 먼저, 추상적 개념을 신체 감각에 가깝게 만들어야 한다.[23]

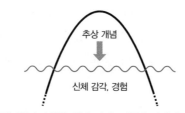

언어화되지 않은 신체 감각, 경험에 가까이 가기

■── 그림으로 그려 본다

구체적인 신체 감각에 다가가는 방법으로 그림을 그려 보는 방법이 있다. 나는 여러 디자이너에게 '창조성이란 무엇인지' 그림으로 그리도록 실험한 적이 있다. 물론 '창조성'은 추상적 개념이다. 게다가 물리적인 형태를 가지지 않으므로 베낄 수도 없다. 그림으로 그리려면 '창조성'을 '보는 것'이 필요하다. 즉, 추상적 개념을 신체 감각에 가까워지도록 하는 작업이다.[24]

실험을 통해 그려진 그림을 몇 가지 소개하도록 하겠다. 다음 그림은 창조성을 식물에 비유하고 있다. 머릿속에 씨가 발아해서 크게 성장하고 과실을 맺는 그림이다.

---

23 수학은 물리적인 실체나 신체 감각과 거리가 있는, 개념을 다루는 학문이다. 따라서 이 분야에서는 신체 감각에 가까워지는 것은 착각의 원천이라 생각해서 비난받는다. 그 대신에 정리를 만족하는 구체적인 실례(實例)를 스스로 만들거나 정리의 일부를 변경해서 정리가 성립하지 않는 것을 보여 주는 구체적인 반례(反例)를 발견하는 등 구체화가 이루어진다.

24 5장에서 도식을 문장으로 변경하므로 시점이 달라지고 맹점을 찾아내는 기회가 된다고 설명했다. 그림으로 그리는 것도 형식 변경의 일종으로 비슷한 효과가 있다.

창조성을 식물로 비유

다음 그림은 나의 맹점을 알게 해 준 것이다. 이 실험을 시작했을 때는 개인의 창조성만 생각하고 있었다. 이 그림을 그린 디자이너는 여러 명으로 구성된 팀에서 발생하는 핵융합 같은 것이 창조성이라고 생각한 것이다.[25]

창조성을 핵융합에 비유

▌비유, 은유, 유추

물리적으로 형태를 가지지 않는 추상적 개념을 신체 감각에 맞추면 비유가 만들어지는 경우가 많다. 추상적 개념이 현실에서 형태를 가지지 않으므로 현실에 존재하는 다른 것으로 비유해야 하는 것이다. 비유는 수면 밑의 아직 언어화되지 않은 신체 감각이나 경험이 언어를 일반적이지 않게 사용하므로 간신히 언어화된 것이라 볼 수 있다.

---

25 지금의 나는, 아이디어 발아는 개인 속에서 발생하며 그것을 키우는 단계에서는 타인이 유용해진다고 생각한다. 또한, 정보를 수집해서 경작하는 단계에서도 자신이 가지지 않은 새로운 정보를 넣기 위해서 타인이 유용하다.

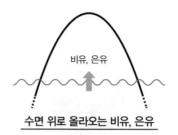

수면 위로 올라오는 비유, 은유

앞서 본 창조성을 그림으로 그린 실험에서는 식물을 비유하거나 핵융합을 비유했다. 영(Young)도 아이디어 창조의 프로세스를 산호초에 비유했다. 파란 바다 아래에 돌연 아름다운 산호초군이 만들어지듯이 아이디어도 느닷없이 나타난다. 하지만 이 산호초군은 바닷속에서 무수히 작은 산호 벌레가 활동해서 만들어지는 것이다. 아이디어도 마찬가지로 의식하에서 진행하는 활동의 마지막 결실이 아닌가 생각된다.

비유는 은유(Metaphor, 메타포)나 유추(Analogy, 아날로지) 등으로 불리는 경우도 있다.[26] 유추는 비슷한 것을 관련 짓는 것이다. 영은 아이디어의 창조 프로세스를 산호초군의 유추라고 생각했다. 나는 이 장에서 아이디어 창조의 프로세스를 밭을 가는 작업으로 유추하고 있다. 비유는 전달하고 싶은 내용을 유추를 통해 비슷한 것과 연관 지어 설명하는 것이다.

유추는 아이디어를 만들어 내는 일반적인 방법이다. 함부르크 공과대학의 카타리나 카로게라키스(Katharina Kalogerakis) 팀은 디자인 및 엔지니어링 컨설팅 기업에서 일하는 프로젝트 리더 16명에게 인터뷰를 하고, 그중 12명이 빈번하게 유추를 사용하는 것을 확인했다. 또한, 예를 들어 공업 제품과 자연계에 존재하는 물건 간의 유추처럼 관련성이 먼 분야의 유추가 이루어질 때 더 창의적인 제품이 만들어진다는 것을 알았다.[27]

---

26 메타포(은유)는 엄밀히는 비유라고 하지 않는 비유를 가리킨다. '아이디어를 품는 것'은 은유이고, '아이디어는 계란이다. 만들어진 당시에는 움직이지 않지만 품으면 병아리가 되고 스스로 움직이기 시작한다'는 직유이지만, 이 장에서는 이것을 구분하는 것이 중요하지 않으므로 '비유 = 은유'라고 생각해도 된다.

27 Katharina Kalogerakis, Christian Lüthje and Cornelius Herstatt. (2010). "Developing innovations based on analogies: experience from design and engineering consultants". *Journal of Product Innovation Management*, 27(3), 418-436.

■── NM법과 유추

나카야마 마사카즈의 NM법에서는 유추를 적극적으로 사용한다. 예를 들어, '매출을 올리고 싶다'라는 과제에서 '올리다'라는 키워드를 뽑고, 그에 대해 '어떻게 올리나?'를 묻는다. 이에 대해 '연날리기 대회에서 연처럼 올린다'라고 대답한다고 하자. 먼저, '매출'과 '연' 사이의 유추 관계를 끄집어 내는 것이다.

다음은 이 '연'이 특정 은유의 공간에서 언급되는 경우를 생각할 수 있다. 예를 들어, 연은 바람이 멈추면 떨어진다. 마지막으로 '연은 바람이 멈추면 떨어진다'를 '매출을 올리고 싶다'라는 과제의 공간으로 되돌리면 어디에 해당하는지를 생각한다. '시장 자체가 주목을 받으면 매출이 올라가고 주목받지 않으면 떨어진다일까?'라고 생각하게 된다. 이 작업으로 '매출 = 연', '시장에 주목 = 바람'이라는 대응 관계가 만들어졌다.[28]

발상은 여기서 멈추지 않는다. '하지만 바람이 멈춰도 계속 나는 경우가 있어. 왜 떨어지지 않는 거지? 지면 부근에서 바람이 멈춰도 상공에서는 계속 불고 있어서 일까? 이것을 현재 과제에 적용하면 어떻게 될까? 일정 이상으로 매출이 오르면 그 매출에 의해서 주목이 유지되는 것일까?' 등을 생각할 수 있다.

이렇게 만들어진 아이디어의 단편은 객관적이지 않지만, 몇 개의 단편이 모이다 보면 유용한 아이디어가 만들어질 것 같다는 느낌이 들 것이다.[29] 다시 정리해 보면 NM법은 다음 네 가지 단계로 과제에 대한 새로운 발상을 만들어 낸다.

❶ 과제로부터 키워드를 선택한다.

❷ 키워드를 다른 공간(은유의 공간)에서 대응 관계를 찾는다(유추).

❸ 은유의 공간에서 연상한다.

❹ 연상한 것을 과제의 공간으로 되돌린다.

---

28 영은 아이디어가 기존 요소의 새로운 조합으로 조합 능력이 사물의 관련성을 찾는 능력에 의존한다고 생각했다.

29 개인적으로는 '시장의 주목'은 분명하게 추상적인 개념이므로 신체 감각이나 은유로 바꾸고 싶지만, 얘기가 다른 곳으로 빠질 수 있어서 여기서 끝내도록 한다.

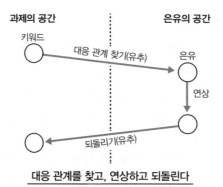

대응 관계를 찾고, 연상하고 되돌린다

나는 이것이 벡터와 복소수의 대응 관계와 비슷하다고 생각한다. 고등학교 수학에서 벡터를 복소수와 연관 지어서 복소수의 공간에서 곱셈을 해서 만들어진 새로운 복소수를 다시 한번 벡터로 되돌린다. 복소수의 공간에서 하는 곱셈은 벡터 공간으로 되돌리면 회전된다.

공간에 따라서 하기 쉬운 것과 그렇지 않은 것이 다르다. 고등학교 수학 범위에서는 벡터를 회전하는 것보다도 복소수를 곱하는 것이 간단하다. 아이디어의 창조도 추상적인 과제의 공간보다도 구체적인 은유의 공간이 연상을 통한 발상이 쉽다. 왜냐하면 지금까지 듣고 보고한 인생의 경험을 활용할 수 있기 때문이다.

연날리기를 한 적이 없는 문화권의 사람을 생각해 보자. '매출을 연날리기처럼 올린다'라고 말해도 '연날리기가 뭐지?' 하고 생각하는 것이 전부로 발상이 이루어지지 않는다. 즉, 비유(아날로지)는 개인이 지금까지 어떤 경험을 해왔느냐에 따라 영향을 받으므로 주관적인 도구라고 할 수 있다.

■── 클린 랭귀지와 심벌릭 모델링

카운슬링 심리학자인 데이비드 그로브(David Grove)가 만들어 낸 클린 랭귀지(Clean Language) 및 거기서 파생된 심벌릭 모델링(Symbolic Modelling)[30]은 상대로부터 은유를 가져오는 것을 목적으로 하는 방법론이다.[31] 이 기법은 직접적으로는

---

30 Modelling의 l을 두 번 쓴 것은 원서의 표기를 그대로 쓴 것이다.

31 《Metaphors in Mind: Transformation through Symbolic Modelling》(제임스 로울리, 페니 톰프킨스 공저, Crown House Pub Ltd, Reprint edition, 2000.

타인을 상대로 한 기법이지만, 참고할 만한 개념들이 몇 가지 있다. 이 장에서의 '추상적 개념, 신체 감각, 은유'라는 세 가지 분류는 그로브의 주장을 참고했다.

그로브는 상대 속에 있는 은유를 가능한 한 보존한 채 추출하기 위해서는 '전제를 포함하지 않는 질문'(깨끗한(Clean) 질문)을 정리하려고 생각했다. 그로브가 정식화한 것은 다음 5개의 기본 질문이다.

❶ 그 X는 어떤 종류의 X인가?

❷ 그 X에 관해 더 아는 것은 없는가?

❸ 그 X는 어디에 이는가?

❹ 그 X는 어디 주변에 있는가?

❺ 그 X는 무엇과 비슷한가?

❶과 ❷는 특히 중요하다. 예를 들어, 상대방이 '새소리'라고 했을 때 "그 새소리는 어떤 종류의 새소리인가?"라고 상세하게 물어서 '앵무새 소리'라고 대답하면 추상적 개념이었던 '새소리'가 좀더 구체적인 은유에 가까워진다. 상세하기만 하면 시야가 점점 좁아지므로 "그 까마귀에 대한 더 아는 것은 없는가?" 하고 시야를 넓히면 예를 들어 "집에서 기르고 있어"라는 주변 정보가 나오기도 한다. '새소리'와 '집에서 기르고 있는 앵무새의 소리'에서는 은유의 상세한 정도가 전혀 다르다.

❸과 ❹는 거의 같은 것을 묻고 있다.[32] 그로브는 은유의 위치를 중시했다. ❺는 직접적으로 은유를 묻는 질문이다. 나는 ❸이나 ❹의 질문에는 'X는 추상적인 존재가 아닌, 일정 장소를 점유하는 구체적인 존재이다'라는 전제가 있다고 본다. 이것은 위치를 생각하게 하므로 추상적 개념으로부터 은유로 변화를 이끌기 위한 질문인 것이다.

---

32 영어에서는 'And where is X?'와 'And whereabouts X'이다. 어디에 있는지 물어서 위치를 명확하게 답할 수 없는 경우라도 어디 주변에 있는지는 말할 수 있는 경우가 있으므로 양쪽을 묻고 있는 것이다.

예를 들어, '창조성'은 명확하게 추상적 개념이다. 굳이 물어 보겠다. 여러분의 창조성은 어디에 있는가? 잠시 생각해 보자. 머리라고 생각하는 사람도 있을 것이고 손끝이라고 하는 사람도 있을 것이다. 개인적인 은유이므로 사람에 따라 다른 것은 당연하다.

나는 창조성은 가공 장치 같은 것으로 머리 뒤의 반에 위치하고 있다고 본다. 물 같은 정보를 미간을 통해 흡입한 후, 필터로 물에서 쓰레기를 걸러 낸다. 걸러 낸 쓰레기는 머리 뒤의 반을 써서 가공하고 입이나 손을 통해 나간다. 이 과정에서 걸러 낸 깨끗한 물만 배에 한 방울 한 방울 떨어져서 호수가 만들어진다. 이 호수에는 한 송이 꽃이 오랜 시간 동안 자란다. 이 예쁜 꽃을 많은 사람에게 전달하는 것이 매우 중요하다고 나는 생각한다.

그렇다면 배에 두 개의 창조성이 있다는 뜻이다. 대량의 정보를 판단하는 기계적인 창조성과 시간을 두고 천천히 성장하는 식물적인 창조성이다. 은유를 발전시켜서 이처럼 창조성에 대한 생각이 언어화된 것이다.[33]

이 기본 5질문에서 은유가 생겨나고 명확해진다. 이 명확해진 은유를 심벌릭 모델에서는 '심벌(Symbol)'이라고 한다. 심벌의 시간축상에서 변화나 심벌 간의 관계를 명확하게 하면 '심벌을 사용한 모델'이 만들어지는 것이다.

심벌의 시간축상에서 변화를 명확하게 만드는 질문은 다음과 같다.

- 그 후로는 무엇이 발생하는가?
- 다음은 무엇이 발생하는가?
- 그 직전에는 무엇이 발생했는가?
- 그것은 어디서 왔는가?

예를 들어, 클라이언트가 "정보는 물과 같은 것으로 미간을 통해 흡입한다"라고 말하면 그에 대해 "그 후에는 무엇이 발생합니까?"라고 물어야 은유가 발전한다. "물은 어디서 오는 것입니까?"라고 묻는 것도 좋다.

---

33 일본어에는 '배에 떨어진다 = 납득하다'라는 관용 표현이 있다.

심벌 관계를 명확하게 만드는 질문은 다음과 같다.

- X와 Y는 어떤 관계인가?
- X와 Y는 같은가? 다른가?
- X와 Y 사이에는 무엇이 있는가?
- (X가 생겼을 때) X가 발생했을 때 Y에는 무엇이 발생하는가?

'NM법과 유추'(201페이지)에서 매출과 연날리기의 비유에서는 '연'과 '바람'이라는 은유가 등장했었다. 예를 들어, '연은 바람과 어떤 관계인가'든가, '당신과 연 사이에는 무엇이 있는가'라고 물어서 은유를 발전시킨다.[34]

여기서는 몇 가지 대표적인 질문을 소개했지만, 이 질문으로 한정되는 것은 아니다. 예를 들어, 상대가 'X가 움직이고 있다'라고 말했다면 "어느 방향으로 움직이고 있나요?"라는 질문이 구체화에 유효하며, '떨어져 있다'라고 말했다면 "어느 정도 떨어져 있나요?"라는 질문이 유효하다.[35]

앞에서 말한 나의 창조성에 관한 회담은 가공 장치, 물, 필터, 호수, 꽃이라는 5개의 심벌이 등장하는 꽤 발전된 모델이다. 이런 발전된 모델을 처음부터 생각해 낼 수 있는 것은 아니다. 질문을 반복해서 심벌의 위치나 특징, 관계 등을 명확히 해나가면서 점점 발전하는 것이다.

이렇게 만들어진 심벌의 모델은 개인적인 은유이므로 그대로는 다른 사람에게 전할 수 없다. 이 장의 서두에서 뜬금없이 '여러분의 호수에 피는 꽃이…'라고 설명했다면 이해하기 힘들었을 것이다.[36] 참고로 이 장의 서두에서는 다음과 같이 작성했다.

---

34 관계 이외의 질문으로 '그 연은 어떤 종류의 연인가요?'나 '바람은 어디서 부나요?'도 유용하다.

35 '일하고 있다'고 사람이 말할 때에 손을 사용해 동작으로 표현할 때도 많다. 동작은 추상 개념의 관점에서 은유에 매우 가까워 심벌릭 모델링 훈련에서 주목받고 있다. 이 책에서는 자세히 다루지 않지만, 가장 중요한 것은 상대의 1인칭 시점을 유지하는 것이다. 상대가 자신의 머리 위에 있는 가상의 물건을 가리킨 경우 여러분은 자신의 머리 위를 가리키는 것이 아니라 상대의 머리 위에 있는 것을 가리키는 것이다.

36 2018년 집필 시점에서는 가상 현실(Virtual Reality, VR) 공간에 들어가기 위한 헤드 마운트(Head Mount) 디스플레이 가격이 싸져서 가상 공간에 여러 명이 들어가서 대화하는 것이 가능해졌다. 언젠가는 은유 공간을 공유하면서 대화하고 새로운 심벌을 그 공간에서 만들어 내서 모델을 발전시킬 수 있게 될지도 모른다.

"아이디어는 만들어져서 나온 상태 그대로는 유효하게 작동하지 못한다. 막 세상에 나온 아이는 일을 할 수 없는 것과 같다. 따라서 현실의 문제를 해결하기 위해 다양한 조건에 부합하도록 수정을 반복해야 한다."

개인적인 은유도 만들어진 그대로는 유효하지 않다. 따라서 타인에게 전달하기 위한 형태로 수정을 반복해야 한다. 꽃의 식물적 성장 모습이나 꽃이 피는 데 시간이 걸려서 언제 필지 모른다는 것이 '경작하다, 발아하다, 성장하다'의 3단계나, 발아를 조정할 수 없다는 설명으로 연결된 것이다.

▌아직 언어화되지 않은 것

지금까지 언어화되지 않은 것과 된 것을 빙산에 비유했다. 추상적 개념으로부터 신체 감각, 은유로 상세화해서 수면에 가까워졌다. 수면에 가장 가까운 것은 무엇일까? 나는 위화감이라 생각한다. 이 절에서는 암묵지의 개념과, 동전의 앞뒤 관계인 위화감에 관해 설명한다.

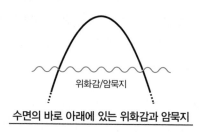

위화감/암묵지

수면의 바로 아래에 있는 위화감과 암묵지

■── 암묵지: 문제 해결에 가까워진 감각

마이클 폴라니는 문제 해결에 다가가고 있음을 감지하는 감각을 암묵지(Tacit Knowing)라고 했다. 사람에게는 문제 해결에 가까워졌는지를 감지할 수 있는 비언어적 능력이 있으며, 그것이 지금 발견되지 않은 언어적 지식을 발견하기 위해 활용된다고 주장한다.

이 주장의 배경에는 독창적인 발견이 어떻게 발생하는지에 관한 고찰이 있다. 독창적인 발견은 많은 사람들이 거기 있다고 생각하지 못한 것을 발견하는 것이다.

반대로 말하면 많은 사람이 거기에 있다고 생각하는 것을 발견해도 독창적인 것이 아니다.

철학자 플라톤(Platon)은 저서 《메논》[37]에서 "만약 무엇을 찾고 있는지 알고 있다면 문제는 존재하지 않으며, 만약 무엇을 찾고 있는지 모른다면 무언가를 발견한다는 것을 기대할 수 없다"라고 했다. 지식의 탐색은 행방불명인 지갑을 집 안에서 찾는 것과는 다르다. 발견한 것이 무엇인지 명확하게 언어화된다면 그것은 이미 답을 손에 넣은 것이다.[38]

나는 "만약 무엇을 찾고 있는지 모른다면 무언가를 발견한다는 것을 기대할 수 없다"는 표현이 약간 부족하다고 생각한다. 기존 요소를 무작위로 변화시키거나 조합해서 그것이 동작하는지 검증하는 사이클을 반복하면 새로운 것을 발견할 수 있다. 생명은 약 40억 년 전에 탄생했고, 무작위 변화와 '동작하는가 = 자손을 만들 수 있는가'라는 검증을 반복해서 다양한 형태의 생물이 만들어졌다. 지성이 없더라도 새로운 것을 만들어 낼 수 있는 것이다. 단, 엄청난 수의 시행착오가 필요하다.

사람의 지성은 더 효율적으로 새로운 것을 만들어 내는 것처럼 보인다. 왜일까? 폴라니는 이것을 '문제 해결에 가까워졌다는 감각'이 있기 때문이라고 생각했다. 사람은 문제 해결에 가까워졌는지 그렇지 않은지를 느낄 수 있어서 무작위 탐색보다 효율적으로 새로운 것을 발견할 수 있는 것이다.

이 '문제 해결에 가까워졌다는 감각'을 표현하는 데 적합한 용어를 나는 발견하지 못했다. 폴라니가 제안한 tacit knowing라는 용어는 해석하면 암묵지(暗默知)가 되지만, 현재 '문제의 해결에 가까워졌는가를 느끼는 감각'과 '아직 언어화되지 않은 경험적 지식'의 두 가지 의미가 있으며, 후자의 의미로 해석하는 사람이 많다.

---

37 《메논(Menon)》(플라톤 저, 이상인 역, 이제이북스, 2014)
38 《메논》에는 소크라테스와 메논(Menon)의 대화가 수록돼 있으며, 그중에서도 메논의 발언이 기재돼 있다. '메논의 패러독스' 또는 '탐구의 패러독스'라고 불린다.

두 종류의 암묵지

암묵지라는 용어의 의미에 대한 논의는 너무 추상적이어서 여러분의 지적 생산성 향상에는 그다지 도움이 되지 않을 것이다. 하지만 궁금한 사람이 많은 것 같아서 칼럼을 통해 설명하고자 한다.

폴라니가 1958년에 저서 《개인적 지식》[i]에서 여기서 말하는 암묵지의 개념을 제안했을 때 tacit knowing과 tacit knowledge라는 용어를 사용했다. 한글로는 knowing와 knowledge가 모두 '지식'으로 해석되므로 이 둘을 구별하기가 힘들다. 쉽게 해석하면 '은근히 아는 것'과 '은근히 알고 있는 것'의 차이일 것이다.

《개인적 지식》의 부제목은 '탈비판 철학을 목표로'였다. '비판 철학'이 무엇인지 알아보자. 르네 데카르트(René Descartes)는 1644년에 저서 《철학의 원리》[ii]에서 방법적 회의를 제안한 이후, 서양 철학에서는 '당연하다고 생각하는 것을 의심한다'라는 언어적인 사고 프로세스가 중시되어 왔다. 임마누엘 칸트(Immanuel Kant)는 이 의심하는 것(비판)이야말로 철학의 가장 중요한 태스크라고 생각해서 비판이라는 용어를 제목을 내건 《순수이성 비판(Critique of Pure Reason)》, 《실천이성 비판(Critique of Practical Reason)》, 《판단력 비판(Critique of Judgement)》을 1781~1790년에 출판했다. 폴라니의 책 제목에 있는 '비판 철학'이란 이것을 가리키는 것이다.

폴라니는 명시적으로 언어적 '비판'만으로는 새로운 것이 탄생할 수 없다고 했다. 1966년 《암묵지의 차원》[iii]은 명시적으로 언어적인 차원과 별개의, 암묵적이면서 비언어적인 차원에 대해 설명하고 있다. 이 책에서는 '암묵지는, 언젠가는 발견되겠지만 지금은 숨겨져 있는 무언가를 은근히 감지하는 것', '해결해 가까워졌다는 것을 감지하는 감각'이라고 표현하고 있다.

폴라니는 주로 과학적 발견 프로세스를 고려했었다. 따라서 그의 생각은 데카르트나 칸의 생각과 대립되는 것이 아니라 가설을 세워 실험하므로 지식을 얻을 수 있는 과학과 실험할 수 없는 철학 사이처럼 분야의 성질이 다른 것에 기인한다.

---

i 《개인적 지식(Personal Knowledge: Towards a Post-Critical Philosophy)》(마이클 폴라니 저, University of Chicago, 1974)
ii 《철학의 원리(Principia Philosophiae)》(르네 데카르트 저, 원석영 역, 아카넷, 2012)
iii 《암묵지의 차원(The Tacit Dimension)》(마이클 폴라니 저, University of Chicago, 2009)

경영학자인 노나카 이쿠지로(野中郁次郎)는 1996년에 저서 《지식창조기업》[iv]에서 폴라니의 생각을 기반으로 지식을 암묵지와 형식지로 나누고, 거기에 지식이 개인에 의존하는지 조직에 의존하는지의 차원을 추가해서 조직 내에서의 지식 창조에 대해 논했다. 폴라니의 관심은 과학자 개인의 지식 창조였지만, 노나카의 관심은 조직 내에서의 지식 창조였다.

노나카는 지식을 만들어 내는 것은 조직이 아닌 개인으로 개인의 지식 창조가 조직 내의 사회적 상호 작용에 의해 촉진된다고 생각했다. 그래서 다음 네 가지 지식 창조 모드를 제안했다. 앞 글자를 따서 SECI 모델이라고 한다.

- 개인의 암묵지를 조직의 암묵지로 만든다. 공동화(Socialization)
- 암묵지를 형식지로 변환한다. 표출화(Externalization)
- 개별 형식지를 체계적인 형식지로 만든다. 연결화(Combination)
- 형식지를 암묵지로 변환한다. 내면화(Internalization)

이 문맥에서 '암묵지'라는 용어는 표출화에 의해 형식지로 변환되는 것을 가리킨다. 즉, '아직 언어화되지 않은 경험적 지식'이다. 이것은 폴라니의 '문제 해결에 가까워지고 있다는 것을 느끼는 감각'과 다른 것이 생각된다. 한편, 이 감각은 경험적으로 얻을 수 있는 것은 아니므로 폴라니의 암묵지가 노나카의 암묵지의 일부분이라 주장하는 사람도 있다.

개인적인 감각에서는 이 둘의 용법을 동일시하거나 서로 포함시키려고 하지 않는 것이 문제 해결에 가까이 다가가는 것이라고 느끼고 있다.

---

iv 《지식창조기업(知識創造企業)》(노나카 이쿠지로 저, 장은영 역, 세종세적, 2002)

■── 위화감은 중요한 징조

나는 '문제 해결에 가까워졌다는 느낌'을 표현하기 위한 용어를 찾지 못했다. 한편, '문제 해결로부터 멀어져 가는 느낌'에는 '위화감'이라는 좋은 표현이 있다. '왠지 틀려. 왜 틀린지는 모르겠지만' 하는 감각이다.

프로그래머 사이에서는 코드에 문제가 있어 보인다는 느낌을 '코드에서 냄새가 난다'고 표현하기도 한다. 이것은 '뭐가 이상한지는 제대로 말할 수가 없지만, 코드가 왠지 상태가 좋지 않아' 하는 상태를 '냄새가 난다'는 신체 감각에 비유해서

표현하는 것이다.[39]

여러분도 이런 '위화감'을 경험한 적이 있을 것이다. 하지만 이유를 언어화할 수 없어서 저급한 것으로 생각하고 경시하는 사람도 많은 듯하다. 거꾸로 위화감은 아직 그 이유가 언어화되지 않은 것으로 기회로 받아들여야 한다. 언어화해야 할 것이 그곳에 있다는 중요한 징조로 받아들이는 것이다.

■── Thinking At the Edge: 아직 언어화되지 않은 부분

TAE(Thinking At the Edge)는 아직 제대로 언어로 만들어지지 않았지만 중요하다고 생각하는 것을 언어화시키는 방법론이다.[40] 위화감에 주목해서 언어화를 진행해 나가는 것이 TAE의 흥미로운 특징이다.[41]

TAE는 14단계로 구성된 복잡한 방법론이므로 여기서는 자세히 다루지 않는다. 이 기법을 개발한 철학자 유진 젠들린(Eugene T. Gendlin)은 '아직 제대로 언어화되지 않았지만 중요하다고 느끼는 신체적 감각'을 '펠트 센스(Felt Sense)'라고 불렀다. 이 책에서 이 용어를 사용하도록 하겠다.

TAE는 펠트 센스를 표현하기 위해서 떠오르는 단어를 기록해 보거나 그 단어를 사용해서 단문을 만들어 보는 등 점점 언어로 바꾸어 가는 것이다. 단문은 처음부터 펠트 센스를 정확하게 표현할 수 없지만, 적어서 펠트 센스와 대조하므로 위화감이 더욱 명확해진다.

■── 사전과의 대조

특히 흥미롭다고 느낀 것은 사전을 사용하는 단계다. 단문 안의 중요한 키워드를 사전에서 찾아서 사전의 설명과 자신이 말하고 싶었던 것을 비교한다. 단문에 적

---

39 출판물로는 마틴 파울러의 《리팩토링》에서 언급하고 있다.
    《리팩토링(Refactoring: Improving The Design of Existing Code)》(마틴 파울러 저, 김지원 역, 한빛미디어, 2012)
40 독일에서는 'Wo Noch Wrote Fehlen = 아직 언어화되지 않은 부분'이라고 한다.
41 《단계식 질적 연구법: TAE 이론과 응용(ステップ式質的研究法—TAEの理論と応用)》(도쿠마루 사토코 저, 카메이샤, 2010)

힌 단어는 자신이 잘 표현할 수 없는 펠트 센스에 임시로 맞춘 단어이므로 사전의 설명과 비교하면 대부분의 경우 차이가 있다. 이 차이, 즉 위화감에 주목한다.

예를 들어, '머릿속에 톱니바퀴가 있고 가끔 빠르게 회전한다. 빨리 돌아가는 상태에서 다른 톱니바퀴와 맞물리면 톱니가 빠질 수 있으므로 속도를 줄일 필요가 있다'라는 은유를 내가 가지고 있다. 어느 날 이 '속도를 줄인다'가 세상에서 말하는 '명상'이 아닐까 하는 생각이 들었다.[42]

하지만 명상을 사전에서 찾아보면 "눈을 감고 깊은 고요함 속에서 마음을 탐험하는 것이다"라고 적혀 있어서 강한 위화감을 느꼈다. '명상'이라는 용어에서 표현하려고 한 펠트 센트는 눈을 감을 필요가 없다. 또한, '마음을 탐험한다'는 표현도 회전을 느리게 한다는 느낌이 들었다. 이 문장에서 와닿는 용어는 '깊은'과 '고요함'밖에 없다.

즉, '깊은', '고요함'이 나의 펠트 센스를 표현할 때 와닿는 단어다. 이것은 '속도를 떨어뜨린다'에 연관된 것처럼 느껴진다. 그렇다면 반대로 '고속으로 공회전한다'에는 '깊은', '고요함'의 반대 단어가 연관될 것이다. '시끄럽게 회전하는 것일까?', '깊은의 반대인 얕은이나 높은도 위화감이 있다. 떠 있다, 땅에 발이 닿지 않는다, 등이라면 허용될까' 하는 식으로 사고가 발전해 간다. 이런 키워드를 사전에서 찾아서 그 설명의 위화감에 집중하면 자신이 말하고 싶은 것을 더 명확하게 만들 수 있을 것이다.

■── 공용 언어와 사적 언어

사전에 있는 용어 정의는 여러 사람이 커뮤니케이션하기 위해 공통화된 공용 언어다.[43] 즉, 이런 언어는 A와 B의 공통 영역에 있다.

---

42 일본어에는 '머리 회전이 빠르다'라는 은유도 있다. 나는 이것을 나쁜 의미로 해석할 수 있다고 생각한다.

43 '제도화'라는 용어는 철학자 모리스 메를로퐁티(Maurice Merleau-Ponty)가 사용한 것이다. 그는 '말하는 언어'를 '제도화'함으로써 여러 사람들이 공통의 의미로 사용하는 언어가 만들어진다고 주장했다. 참고: 《Phenomenology of Perception》(모리스 메를로퐁티 저, Routledge, 2013)

반면 A가 사용하는 언어는 A의 사적 영역에 있다. 따라서 A가 기대한 대로 B가 받아들일지 여부는 확실하지 않다. 자신이 말하고 싶은 대로 표현한 것과 사전에 적힌 언어로 표현한 것을 비교하면 자신이 말하고 싶은 것이 더 명확해지는 것이다. 비슷한 것을 비교하므로 더 쉽게 이해할 수 있는 것의 일례로 볼 수 있다.

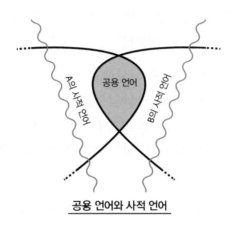

공용 언어와 사적 언어

또한, '말하고 있는 언어'가 사적인 언어라는 얘기는, 아이디어가 만들어진 상태 그대로는 유효하게 사용되지 못한다는 얘기와도 비슷하다. 언어이건 아이디어이건 발아한 후에 성장시켜 나가야 하는 것이다.

■── KJ법도 위화감에 주목

KJ법이나 제임스 웹 영의 방법에서는 카드에 기록한 정보를 임의로 나열해 보고 '뭔가 다르네' 하고 생각하거나, '여기가 좋아 보여' 하고 생각한다. 이것은 아직 언어화되지 않은 것을 위화감을 바탕으로 찾으려고 하는 행위라고 해석할 수 있다.

KJ법에서는 '여기가 좋아 보여' 하고 나열한 후에 '이것을 나열한 이유는 무엇인가?'를 자신에게 묻는다. 심벌릭 모델링에서도 비슷한 질문을 했다. 'X와 Y는 어떤 관계인가?'나 'X와 Y는 같은가, 다른가?'이다. 이렇게 자신에게 물어서 아직 적지 않은 '카드 사이의 관계'를 언어화하는 것이다. 그리고 '이들을 설명하는 단문은 무엇인가?'를 생각해서 표찰에 적어 묶는 것이다.

가와키타가 '분류를 해서는 안 된다'고 주장한 이유가 여기에 있다고 본다. 기존의 분류를 따라 배치하면 '이것을 나열한 이유는 무엇인가?'라는 질문에 기존 분류를 답하게 되고 언어화되지 않은 것을 언어화하는 효과를 발휘할 수 없는 것이다.

나는 스스로도 KJ법을 사용해서 타인에게 지도해 왔지만, 이것이 KJ법의 가장 중요한 부분일 것이다. 처음 KJ법을 하는 사람의 대부분은 배치할 때 언어화된 이유를 사용한다. 또한, 강사에게 '맞는 배치 방법은?'이라고 언어화된 이유를 요구한다. 하지만 언어화된 이유를 사용하는 것은 KJ법의 유용성을 해친다.

▎언어화 정리

이 절에서는 정보를 수집하는 방법의 일환으로 자신이나 타인 안에 이미 존재하는 정보를 어떻게 꺼내는지에 대해 중점을 두고 설명했다.[44] 마지막으로 정리를 해보자.

지금까지의 설명에서 나왔던 '빙산' 모델을 그림으로 정리해 보았다.

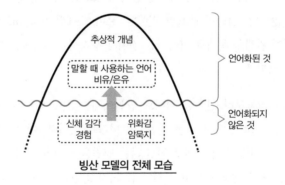

빙산 모델의 전체 모습

신체 감각이나 경험, 위화감에 주목하는 것이 중요하다. 이들은 아직 언어화돼 있지 않다. 언어로 만들려고 하면 비유나 은유 형태가 되는 경우가 많다. 방금 만들어진 언어는 설명 없이는 다른 사람에게 전달하지 못할 수도 있다. 하지만

---

44 알기 쉬운 용어로 '언어화'를 선택했지만, 정보를 추출하는 방법에는 언어뿐만 아니라 포스트잇 배치나 그림, 동작(제스처) 등 다양한 것이 있다. 노나카의 용어를 사용한다면 '표출화'가 적절하다.

전달되지 않는 것을 두려워할 필요는 없다. 타인에게 전달되지 않는 나의 사적 언어라도 좋으니 먼저 자신 속에서 꺼내 기록해서 사라지지 않게 하자. 그리고 그것을 타인에게 전달할 수 있는 형태로 개선하면 되는 것이다. 설령 자신밖에 모르는 것이라도 손잡이 역할을 하는 언어가 있어야 다루기가 쉽다.

한편 '새소리'의 예처럼 손잡이인 언어로부터 구체적인 신체 감각이 빠진 경우도 많다. 이 경우는 신체 감각으로 내려가서 손잡이를 다시 잡을 필요가 있다. 여러분 속에 있는 '아직 언어화되지 않는 것'과 제대로 연결된 '언어화된 것'을 만드는 것이 중요하다. 연결되지 않은, 뿌리가 없는 잡초 같은 언어를 사용해도 의미가 없는 것이다.

갈고 닦기

아이디어가 피어나는 순간, 분명 훌륭한 물건을 것을 손에 넣은 듯한 기분으로 기쁨을 감출 수 없을 것이다. 하지만 안타깝게도 그 아이디어가 가치가 있는지는 보장되지 않는다. 검증이 필요한 것이다. 토머스 에디슨(Thomas Edison)도 "발명이란 일시에 완전한 형태로 나타나는 것이라 생각하는 사람이 많지만, 그렇지 않다"라고 말했다.[45]

아이디어는 처음부터 완전한 형태로 만들어지는 것이 아니라 불완전한 형태로 태어난 것을 갈고 닦아서 점점 개선시켜 나가는 것이다. 에디슨은 "나는 실패한 적이 없다. 단, 1만 번의 제대로 되지 않는 방법을 발견한 것이다"라고 말했다. 생각난 아이디어를 실험해 보고 그것이 잘 되지 않았다고 하자. 그것은 '실패'가 아닌 '잘 되지 않는 방법의 발견'인 것이다. 잘 되는 방법의 발견을 향해서 한 걸음씩 전진해 나가는 것이다.

---

45 《나보다 잘 되는 놈의 비밀(Your Creative Power: How to Use Imagination)》(알렉스 A. 오스본 저, 이상훈 역, 책빛, 2008) 중에서 인용

최소한의 실현 가능한 제품

아이디어를 갈고 닦는 방법에서 '최소한의 실현 가능한 제품(Minimum Viable Product, MVP)'이라는 개념이 유용하므로 소개하도록 하겠다. MVP 개념은 기업가 에릭 리스(Eric Ries)가 쓴 《린 스타트업》에서 소개된 것이다. 이것은 스타트업 기업의 운영 방법론이다.

스타트업 기업은 자금이 떨어지기 전에 돈을 지불해 줄 고객을 찾아야 한다. 잘 팔릴 것 같은 소프트웨어에 대한 아이디어가 있더라도 그것을 개발하는 데 모든 자금을 써 버리면 아이디어가 잘못된 경우 도산하게 된다. 따라서 최소한의 비용으로 제품을 만들어 잠재 고객에게 보여 주고 돈을 지불하는지를 검증하는 것이 중요하다.

리스는 구축, 측정, 학습 루프를 돌려서 빠른 속도로 학습하는 것이 중요하다고 표현했다.

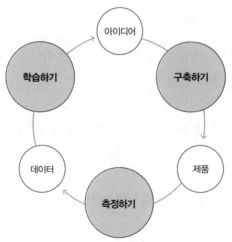

※《러닝 린(Running Lean: Iterate from Plan A to a Plan that Works)》(애쉬 마우랴 저, O'Reilly, 2012)에서 발췌.

구축, 측정, 학습 루프

먼저 아이디어를 가지고 최소한의 작업으로 제품을 구축한다. 다음은 그것을 고객에게 보여 주고 반응을 측정한다. 그리고 학습해서 측정 데이터를 바탕으로 아이디어를 수정해 가는 것이다.

예를 들어, 제품 소개 페이지를 만들고 예약 판매를 해보면 사려는 사람이 있는지 알 수 있다. 파일 동기 소프트웨어인 드롭박스(Dropbox)는 '파일 동기'라는 전달하기 어려운 제품의 가치를 고객이 받아들이는지 검증하기 위해 3분짜리 동영상을 만들었다. 이 동영상은 예상한 것보다 화제가 돼서 수백 만 명이 보고 7만명이 베타 버전을 예약했다. 파일 동기화를 필요로 하는 사람이 있다는 것이 검증된 것이다.

■── 누가 고객인지 모른다면 무엇이 품질인지도 알 수 없다

제품을 최소한의 비용으로 만들면 품질이 떨어질 수 있다고 걱정하는 사람도 있을 것이다. 하지만 리스는 "누가 고객인지 모른다면 무엇인 품질인지도 알 수 없다"라고 말했다. 여러분이 중요하다고 생각한다고 해서 고객도 그렇게 생각하라는 법은 없다. 설령 품질이 낮다고 고객이 말한다고 해도 고객이 무엇을 중시하는지 알 수 있는 기회가 된다.[46]

트랜지스터 라디오가 등장했을 때 세상에는 진공관 라디오가 주류였다. 이 진공관 라디오와 비교하면 트랜지스터 라디오의 음질이 좋지 않았다. 진공관 라디오를 만들던 사람 중에는 '이렇게 음질이 낮은 라디오가 보급될 리 없다'고 생각한 사람도 있었다. 하지만 현실에서는 수년 만에 진공관 라디오 이상으로 보급됐다. 고객에게는 품질보다도 가지고 다닐 수 있다는 것이 더 가치가 있었기 때문이다.

■── 무엇을 검증해야 할지는 목적에 따라 달라진다

린 스타트업은 벤처 경영 방법론이므로 회사를 존속시키기 위해서 돈을 벌어야 한다. 따라서 검증해야 할 것은 '이 제품이 돈을 내고자 하는 고객이 존재하는가'다. 하지만 여러분이 놓인 상황이 다르다면 검증해야 할 것도 달라진다.

---

46 에릭의 이 주장은 고객 후보가 무수히 많아서 몇 번이고 실험할 수 있다는 것을 전제로 하고 있다. 예를 들어, 평가자가 한 명이고 그 사람에게 능력을 어필해서 일을 받고자 하는 경우 질이 낮으면 다음 기회가 없을 수도 있다. 노력과 평가될 가능성 사이의 희생 관계인 것이다.

예를 들어, 본업에서 충분한 수입이 있으며 한가할 때 취미로 소프트웨어를 개발하고 있다고 하자. 그리고 이 소프트웨어를 많은 사람이 지속적으로 사용하길 원한다고 하자. 이 상황에서는 사용자가 돈을 지불하는 사람일 필요가 없으므로(본인이 이미 어느 정도 수입이 있으므로) 무상으로 공개해서 사용자가 계속 사용하는지를 검증해야 한다.

드롭박스의 동영상형 MVP에서는 사용하는 사람이 많다는 것을 알았지만, 지속적으로 사용할지 돈을 지불할지는 검증되지 않았다. 이것은 다른 기회에 다른 방법으로 검증했다.[47]

█ U 곡선을 오르다

다시 한번 U 이론의 U 곡선 모델을 보자. U 이론에서는 언덕을 오르는 단계를 3단계로 분할했었다.

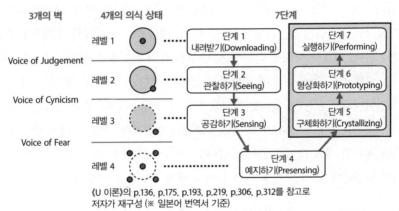

《U 이론》의 p.136, p.175, p.193, p.219, p.306, p.312를 참고로
저자가 재구성 (※ 일본어 번역서 기준)

U 언덕을 올라서 새로운 것을 만들어 낸다

---

47 스포츠의 MVP가 Most Valuable Player이므로 오해받기 쉽지만, 린 스타트업의 MVP에서 V는 valuable이 아닌 viable이다. viable은 '실행하는 것이 가능하다'라는 의미의 단어로 실험을 실행하는 것이 가능한 최소한의 제품을 만든다는 의미다. valuable이라면 가치가 있는지 여부를 만드는 사람이 판단하지만, 그것은 고객이 판단하는 것이므로 valuable은 적합하지 않다.

구체화하기(Crystallizing)는 아이디어가 구체화되는 상태다. 막연하게 생각하고 있던 것이나 불완전한 아이디어가 기록이나 가공, 또는 타인에게 말하는 것을 통해 명확한 형태가 되어 간다.

형상화하기(Prototyping)는 엔지니어에게 있어 친숙한 용어다. 구체화한 아이디어가 맞는지 검증하기 위해서 시제품을 만드는 상태다. 특히, 물리적인 제품을 만드는 업계에서는 제품 양산에도 비용이 들고, 양산 후에 문제를 발견한 경우에도 타격이 크다. 따라서 초기 단계에서 문제를 찾아내기 위해서는 시제품을 만들어서 테스트와 수정을 반복하는 것이다.

이것은 물건이나 제품에만 국한되는 것은 아니다. 예를 들어, 재택 근무 등의 인사 제도에서도 먼저 작은 규모로 시험 운용해 보고, 발견된 문제점을 수정한 후에 전사로 확대하는 것이다. 의도는 같다.

실행하기(Performing)는 만들어진 깃을 더 상위의 시스템에 적용하는 상태다. 예를 들어, 예상한 대로 동작하는 시제품이 만들어졌다고 하자. 이것이 창고에만 있다면 가치를 만들 수 없다. 예를 들어, 제품으로 양산해서 고객에게 전달돼야 한다. 이것이 사회에 적용하는 것이다. 물리적인 제품이라면 양산을 위해서는 금형으로 만들 수 있게 형태를 조절해야 한다. 소프트웨어도 만들기만 해서는 판매되지 않는다. 인터넷 광고를 하든가 영업 사원이 예상 고객을 방문해서 설명하든지 해서 어떠한 형태로든 고객과 연결해야 한다. 인터넷 광고를 한다면 제한된 배너 크기로 관심을 끌어오도록 시행착오를 거쳐야 하며, 영업 사원이 설명해야 할 때는 설명 방법 등이 시행착오를 통해 이루어진다.

또한, 여러분이 만든 것이 편리한 도구라고 해보자. 하지만 누군가 사용하지 않으면 가치가 없다. 도구 자체로 가치를 지니는 것이 아니라 도구와 사용자로 구성된 상위 시스템 내에서 도구와 사용자의 상호 작용에 의해 가치가 만들어지는 것이다. 도구라는 인공물이 아닌, 그것을 사용법, 그것을 사용할 때 필요한 개념을 나타내는 용어, 그리고 사용법이나 용어를 사용자에게 가르치는 것 등이 조합될 때 가치가 만들어지는 것이다.[48]

---

48 이것은 1장의 칼럼 '패턴에 이름을 붙이는 것'(38페이지)에서 소개한 사람의 지능 향상법 네 가지다.

이 세 개의 단계는 모두 PDCA 사이클을 돌리면서 올라가는 것이다. 나는 나선형 계단의 은유를 사용한다. U 이론에서는 3단계로 분할하고 있지만, 나는 '성장단계' 하나로 정리했다. 세 개로 분할하면 각 단계를 순서대로 한 번만 통과한다고 오해할 수 있기 때문이다.

물리적인 제품은 양산 전의 테스트를 중시하지만, 이것은 물리적인 제품의 양산에 큰 비용이 발생하기 때문이다. 소프트웨어는 복제 비용이 낮아서 전제 조건이 다르다. 예를 들어, 게임에서는 미완성 형태인 것을 '얼리 액세스 버전(Early Access Version)'이라는 이름으로 판매하는 경우가 있다. 인터넷을 통한 업데이트에 의해 판매 후에 문제가 발견돼도 수정할 수 있기 때문이다.[49]

린 스타트업의 MVP 개념은 가능한 한 Performing까지 진행해서 실제로 예상 고객의 반응으로부터 배우려고 하는 것이다. 그리고 배운 지식을 가지고 다시 한번 U 언덕을 올라서 아이디어를 수정해 간다.

▍타인의 시점이 중요

아이디어를 갈고 닦으려면 타인의 시점이 중요하다. 예를 들어, 지구를 특정 시점에서 보면 구면의 반 이상은 보이지 않는다. 보이는 범위가 매끄러운 구면이면 보이지 않는 것도 매끄러운 구면이라고 생각하기 쉽다. 하지만 날카롭게 솟아 있을 수도 있고 구멍이 파여 있을 수도 있다. 이것은 이 시점(구면의 반만 보이는)에서는 관측할 수 없다.

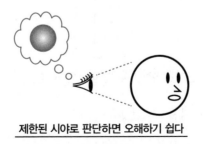

제한된 시야로 판단하면 오해하기 쉽다

---

49 2015년에 게임 판매 플랫폼 스팀(Steam)상에서 판매된 게임의 약 반 이상은 얼리 액세스 버전을 제공하고 있다.

여러분이 현재 시점으로 성공하면 자신에게 보이지 않는 것을 쉽게 잊을 수 있다. 구의 뒤쪽을 간과하지 않으려면 다른 시점에서 관찰하는 것이 중요하다. 혼자서 사물을 볼 때도 여러 시점에서 보려고 노력하는 것이 중요하지만 쉽지는 않다. 다른 사람의 눈을 빌리면 좀 더 쉽게 실현할 수 있다.

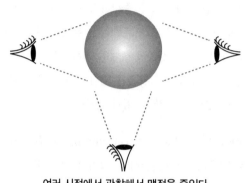

여러 시점에서 관찰해서 맹점을 줄인다

누구에게서든 배울 수 있다

세상에는 지식이 많은 사람과 적은 사람이 있으며, 지식이 많은 사람이 적은 사람을 가르친다. 따라서 흐름은 한쪽 방향으로만 흐른다고 생각하는 사람도 있다.

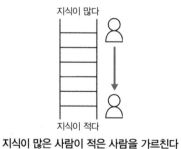

지식이 많은 사람이 적은 사람을 가르친다

하지만 이것은 오해다. 다음 그림을 보자.

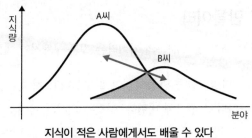

지식이 적은 사람에게서도 배울 수 있다

세로축은 지식의 양이고 가로축은 분야다. B가 A보다 지식의 총량이 적다. 하지만 A와 B의 특기 분야가 다르므로 지식이 적은 B도 'A가 모르는 것'을 알고 있다. 이런 상황에서는 B가 A에게 가르칠 수도 있다.

타인의 시점을 활용하려고 생각할 때 이런 접근법은 매우 중요하다. 예를 들어, 여러분이 어떤 제품을 만들어서 그것을 예상 고객에도 보여 줬다고 하자. 여러분은 좋은 물건을 만들었다고 생각하지만, 고객이 악평을 하는 경우도 있다. 이때 고객이 제품의 장점을 이해하지 못한다고 생각하고, 자신의 시점에서 제품이 얼마나 훌륭한지 설명할 수도 있다. 최종적으로 고객이 납득했다고 하자. 그것으로 괜찮은 걸까?

여러분이 고객에게 제품을 보여 준 목적은 매출을 올리는 것이었을까? 아니면 자신의 시점에서 보이지 않는 맹점을 찾는 것이었을까? 제품을 설명해서 예상 고객을 납득시키고 돈을 받았다고 하자. 이것은 매출에는 기여하겠지만 아이디어의 발전에는 기여하지 못한다.

의견의 차이는 맹점을 발견할 기회다. 자신의 시점과 다른 정보를 받아들이지 않는 관찰하기 상태를 U 곡선 모델에서 소개했다. 자신의 기존 틀에 갇혀서 타인의 시점으로 정보를 받아들이지 않는 상태다. 이 상태에서 빠져나오려면 상대가 어떻게 느끼고 있는지를 언어화해서 그것을 흡수해야 한다. 이때 유용한 것이 경작 단계에서 배운 언어화 기술이다. 자신을 상대로 한 연습에서는 기술을 연마해 두고, 타인과 대화에서 의견이 다를 때 사용하는 것이다.

타임머신을 만들어라

타인과 의견이 다를 때가 정보 획득의 기회라는 것을 구체적인 예를 통해 보겠다.

예를 들어, 고객이 '타임머신을 만들어'라고 요구했다고 하자. 여러분은 '그것은 물리적으로 불가능하다'고 생각해 버린다. 이것은 의견의 차이로 정보 획득의 기회다. 물리적으로는 '시간 여행을 할 수 있는 장치'를 만들 수 없다는 것은 사실이다. 하지만 고객이 '타임머신'이라는 용어로 가리키고 있는 것은 정말로 '시간 여행을 할 수 있는 장치'일까? 여러분은 '그건 무리야' 하고 생각할 때 암묵적으로 '고객은 자신과 동일한 의미로 타임머신이라는 용어를 사용하고 있다'라는 가설을 만들고 있는 것이다. 하지만 이 가설은 검증되지 않은 것이다.

'타임머신'은 고객의 사적인 언어다. 고객은 무언가 표현하고 싶은 것이 있지만 그것을 표현하기 위한 적절한 용어를 모른다. 그래서 알고 있는 용어 중에서 가장 가깝다고 생각한 '타임머신'을 우연히 선택한 것이다. 이 '타임머신'은 은유인 것이다.

고객이 사용한 '타임머신'이라는 용어의 의미를 모르므로 알기 위해서 다양한 질문을 한다. 이 '타임머신'은 어떤 타임머신인가? 이 '타임머신'이 있으면 무엇을 할 수 있나? 이 '타임머신'은 언제 필요한 것인가?[50]

고객에게 질문한 결과 중요한 파일을 그만 덮어쓰기해 버려서 타임머신으로 과거로 돌아가 파일을 복원하고 싶어한다는 것을 알았다. 고객은 '타임머신'이라는 용어로 덮어쓰기한 후에 덮어쓰기하기 전의 파일을 얻을 수 있는 도구를 표현하고 싶었던 것이다.

C o l u m n
지식의 분포도

'지식이 적은 사람에게서도 배울 수 있다'를 그림을 사용해서 표현해 보았다. 가로축에 지식의 분야, 세로축에 해당 분야의 지식량을 보여 주는 이 그림을 '지식의 분포도'라고 부르고 있다. 2011년에 처음 사용한 이후 다양한 개념을 표현할 때 편리하게 사용하고 있다.

---

50 이 질문은 클린 랭귀지 부분에서 소개한 클린한 질문과 비슷하다.

레이더 그래프도 비슷한 목적으로 사용하고 있다. 레이더 그래프가 더 익숙한 독자가 많을 것이다. 아래의 두 레이더 그래프는 각각 특기 분야가 다른 두 명의 분야 단위 지식량을 보여 주고 있다.

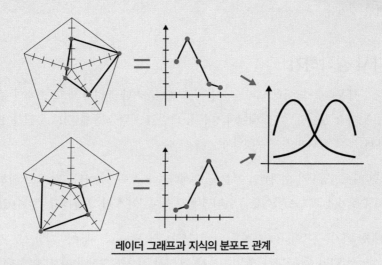

레이더 그래프과 지식의 분포도 관계

솟아 있는 부분이 그 사람의 강점이다. 5개의 축이 5개 지식 분야를 표현한다. 레이더 그래프 옆에, 가로축을 5개 지식 분야, 세로축을 지식량으로 하는 꺾은선 그래프를 그렸다. 이것은 동일한 내용을 다르게 표현하고 있는 것이다. 꺾은선 그래프를 부드럽게 해서 두 그래프를 합친 것이 오른쪽 끝의 지식 분포도다.

내가 레이더 그래프를 사용하지 않는 이유는 정해진 눈금 수로 지식 분야를 표현하는 것이 지식 분야를 적절하게 표현하지 못한다고 생각했기 때문이다. 지식 분야는 몇 개만 있는 것이 아니라 무수히 많다. 지식 분야에는 명확한 경계가 없다. 독립된 것이 아니라 특정 분야를 배우면 인접해 있는 분야의 지식량도 올라간다. 지식 분야는 고정적인 것이 아니라 매일 새롭게 늘어난다. 이것을 표현하기 위해서는 닫힌 원형이 아니라 부드러운 곡선으로 연결된 것이 좋다. 지면에서는 1차원의 축으로 표현하고 있지만, 실제로는 더 고차원의 공간이 펼쳐지고 있다.

한편 타임머신을 프로그래머의 언어로 말하면 '자동 백업을 취해서 필요한 때 과거 파일을 복원할 수 있는 구조'가 된다. 고객은 자동 백업이라는 개념을 몰랐으므로 자신이 알고 있는 단어 중에서는 '타임머신'이 가장 가깝다고 생각한 것이다.

애플은 타임머신(Time Machine)이라는 이름의 소프트웨어를 제공하고 있다. '자동으로 백업해서 필요한 때 과거 파일을 복원할 수 있는 구조'로 고객이 원하는 바로 그 기능이다. 자동 백업의 개념을 모르는 고객에게도 전달하기 쉬운 용어를 선별한 것이다.

다시 경작하기

고객이 사용하는 단어의 의미를 마음대로 판단하거나 정하지 말고, 고객의 주장을 비난하지 않는다. 이 상태에서 충분히 타인의 시점을 통한 정보 수집을 했으면 다음으로 필요한 것은 무엇일까?

첫 번째는 설명하기 어려웠던 부분을 수정하거나 소프트웨어의 단점을 보완하는 등의 수정이다. PDCA 사이클을 돌리면 현재 아이디어를 더 크게 성장시킬 수 있다.

다른 한 가지는 아이디어 자체를 다시 만드는 접근법이다. 새로운 시점으로 정보를 섞어서 KJ법 등을 다시 경작해 보자. 혼자서 정보를 경작할 때보다 더 재미있는 발견을 할 수 있을 것이다. 나는 타인이 그린 창조성의 그림을 보고 '여러 명의 창조성'이라는 맹점을 발견할 수 있었다.

제임스 웹 영은 좋은 아이디어는 스스로 키운다고 말했다. 좋은 아이디어는 사람을 자극해서 적극적으로 피드백을 주도록 만들기 때문이다. 아이디어를 성장시키기 위해서도 많이 보여 주는 것이 좋다.

C o l u m n

책은 양방향 커뮤니케이션이 불가능하다

책을 읽고 기록한 것을 사용해 KJ법을 하는 것도 타인의 시점으로 정보를 수집해서 다시 경작하는 것이라 생각할 수도 있다. 하지만 나의 경험에 의하면 쉽지 않다. 어려운 이유에는 세 가지가 있다. 먼저, 책에 대해서 스스로 생각할 수 없으므로 계속 '가르침을 받는 쪽'의 태도를 취하기 쉽다. 다음으로 '그 타임머신은 어떤 타임머신인가?' 하는 식으로 단어의 의미를 확인할 수 없다. 저자가 적은 단어를 자기가 해석하는 수밖에 없고, 그 해석이 맞는지를 검증할 수 없다. 마지막으로 책은 능동적으로 말을 설명하지 않는다. 내가 수업을 할 때 질문 시간이 되면 능동적으로 질문하는 사람이 있다. 그리고 질문은 타인의 시점에서 본 중요한 부분에 관한 것이다. 반대로 책에서 추출해서 기록하는 내용은 타인이 집필한 것으로부터 자신의 시점에서 중요하다고 생각한 것을 기록하는 것이다. 책이란 이처럼 양방향 커뮤니케이션이 불가능하다.

여기서 내가 KJ법을 습득했던 과정을 설명하면 도움이 될 것이다. 먼저, 처음에는 가와키타의 책을 읽고 KJ법이 유용하다는 것을 느꼈다. 다음은 KJ법을 다양한 책에서 추출해서 기록한 것을 구조화하므로 유용하다는 확신이 들었다. 이 유용한 방법을 다른 사람에게 전하고자 하는 마음이 강해졌다. 그래서 강의 자료를 만들기 위해 가와키타의 다른 책도 포함해서 메모하기를 통한 KJ법을 적용했다. 책 내용을 한 번 이해한 후 포스트잇으로 만들고, 그것을 직접 재구축하므로 스스로 이해를 키웠다. 이를 통해 가와키타의 생각 모델을 만든 것이다. 이것을 나는 "자신 속에 가와키타 에뮬레이터(Emulator)를 만든다"라고 불렀다. 이 단계에서는 자신에게서 온 정보보다 가와키타의 정보가 더 많았다.

책에 적혀 있지 않은 질문에 대답할 수 있는지 여부로 에뮬레이터의 유무를 검증할 수 있다. 책을 그냥 베낀 지식으로는 책에 기록되지 않은 질문에 답할 수 없다. 에뮬레이터가 있으면 책에 적혀 있지 않은 질문에 '가와키타라면 분명 이렇게 답했을 거야' 하고 답할 수 있을 것이다. 강의를 한 후 타인의 반응을 관찰하거나 강의 자료를 개선하는 도중에 원래 책이나 에뮬레이터 설명으로는 전달하기 어려운 부분이 발견되곤 한다. '하향식이 아닌 상향식', '관련성이 있어 보이는 것을 가까이에 둔다' 등의 표현은 전달하기 어려웠다. 어떻게 하면 전달될지 생각하기 시작했고, 에뮬레이터의 지식과 내 경험 등이 결합하기 시작하면서 새로운 설명이 만들어지기 시작했다. "관련성이 있어 보이는 것을 가까이에 둔다"라는 가와키타의 말에는 자신이 강의 자료의 슬라이드를 만들 때 KJ법을 사용한 경험을 바탕으로, 꽤 많은 설명이 추가됐다. '하향식이 아닌 상향식'과 앨런의 GTD를 연관 짓는 설명도 에뮬레이터가 내 경험과 융합했기 때문에 태어난 것이다.

에뮬레이터 만들기는 모델화라고 할 수 있다. 먼저, 책에서 정보를 수집해서 모델을 만들고, 그 모델을 사용해서 강의를 하면 타인에게서 '이것은 알기 어렵다'라는 의견을 받았다. 책의 내용을 설명해서 '알기 어렵다'라는 의견을 받는 것은 책에 적혀 있지 않는 부분이다. 따라서 이것을 개선하기 위해서는 직접 경험을 바탕으로 새로운 설명을 만들어 내야 한다.

---

i 특정 기계의 동작을 다른 기계에서 모방하는 것을 에뮬레이션(Emulation)이라고 한다. 그리고 이 모방하는 기계를 에뮬레이터(Emulator)라고 한다. 예를 들어, 게임기에 따라서는 옛날 게임기의 게임을 플레이할 수 있는 기능을 제공하는 것도 있다. 이것이 가능한 것은 새로운 게임의 내부에 옛날 게임기의 에뮬레이터가 있기 때문이다.

정리

이 장에서는 아이디어가 만들어지는 과정, 즉, 지적 생산의 '생산'과 직결되는 부분을 자세히 살펴보았다. 배운다는 것은 자신 밖에 있는 것을 자신 속에 넣는 것, 아이디어를 만드는 것은 자신 속에 있는 것을 밖으로 꺼내는 것, 이 두 가지는 반대 방향이라고 생각하는 사람도 많을 것이다. 하지만 그렇지 않다. 아이디어가 만들어지는 과정을 경작 단계, 발아 단계, 성장 단계로 나누면 경작 단계는 정보 수집, 성장 단계는 검증과 긴밀한 관련이 있다. 정보 수집과 검증은 학습 사이클에서 소개한 요소다. 학습과 아이디어의 창조는 반대 방향이 아니라 거의 동일한 것이라 나는 보고 있다. 즉, 아이디어가 발아하는 순간에 발생하는 것은 새로운 결합으로서 다른 것 사이의 관련성을 발견하는 것이자 패턴의 발견이고, 모델화이자 추상화인 것이다.

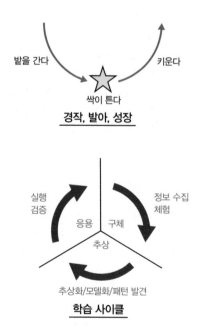

경작, 발아, 성장

학습 사이클

이 장의 반 정도는 아직 언어화되지 않은 것을 언어화하는 방법에 관해 많은 지면을 할애해서 설명했다. 처음부터 객관적이 되고자 하는 것이나 맞아야 된다고 생각하는 것은 새로운 것을 만들어 내는 데 방해가 된다. 먼저 주관적인 위화감이나 신체 감각, 개인적인 은유를 활용해서 아무도 본 적이 없는 것을 끄집어 내야 한다. 갈고 닦는 것은 그 다음이다.

5장에서 방대한 정보를 정리하는 방법으로 소개한 KJ법은 가설을 만들어 내는 지적 생산 방법이라는 것을 배웠다. 5장과 6장을 조합해서 객관적으로 분류하는 것이 아니라 주관적으로 결합을 찾아내는 것이 새로운 것을 만들기 위해 필요하다는 것을 배웠다. KJ법은 정보를 갈아서 발아하기 쉬운 환경을 정비하기에 좋은 기법이다.

갈고 닦기 기법은 '1장 검증'(46페이지)과도 큰 연관성이 있다. 여러분이 놓인 상황에 따라 적절한 방법이 달라지므로 폭넓은 분야에서 사용할 수 있는 MVP 개념을 소개했다. 작은 실험을 통해 점차 개선해 가는 것이다.

7장에서는 '무엇을 배우면 좋은지'라는 자주 접하는 질문에 관해 생각해 본다. 학습은 지적 생산이므로 무엇을 생산해서 가치를 얻을지 경영 전략으로 해설할 수 있다. 여러분의 지적 생산성을 어떻게 성과와 연결시키는지 생각해 보자.

제 7 장

무엇을 배울지
결정하려면

내가 대학에서 강연할 때 "무엇을 배우면 좋을지 모르겠다"는 질문을 자주 받는다. 1장 ~6장에서는 무엇을 배울지 정해져 있다는 것을 전제로 그것을 어떻게 배워야 하는지의 방법론을 설명했다. 이 장에서는 한 발 더 나가서 무엇을 배울지 그 의사결정에 관해 생각해 보자.

무엇을 배우는 것이 맞는가?

'무엇을 배우는 것이 좋을가'로 고민하고 있는 사람의 얘기를 듣고 있으면 종종 나오는 발언이 '무엇을 배우는 것이 맞는지'다. 이 '맞다'란 무엇일까? 2장과 5장에서 잠시 다루었지만 중요한 부분이므로 자세히 살펴보겠다.

수학에서 맞다는 것

수학에서 무엇을 맞다고 하는지 먼저 생각해 보자. 수학에는 '공리(公理)'가 있다. 공리는 맞다고 가정한다. 그리고 이 공리의 조합에 의해 논리적으로 유도된 것은 '맞다'고 생각한다. 이 책에서 사용해 온 상자를 쌓는 예로 설명하면 '확실하게 맞는 지식'이 기반으로 존재하고 이 기반 위에 제대로 쌓아 올린 지식은 맞는 지식이라고 생각하는 것이다.[1]

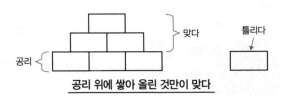

공리 위에 쌓아 올린 것만이 맞다

지식X가 맞다는 것을 보여 주기 위해서 다른 지식Y를 이유로 설정했다고 하자. 이 지식Y가 맞는지를 보여 주지 않으면 X가 맞다고 할 수 없다. 이 접근법에서는 어딘가에서 '이것은 맞는 것이다' 하고 근거 없이 정하게 된다.

1　이 생각 방식에는 '기반 주의(Foundationalism)'라는 이름이 붙어 있다.

근거 없이 맞다고 정해진 공리 중에서도 특히 논의를 불러 일으키는 것이 '선택 공리'다. 이것은 '공집합[2]을 요소로 가지지 않는 임의의 집합족[3]에 대해 각 집합에서 하나씩 요소를 선택해서 새로운 집합을 만들 수 있다'라는 공리다. 예를 들어, {A, B, C}라는 집합과 {D, E}라는 집합, {F, G, H}라는 집합이 있는 경우에 각각 하나씩 요소를 선택해 {A, D, F}라는 집합을 만들 수 있는 것이다.

이것은 얼핏 당연하게 보일 수도 있지만, 그렇게 보이는 것은 예로 든 것이 유한 개수의 요소로 구성된 집합이기 때문이다. 무한 개수의 요소로 구성된 집합에 관해 생각해 보자. 예를 들어, '반지름 1인 구'는 '중심으로부터 거리가 1 이하인 무한 개수의 점 집합'이다. 선택 공리가 맞다고 인정하면 이 구를 네 개로 분할하고 회전해서 두 개씩 조합하면 반지름 1인 구를 두 개 만들 수 있다고 수학자 스테판 바나흐(Stefan Banach)와 알프레드 타르스키(Alfred Tarski)가 증명했다. 즉, 분할하고 회전해서 조합하면 체적이 두 배가 되는 것이다. 이것은 직감에 반하는 내용이다.[4]

직감에 반하는 결과가 유도되므로 선택 공리를 인정해서는 안 된다는 수학자도 있다. 반면, 선택 공리를 인정해야 한다는 수학자도 있다(인정하는 쪽이 더 많다). 이처럼 공리가 맞는지는 사람에 따라 의견이 달라지는 것이다.[5]

▌과학과 수학에서의 맞다는 것의 차이

과학에서 맞는다는 것은 수학에서의 그것과 약간 다르다. 과학에서는 몇 번이고 실험해서 확인된 것을 맞다고 생각하는 사람이 많다. 하지만 수학에서는 몇 번이고 실험해서 확인된 것이라도 맞다는 것이 보장되지 않는다.

---

2 요소를 가지지 않는 빈 집합을 의미한다.
3 집합을 요소로 가지는 집합(집합의 집합)이다.
4 바나흐-타르스키의 정리. 직감에 반하는 결과에 주목해서 바나흐-타르스키 패러독스(역설)라고도 불린다.
5 인정하는 쪽이 다수라는 것을 의외라고 생각할 수도 있다. '직감에 반한다'라고 느끼는 직감이 틀렸다는 접근법 이다. 무한의 범위로 가면 인간의 직감은 종종 틀린다. 예를 들어, 직감에서는 짝수(2, 4, 6)는 자연수(1, 2, 3)보 다 적다고 느낄 수도 있지만, 어떤 자연수 n을 선택해도 대응하는 짝수 2n이 존재하므로 '짝수는 자연수보다 적 다'는 잘못된 것이다. 예를 들어, '10,000까지의 자연수'와 '10,000까지의 짝수'라면 짝수가 적지만, 이것은 집합의 요소 수가 유한한 경우다. 사람은 무한을 직감적으로 그리지 못해서 직감적으로 큰 유한의 수와 혼동해 버린다.

예를 들어, '소수는 모두 홀수다'라는 주장이 맞는지를 '랜덤으로 소수를 하나 선택해서 그것이 홀수인지 확인한다'라는 실험으로 검증한다고 하자. 1회째 실험에서는 971이 선택됐다고 하면 이것은 홀수다. 2회째 실험에서는 683이 선택됐다고 하자. 이것도 홀수다. 이 실험을 100회 반복해서 100회 전부 홀수였다면 '소수는 모두 홀수다'가 맞다고 할 수 있을까?

수학적으로는 맞다고 볼 수 없다. 100회 긍정적이라도 101회째에서 부정이 될 가능성이 있기 때문이다. 소수는 무한으로 존재하고 그중에서 유일하게 2만 짝수다. 이 실험의 '랜덤하게 소수를 하나 선택한다'에서는 매우 낮은 확률로 2가 선택될 때까지 '홀수다'라는 관찰 결과를 계속 반환할 것이다. 2가 선택돼서 '홀수가 아닌 소수도 있다'고 관찰되면 '소수는 모두 홀수다는 틀리다'라고 결론 내릴 수 있다. 하지만 홀수가 계속 나와서 몇 백 번, 몇 천 번 홀수가 관찰되더라도 '맞다'고 생각하지 않는 것이 수학의 입장이다.[6]

수학의 '반복해서 맞는 사례가 관찰되더라도 맞다고 인정하지 않는다'는 입장에서는 실험 결과의 관찰에 기반을 둔 주장은 모든 사례를 관찰하지 않는 이상 틀린 것이 된다. 하지만 과학자들은 이에 대해 동의할 수 없다. 예를 들어, 탄소를 태우면 이산화탄소가 된다는 것을 증명하기 위해서 모든 탄소를 연소해서 확인하는 것은 불가능하다.

그래서 과학에서는 맞다는 기준을 변경했다. 먼저, 실험을 통해 부정되지 않은 주장은 임시로 맞다고 가정한다. 그리고 실험을 반복해서 주장을 지지하는 결과가 관찰되면 될수록 그 주장은 신뢰성이 높아지게 된다.[7]

---

6   이것은 소프트웨어 테스트와 비슷하다. 테스트가 실패하므로 버그가 존재하는 것을 알았지만, 테스트가 성공했다고 해서 버그가 없다는 것을 증명할 수는 없다. 5장의 칼럼 '지식의 일치성'(172페이지)에서 다익스트라의 말을 소개했다.

7   단, 실험은 '주장이 맞지 않다는 것을 판정할 수 있을 것'을 조건으로 한다. 여기서는 과학자이자 철학자인 칼 포퍼(Karl Popper)가 제창한 반증 가능성 개념을 설명하고 있다.

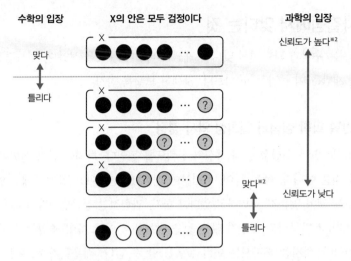

수학의 입장   X의 안은 모두 검정이다   과학의 입장

맞다   신뢰도가 높다[2]

틀리다

맞다[2]   신뢰도가 낮다

틀리다

※1: 이 '맞다'는 나중에 실험에 의해 뒤집힐 수 있는 임시 판단이다. '지금은 임시로 맞다고 해 두자'라고 생각하면 된다.
※2: 모든 사례에 대해 관찰하면 맞다고 증명할 수 있다. 하지만 과학자가 실험에 사용할 수 있는 돈이나 시간은 제한돼 있으며, 애당초 사례가 무한히 있는 케이스도 있다.

수학의 입장과 과학의 입장

이 기준을 채택하면 적절한 시험을 반복해서 가설의 신뢰도를 높여 나갈 수 있다.

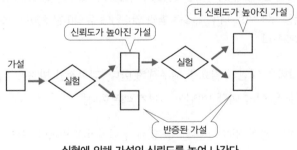

더 신뢰도가 높아진 가설

신뢰도가 높아진 가설

가설   실험   실험

반증된 가설

실험에 의해 가설의 신뢰도를 높여 나간다

이렇게 신뢰도가 높아진 가설을 사람은 대충 '맞다'고 표현하는 것이다.

의사결정에서 맞다는 것

지금까지는 수학과 과학에서 맞다는 개념이 다르다는 것을 보았다. 의사결정에서 맞다는 개념은 이 둘과는 또 다르다. 자세히 보도록 하자.

■── 반복 과학 실험과 일회성 의사 결정

과학에서는 반복 실험을 통해 가설의 신뢰도를 높인다. 하지만 반복 실험이 항상 가능한 것은 아니다. 예를 들어, 여러분이 대학 1학년생이고 '프로그래밍 언어 X를 배우는 것이 맞는지' 고민하고 있다고 하자. 과학적인 접근법이라면 배우는 것을 몇 번이고 반복하고 배우지 않는 것을 반복해서 어느 쪽이 좋았는지 비교 검토할 것이다. 하지만 혼자서는 이런 실험을 할 수 없다. 배우든가 배우지 않든가 한쪽만 할 수 있다.

과학적인 접근을 한다면 예를 들어, 다음과 같은 실험을 하게 된다.

- 비교를 위해서 100명의 학생을 모으고, 50명에게 언어 X를 배우게 하고, 나머지 50명은 배우지 않게 한다.
- 배우는 것의 효과를 정량적으로 측정하기 위해서 5년 후 연수입의 차이를 확인한다.
- 두 그룹을 무작위로 나누고, 5년 후의 연수입에 유의미한 차이가 있는지 통계적으로 검증한다.

하지만 이 실험은 개인의 필요를 채우진 못한다. 과학적인 발견을 위해서 5년이 지나면 여러분은 이미 대학 1학년이 아니기 때문이다.[8]

의사결정은 대부분의 경우 반복할 수 없는 일회성의 작업이다. 의사결정을 종용 당하는 상황에서 도움이 될 만한 지식이 부족한 경우가 자주 있다. 이런 때 지식이 갖춰지는 것을 기다리면 의사결정의 시점을 놓치는 '나쁜 의사결정'이 된다. 즉, 의사결정에서 맞다는 것은 수학이나 과학과 다른 성질을 지니고 있는 것이다.

---

8 5년 전부터 실험이 이루어졌고 언어 X를 배우는 것이 통계적으로 유의미한 연수입 증가로 연결된다는 결과를 얻었다고 하자. 그래도 이 과학적 지식이 여러분의 연수입 증가로 이어진다는 것을 보장해 주지는 않는다.

■── 사후에 결정되는 것의 유용성

이런 일회성 사건에는 어떤 기준이 있을 수 있을까? 그중 하나가 유용성이다. 의사결정에서 맞다는 것은 사전에 정해지지 않는다. 의사결정이 유용한 결과를 불러온다면 그 의사결정이 맞았다고 사후에 결정한다.

지금 의사결정을 해야 한다고 하자. 즉, 몇 개의 보기가 있으며 그중 하나를 선택해야 하는 상황이다. 여러분은 '어떤 보기가 맞는지 몰라서' 고민하고 있다.

고민하고 있다는 것은 현 시점의 지식에서는 모두 동일하게 평가하고 있음을 뜻한다. 그렇다면 무언가를 선택하든 현 시점에서는 모두 동등하게 맞는 것이다. 판단을 해야 하는 시점까지 시간이 있다면 '판단을 미루고 정보 수집을 한다'라는 의사결정도 하나의 방법이 될 수 있다. 하지만 대부분의 경우 아무리 정보 수집을 해도 어느 보기가 맞는지 확정하지 못한다. 그리고 어느 시점에 정답을 모르는 상태에서 그냥 보기를 선택하게 된다. 시간이 흘러서 선택한 결과를 다시 보고 유용했다면 그 선택이 맞았다 하고 사후에 알게 되는 것이다.

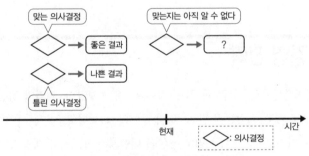

현재 의사결정이 맞는지는 아직 알 수 없다

■── 과거를 돌아보고 점을 연결한다

이 접근법에 대해서는 애플의 공동 창업자인 스티브 잡스(Steve Jobs)가 스탠퍼드 대학의 2005년 졸업식에서 한 연설이 유명하다.

그는 대학생일 때 대학을 포기하기로 의사결정을 했다. 그 결정 후 졸업을 위해서 학점을 받지 않아도 됐기에 관심이 가는 대로 필수가 아닌 수업을 들었다. 그중에 하나가 서예로 글자의 아름다움에 관한 수업이었다. 잡스는 이때의 경험이 매킨토시를 만들 때 큰 도움이 됐다고 언급했다. 실제 잡스가 했던 연설을 간단하게 의역해 보았다.

"여러분은 미래를 향해서 점을 그을 수는 없습니다. 과거를 돌아보고 연결하는 것만 가능합니다. 따라서 미래에 어떤 형태로든 점이 연결될 거라는 것을 믿고 행동해야 합니다. 왜냐하면 그렇게 믿는 것이 자신감을 주기 때문입니다."[9]

서예가 유용하다는 것은 사전에는 몰랐다. 만약 잡스가 서예를 배우지 않았다면 매킨토시를 만들고자 한 시점에 서예가 유용하다고 생각하지 못했을 것이다. 매킨토시를 만들기 전에 배웠으므로 매킨토시를 만들 때 서예 지식을 적용할 수 있었던 것이다.

무언가를 배우려고 결정하는 것은 의사결정이다. 무엇을 배우는 것이 유용한지는 사전에는 알 수 없고, 사후에만 알 수 있다. 무엇을 배우고 싶은지에 대한 답을 밖에서 찾아도 찾을 수 없다. 그것은 여러분만 알 수 있는 것이기 때문이다.

자신 경영 전략

의사결정이 맞다는 것은 사후에 알 수 있다는 것을 보았다. 기업의 경영도 의사결정의 연속으로 사전에 맞는지 알 수 없다. 하지만 그렇다고 경영을 우연에 맡길 수도 없는 일이다. 경영학은 이 어려운 상황을 어떻게든 해보려고 계속 노력해 왔다.

사전에 정답을 알 수 없지만, 정답의 확률을 높일 수 있는 몇 가지 전략이 있다. 무엇을 배울지 결정하는 것은 시간이나 금, 의욕 등의 정해진 자원을 어디에 투자할지 의사결정하는 것이므로 경영 전략의 비유(아날로지)가 유효하다.

---

9 You can't connect the dots looking forward; you can only connect them looking backwards. So you have to trust that the dots will somehow connect in your future. You have to trust in something — your gut, destiny, life, karma, whatever. Because believing that the dots will connect down the road will give you the confidence to follow your heart even when it leads you off the well-worn path and that will make all the difference

배우고 싶은 대상을 찾는 탐색 전략

무엇을 배우면 좋은지 불안하게 생각하는 사람도 많지만, 개인적으로는 무엇이든 좋다고 생각한다.

프로그래밍 언어의 선택에도 비슷한 고민이 있다. 프로그래밍을 경험하지 않은 사람이 '어떤 프로그래밍 언어를 배우면 좋을까' 하고 고민하는 것이다. 무엇을 배우는 것이 좋은지 고민하는 데 한 달을 소비하는 것보다 무엇이든 좋으니 한 가지 언어를 1개월 내에 배우는 것이 좋다. 세상에는 다양한 언어가 있지만, 소수의 예외를 제외하고 대부분이 공통 개념으로 구성돼 있다. 무언가 하나의 언어를 선택하면 필요에 따라 다른 언어도 효율적으로 배울 수 있게 된다.

무엇을 배울 대상으로 선택할지에는 정답이 없다. 무엇을 배우므로 '학습 능력'이 배가되고, 다른 분야를 배우고 싶다는 생각한 때 효율적으로 배울 수 있다. 따라서 무언가를 배우고 싶다는 열의의 불태우는 대상을 찾아서 그것을 배우면 된다. 지금 무엇을 배울지 고민하고 있다면 그것은 '아직 대상을 발견하지 못한' 상황이다. 어떻게 하면 발견할 수 있을까?

Column

보기의 수가 의사결정의 질에 미치는 영향

키엘 대학(University of Kiel)의 연구원 한스 게오르크 게뮌덴(Hans Georg Gemünden)와 위르겐 호스칠트(Jürgen Hauschildt)은 의사결정의 질이 무엇에 의해 영향을 받는지 알기 위해서 1,380명의 임직원이 있는 회사에서 1년 반 동안 83건의 경영 판단에 관해 8년 후에 같은 경영자에게 그 판단이 좋았는지 질문하는 연구를 했다.[i]

의사결정의 질에 큰 영향을 미치는 것은 보기의 개수였다. 보기가 두 개였던 경우에 비해 세 개였던 경우는 사후에 '매우 좋은 의사결정이었다'고 판단되는 비율이 16.7배가 늘었다. 보기가 네 개 이상인 경우는 어떻게 되는지에 대해서는 충분한 데이터가 없다. 하지만 '할까, 말까', '보기 A, 아니면 보기 B'처럼 두 개의 보기 사이에서 갈등하고 있다면 보기를 늘려서 세 개로 만드는 것이 좋을 수도 있다.

---

i Hans Georg Gemünden and Jürgen Hauschildt. (1985). "Number of alternatives and efficiency in different types of top-management decisions". *European Journal of Operational Research*, 22(2), 178-190.

■── 탐색 범위를 넓힌다

미지의 것을 발견하기 위해서 탐색 범위를 넓히자는 것이 이 전략의 기본 방침이다. 눈에 들어온 것, 조금이라고 관심이 있는 것을 배워 보자. 대충 다양한 분야를 경험해 보자. 어떤 것이든 경험하는 것이다.

배우고 싶은 대상을 찾는 탐색 전략은 특히 학생을 위한 전략이다. 대학생은 다양한 수업을 선택할 수 있으며, 도서관에도 여러 책이 있다. 서점에서는 각 학부의 학생용 교과서가 진열돼 있다. 새로운 분야를 개척하기 쉬운 환경에 놓여 있는 것이다. 이 환경을 활용해서 관심 가는 대로 탐색하면 된다.

'자신이 아직 알지 못하는 것'을 적극적으로 시도해 보고, 관심이 가지는 것을 찾자. '자신이 알지 못한다는 것을 모른다'는 맹점이다. 맹점을 발견하기 위해서는 타임의 시점이 유용하다. 다른 학부, 다른 전문성을 지닌 사람과 얘기해 보자.

해보고 '이것은 다르다'라는 위화감을 느꼈다면 무리해서 계속하지 말고, 다른 것을 시도해 보자. 잡스가 대학을 관둔 것도 칼리그래피 수업을 들은 것도 이런 접근 방식이었다.

| 지식을 이용한 확대 재생산 전략

탐색 전략은 자신의 내면에 '열의가 생겼는지'에 주목한 전략이다. 이 절에서는 반대로 자신의 외부에 주목해 보도록 한다. 경영 전략의 분류에서는 자신이 놓인 상황을 '장소(포지션)'에 비유하며, 주변의 상황을 분석해서 유리한 장소를 선점하려고 하는 전략을 '포지셔닝 학파'라고 한다.[10] 여기서는 동일하게 여러분이 놓인 상황, 자신의 주변 5미터에 주목해 보도록 한다.

2장에서 배운 '탐색과 사용 사이의 균형'(62페이지)을 떠올려 보자. 탐색만 하면 얻은 지식을 이용할 수 없다고 했다. 탐색 전략을 학생용이라고 말한 것은 학생은 사회통념상 '배우기 위한 포지션'에 있으며, 탐색에 많은 시간을 사용할 수 있기

---

10 참고문헌: 《Management? It's Not What You Think!》(헨리 민츠버그 외 저, AMACOM, 2010)

때문이다. 반면, 사회인에게는 '일해', '돈 벌어'라는 압박이 있어서 '배울 시간이 없다'고 고민하는 사람이 학생보다 많다.

사회인의 일상은 비즈니스다. 비즈니스란 누군가의 수요를 만족시키고 그에 대한 대가를 받는 것이다. 그런 사회인이 먼저 배워야 할 것은 '지금 하고 있는 일의 효율화'다. 일을 효율적으로 하면 여유 시간을 만들 수 있고, 그 여유 시간을 다시 새로운 학습에 투자할 수 있는 것이다.

이 전략을 나는 '지식의 확대 재생산 전략'이라고 부른다. 확대 재생산이란 기업이 이익을 올렸을 때 그 이익을 생산 설비 등에 투자하고 그 설비를 사용해서 다시 이익을 올리는 것이다. 동일한 것을 개인의 전략으로 실행하는 것이다. 지식의 확대 재생산 전략은 세 가지 요소로 구성된다.

- 지식을 사용해서 시간을 벌고, 그 시간을 지식 획득에 투자한다.
- 지식을 사용해서 돈을 벌고, 그 돈을 지식 획득에 투자한다.
- 지식을 사용해서 입장을 얻고 그 입장을 사용해서 지식 획득을 한다.

지식과 시간, 지식과 돈의 교환은 이해하기 쉬우므로 여기서는 입장을 얻는 것에 대한 몇 가지 예를 보도록 하겠다.

예를 들어, 사내에서 '분야 A에 대해 잘 아는 사람이다'라는 평판이 생기면 분야 A에 관련된 상담이 집중된다. 이를 통해 분야 A의 지식 적용 대상에 관한 정보가 점점 모이게 된다.[11]

입장을 사용한 지식 획득의 다른 한 가지 예로, 현재 포지션에서 효율적으로 배우는 것이 무엇인지 생각해 보자. 예를 들어, 분야 B를 잘 아는 선배가 있다면 현재 포지션을 활용해서 효율적으로 분야 B를 배울 수 있을지도 모른다. 명시적으로 가르쳐 달라고 요청할 수도 있고, 일하는 모습을 잘 관찰해서 모방하는 방법도 있다.

---

11 물론 몰려오는 상담 전부를 작업으로 받아들이면 재투자를 위한 시간이 없어진다. 성과로 연결될 것 같은 것을 선택하고, 요구가 많다는 것을 가시화해서 다른 잡일을 거절하는 용도로 사용하자. 주체적인 태스크 선택에 대해서는 2장에서 배웠다.

탁월함을 목표로 하는 차별화 전략

주변에 있는 사람과 동일한 분야를 배우는 것은 효율이 좋은 것일까? 나쁜 것일까? 이것을 깊이 있게 생각해 보자.

■── 타인을 통해 얻는 지식은 비용이 낮다

가까이에 분야 C의 학습을 끝낸 사람이 있고, 그 사람에게서 분야 C를 배우는 경우 지식의 획득 비용이 낮다. 잘 아는 사람이 있다면 모르는 것은 바로 물어야 한다.

모르는 것을 질문하는 것에 부정적인 생각을 가진 사람도 있을 수도 있다. 하지만 질문하는 쪽이 경영상 맞는 행동이다. 예를 들어, 구글의 수석 엔지니어인 빈센트 반호크(Vincent Vanhoucke)는 새로운 팀 멤버에게 "곤란할 때는 먼저 스스로 15분 정도 해결책을 시도해 본다. 그리고 15분이 지났다면 다른 사람에게 도움을 구해라" 하고 15분 규칙을 제안했다.

먼저 스스로 15분간 해결책을 생각하는 것은 타인이 시간을 허비하지 않기 위해서다. 그리고 15분이 지나도 해결되지 않는다면 타인의 도움을 요청할 필요가 있다. 왜냐하면 15분 열심히 노력해도 해결하지 못한 사람은 시간을 추가로 투자하더라도 해결할 수 있는 가능성이 낮아서 시간을 허비하기 때문이다.

조직을 운영하는 측의 시점에서 보면 타인에게 상담하면 5분으로 해결할 수 있는 문제를 해결 능력이 없는 사람이 혼자서 품고 있다가 1시간을 사용했다고 하면 인건비의 허비인 것이다. 모르는 것은 질문하는 것이 경영상 바람직하다.[12]

■── 타인에게서 얻은 지식은 가치가 낮다

주변에 있는 사람과 동일한 분야를 배우면 낮은 비용으로 지식을 획득할 수 있다는 것을 알았다. 하지만 지식을 통해 얻을 수 있는 성과는 낮아진다. 왜 그런 것일까?

---

12 일의 내용이나 조직 상황에 따라서는 15분이 부족하거나 충분할 수도 있다. 예를 들어, 신입 사원 연수의 일환으로 혼자서 해결하는 능력을 기르고 싶다는 경우 혼자서 하는 시간을 길게 잡는 것이 좋다.

한 명만 배우고 있으면 그 사람의 부분 집합이 된다. 그림은 A와 A에게서만 배운 B의 분야별 지식량을 표현한 것이다.[13] B는 모든 분야에서 A보다 떨어지는 2인자적 존재다.

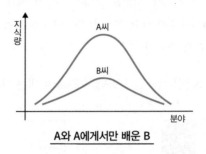

A와 A에게서만 배운 B

조직 내에서 가장 지식이 풍부한 A와 두 번째로 풍부한 B 중 누군가에게 일을 부탁해야 하는 경우 누구를 선택하겠는가? 물론 지식이 풍부한 사람에게 부탁하고 싶다. 그 결과 공헌 기회는 먼저 위에 있는 사람에게 집중되게 된다.

A가 일하는 데 있어 시간은 한정된 자원이다. A에게 일이 집중되면 A는 일을 취사선택해야 한다.[14] A와 B는 하루에 5단위의 시간을 사용할 수 있다고 하자. 일은 3단위의 시간으로 100의 가치가 만들어지는 일 X와, 7단위의 시간으로 100의 가치를 만들어 내는 일 Y가 있다고 하자. A는 어느 쪽 일을 선택할까?

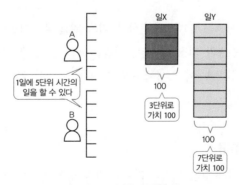

A는 어느 쪽 일을 선택할까?

---

13 이 그림은 6장에서 소개한 '지식 분포도'다. 이 장에서는 지식 분포도의 다양한 버전이 등장한다.
14 '일의 취사선택을 할 수 없다'는 사람도 있을 것이다. 2장에서 소개한 '중요한 것을 먼저하라'(65페이지)를 다시 한 번 읽어 보자.

일 X는 1단위 시간당 약 33의 성과를 만든다. 일 Y는 1단위 시간당 약 14의 성과를 만든다. 당연히 A는 효율이 좋은 일 X를 우선으로 한다. 3단위 시간으로 일 X를 해서 100의 성과를 만들고, 나머지 2단위 시간으로 일 Y를 조금씩 해서 약 29의 성과를 낸다. 이것으로 A가 사용할 수 있는 5단위 시간은 전부 사용했다. 나머지 일은 2인자인 B에게 돌아간다. B는 5단위 시간을 사용해서 효율이 나쁜 일 Y를 하고 약 71의 성과를 만든다.

그러면 두 명이 각각 5단위 시간을 사용해서 만들어 내는 가치를 비교해 보자.

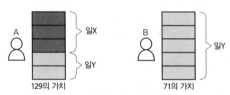

A는 일 X를 우선으로 한다

A는 129, B는 71이다. A는 B보다 80% 정도 많은 가치를 만들어 내고 있다. 여러분이 이들에게 월급을 준다고 하면 당연히 A에게 높은 월급을 지불할 것이다. 눈치챈 사람도 있겠지만, 일 X는 A가 하든 B가 하든 3단위 시간으로 100의 가치가 만들어진다. 즉, 이 문제 설정에서는 A와 B의 능력이 같다. 그럼에도 A가 동일 시간 동안 B보다 80% 높은 성과를 냈다. 왜일까?

A에게 집중된 일은 'A는 B보다 우수하다' 하고 일을 의뢰하는 사람이 인식하고 있기 때문이다. 즉, A의 '가장 잘 아는 사람은 A'라는 입장으로부터 만들어지고 있다. 이 입장에 따라 A에게 일이 집중되고, A는 그 일을 취사선택해서 높은 생산성을 발휘하고 있는 것이다.

■── 탁월성의 추구

지식을 평가로 연결하려면 그 지식 분야에 가장 정통한 사람이 되려고 노력해야 한다. 이 상태를 '탁월'이라고 한다. 탁월이라고 하면 '성장한 결과 최종적으로 탁월해졌다'라고 생각하는 사람도 많을 것이다. 하지만 그렇지 않다. 먼저, 우선순

위에서 탁월해야 성장의 기회를 얻는 것이다.[15]

예를 들어, 선배와 자신의 지식량의 차를 보고 '1등이 되는 것은 무리다'라고 생각할 수도 있다. 이 경우 다음에 소개하는 것이 차별화 전략이 된다. 2인자가 되는 원인은 지식이 완전히 중복돼서다. 이를 의식해서 다른 분야를 찾아야 한다. 선배가 잘 하는 분야에서 선배를 이길 필요가 없다. 선배가 못하는 분야에서 선배보다 잘 하면 된다.

이것은 '6장 누구에게서든 배울 수 있다'(220페이지)에서 본 지식이 적은 사람에게서도 배울 수 있다는 생각과 상반된다. 지식의 절대량이 적어도 차별화하면 타인에게 가르치는 입장이 될 수 있는 것이다.

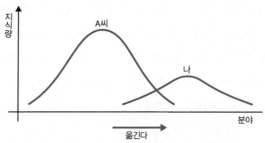

옮겨서 차별화하고 자신이 가장 잘하는 영역을 만든다

교집합을 통한 차별화 전략

탁월은 교집합을 통해서도 만들 수 있다. 예를 들어, 여러분의 부서에서 분야 X에 가장 정통한 사람인 A에 대해 떠올려 보자. 그 사람은 전 세계에서 분야 X에 가장 정통한 사람인가?

---

15 사회생태학자인 드러커(Drucker)는 "자신의 성장을 위해서 가장 우선해야 할 것은, 탁월성의 추구다. 거기서부터 성실과 자신감이 만들어진다"라고 《프로페셔널의 조건》에서 언급했다.

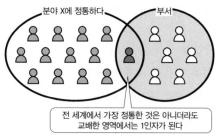

분야와 조직의 교배

전 세계에는 분야 X에 정통한 사람이 많이 있다. A보다 잘 아는 사람이 있을 가능성도 높다. 하지만 이 부서의 멤버이자 이 분야 X에 가장 정통한 사람은 A다. 이처럼 두 집합의 교집합 영역으로 제한하면 비교적 쉽게 일인자가 될 수 있는 것이다.

선택하는 측의 시점을 예로 들어 보자. 집 주변에 몇 개의 식당이 있을 것이다. 그중에서 가장 맛있는 가게인 A에 대해 생각해 보자. 이 식당 A보다 맛있는 가게가 분명 세상에 있을 것이다. 하지만 여러분이 휴일에 점심을 먹으려고 할 때 비행기를 타고 해외로 가는 것은 현실적이지 못하다. 집 주변으로 제한한 보기 중에서 가장 좋은 것을 선택하는 것이다.

■── 쌍봉의 지식

이것과 같은 것이 분야의 교집합에서도 발생한다. 분야 X에 대해 여러분보다 A가 잘 알고, 분야 Y에 대해서는 여러분보다 B가 잘 안다고 하자. 그리고 양쪽을 모두 알고 있는 것은 여러분밖에 없는 상황을 생각해 보자.

A가 보면 여러분은 'X에 대해 대충 알고 있으며 Y에 대해서는 잘 알고 있다'고 보인다. B가 본 여러분은 'Y에 대해 대충 알고 있으며 X에 대해서는 잘 알고 있다'고 보인다.

사람 사이의 커뮤니케이션은 공통적인 지식이 많을수록 원활하게 이루어진다. 커뮤니케이션이 원활한 것만 바란다면 동일한 지식을 가진 동질 집단에 참가하면 된다. 하지만 아이디어는 새로운 결합을 통해 만들어진다. 새로운 결합을 만들어 내길 원한다면 다른 지식을 가진 사람이 모인 곳이 좋다.

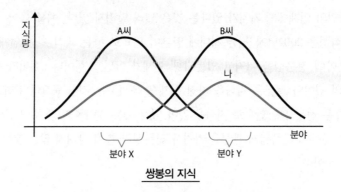

쌍봉의 지식

분야 X와 분야 Y에 걸치는 아이디어를 만들려면 양쪽 분야의 지식을 가지고서 결합을 만들어 내야 한다. 하지만 A와 B는 지식의 중첩이 적으므로 커뮤니케이션이 어렵다. A와 B 모두와 중복되는 지식을 가진 여러분은 어느 쪽이든 쉽게 커뮤니케이션할 수 있다.[16]

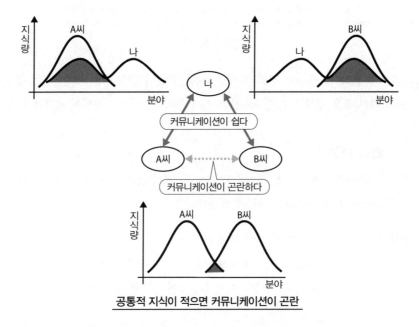

공통적 지식이 적으면 커뮤니케이션이 곤란

---

16 커뮤니케이션이 쉽다는 것을 물리적인 거리로 은유해 보면 의외의 면을 볼 수 있다. 여러분과 A의 거리는 1m
    이고 B상과의 거리가 1m라면 A와 B의 거리는 반드시 2m 이하다. 이것을 삼각부등식이라고 한다. 하지만 지
    식의 유통에 관해서는 A와 B의 거리가 1km 떨어져 있는 상태에서 양쪽과 커뮤니케이션을 할 수 있는 사람이
    사이에 들어오면 거리가 갑자기 가까워지는 것처럼 느낀다. 삼각부등식이 성립하지 않는 것이다.

이런 타입의 인재에게 가치가 있다는 것은 널리 알려져 있다. 예를 들어, 일본의 문부과학성은 2002년에 '지금 시대에 일본이 필요로 하는 과학 기술 인재'로 "하나의 분야에 전문성을 가지고 있는 'I형' 인재가 아닌, T형이나 π형이라 불리는, 전문성의 깊이와 폭넓은 지식을 가진 인재를 육성하는 것이 중요하다"라고 설명했다. 좁은 전문 분야만으로 지식을 깊이 있게 파는 것이 아니라 주변 분야나 전혀 다른 분야에도 폭넓게 관심을 가져서 전문성의 틀에 갇히지 않는 것이 중요하다는 주장이다.[17]

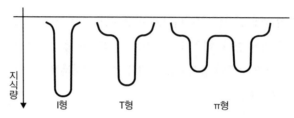

참고: 평성 14년. 과학 기술 진흥에 관련된 연차 보고[1부 1장 2절[1]], 문부과학성
http://www.mext.go.jp/b_menu/hakusho/html/hpbb200301/hpbb200301_2_006.html
I형, T형, π형

시간은 유한하다. 자신의 전문 지식을 더 높이기 위해서는 투자하는 것이 좋을까? 아니면 폭을 넓히기 위해 투자하는 것이 좋을까? 이것을 자세히 생각해 보자.

■── 연속 전문가

조직론 연구자인 린다 그래튼(Lynda Gratton)은 저서 《일의 미래(The Shift)》에서 '연속 전문가(Serial Mastery)'라는 개념을 소개했다.[18]

전문성이 없는 사람은 이직 시에 내세울 것이 없어서 불리하다. 장기 고용 제도가 흔들리고 있는 요즘에는 미래의 이직을 생각해서 전문성을 키워야 한다. 한편, 변화가 심한 시대에는 미래에 어떤 전문성이 인정을 받을지 예측하기가 곤란

---

17 '6장 자신의 내면을 탐색'(192페이지)에서는 특수 자료와 일반 자료를 조합해서 아이디어를 만든다는 영의 개념을 소개했다. 비슷한 주장이다.
18 창업을 해서 어느 정도 성장하면 팔았다가 다시 창업을 하는 기업가를 '연속 기업가(Serial Entrepreneur)'라고 한다. 이 serial도 비슷한 개념으로 사용되고 있다.

하다. 따라서 하나의 전문 분야에 집중하는 것은 위험성이 높다. 얼핏 양립하지 못할 것 같은 두 개의 영역을 어떻게 조절하면 좋을까?

이 질문에 관해 그래튼이 제안한 것은 연속 전문가 전략이다. 특정 분야의 전문성을 보유하고 그 전문성을 이용해서 다른 분야로 진입한다. 그리고 그 분야에서 새로운 전문성을 확보하는 전략이다.

첫 번째 전문성을 통해 탁월함을 인정받고 수확을 얻어서 그것을 두 번째 전문성의 확보에 투자하는 것이다. 즉, 확대재생산 전략과 탁월함을 목표로 하는 전략을 융합한 것이라 할 수 있다.

이것은 특수한 전략이 아니다. 예를 들어, "석사 과정을 마쳤지만, 석사 논문과 관련된 연구는 하지 않고 회사에서 엔지니어로 일하고 있어요" 하는 사람은 이미 이 전략을 채택했다고 볼 수 있다. 대학에서 연구를 통해 첫 번째 전문성을 확보해서 석사 학위를 받고, 그것을 활용해 취업해서 지금은 엔지니어로 활동하고 있다는 것은 두 번째 전문성을 키우고 있는 것이다.

어느 정도의 전문성을 확보한 후 다음 분야로 옮겨 가야 할까? 이것은 여러분이 처한 상황에 따라 달라지므로 일반적으로 말할 수는 없다. '쌍봉의 지식'이 유익한 상황은 어떤 경우였는지 떠올려 보자. 분야 X와 분야 Y의 양쪽 지식이 필요한 경우에서는 한쪽 전문성이 높은 사람보다 양쪽을 가지고 있는 사람은 원하게 되는 것이다.

■── 신입 사원의 전략안

다양한 전략의 구성 요소를 소개했다. 현실의 전략은 이 전략들의 추상적인 구성 요소와 현실의 구체적인 환경을 조합해서 만들어진다. 여기서는 가공된 구체적인 환경에서 전략을 생각해 본다.

여러분은 대학을 졸업해서 올해 소프트웨어 기업의 신입사원으로 입사했다. 그리고 신입사원 연수를 받아야 하는 입장이다. 취업을 하지 않고 프리랜서로 독립한 사람에게는 신입사원 연수를 받을 기회가 없으므로 어떻게 보면 여러분은 기회를 얻은 것이다. 이 입장을 이용해서 효율적으로 지식을 획득하는 것을 목표로 하겠다.

한편 신입사원 연수에서 여러 지식을 골고루 습득했지만, 이것은 아직 낮은 가치만 만들어 낸다. 직장에 있는 모두가 알고 있는 지식으로 차별화를 전혀 만들어 낼 수 없는 것이다. 분야를 옮겨서 탁월성을 목표로 해야 한다.

여기서 연속 전문가 전략을 취한다면 먼저 신입사원 연수를 통하거나 선배를 모방해서 분야 X에 대한 지식을 배워 어느 정도 좋은 평가를 받는다. 그러고 나서 분야 X의 지식을 더 향상시키는 것이 아니라 새로운 분야 Y의 지식을 손에 넣을 수 있도록 투자해야 한다.

새로운 분야 Y의 지식을 손에 넣기 위해서는 다양한 접근법이 있다. 예를 들어, 고령화 사회의 문제를 해결하기 위해 자원봉사 활동에 참가했다고 하자. 자원봉사 멤버들 중에는 소프트웨어를 잘 아는 사람이 없으므로 자신의 소프트웨어 지식을 이용해서 해당 자원봉사 그룹에 공헌할 수 있다. 이것이 탁월성이다.

이 자원봉사 활동을 통해서 고령화 사회의 문제에 대한 지식을 획득할 수 있다. 이것은 사내의 다른 동료가 가지고 있지 않은 지식이다. 만약 사내에서 고령화 사회의 문제에 관해 잘 아는 사람이 필요하다고 할 때 사내에서 탁월한 입장에 서게 되는 것이다.

조직의 경계를 넘나드는 지식의 무역상 전략

앞의 예에서는 여러분이 속한 회사의 사원과 자원봉사 멤버가 지식 교환을 하고 있지 않다. 이런 '지식 흐름의 정체'는 종종 발생한다. 특히, 조직에 벽이 있으면 정보 교류가 방해받기 쉽다.[19]

흐름이 정체돼 있다면 그 흐름을 원만하게 만들기 위해서 경제적인 가치를 동반

---

19 여기서는 조직이 다른 경우의 얘기를 하고 있지만, 지식의 공통점이 적은 경우 대화가 성립하기 어려우므로 동일 조직 내에서도 전문성이 다른 사람 간에는 흐름이 정체되기 쉽다.

한다. 여러 조직에 걸쳐 조직 간 정보 교류를 발생시켜 가치를 만드는 전략이 성립한다.

이것은 무역상과 비슷하다. 무역상은 특정 지역에서 구하기 쉬운 상품을 사서 그 상품을 구하기 어려운 다른 지역에 판다. 이런 물품의 유통을 통해 이익을 올리는 것이다. 동일하게 한쪽 조직에서는 지식을 획득하고 그 지식을 다른 조직으로 날라서 이용하므로 가치를 만들어 내는 것이 지식의 무역상이다.[20]

지식의 무역상을 알고 있으면 지식과 그 영역에 집중하게 된다. 자신이 벽을 관통하는 파이프가 되고 그 파이프를 통해 지식이 흘러가는 모습이다.[21] 하지만 원유 등의 파이프와는 큰 차이가 있다. 지식이 복제될 수 있다는 것이다. 지식이 자신 속을 흐르도록 하면 지식의 복제가 자신 속에서 축적돼서 자신의 가치를 점점 높여 나간다.

이 전략을 사용하는 방법에는 몇 가지가 있다. 사내에서 여러 조직을 연결하는 파이프가 되는 방법, 사외의 지식을 사내에 적용하는 역할을 통해 적극적으로 외부 정보원과 접촉하는 방법, 브랜딩이나 프로모션 목적으로 외부에서 발표하고 그를 통해 사내에서 배운 것을 사외에 전달하는 방법, 그리고 여러 조직에 소속되는 방법 등이 그런 것이다.

여러 조직에 소속되는 것은 달성하기 어렵다고 생각할 수도 있다. 예를 들어, 회사 일로 사외 사람과 연합 팀을 결성해서 공통 프로젝트를 한다고 하자. 이 것은 어떻게 생각하느냐에 따라 무역상이 될 수 있는 기회다. 만약 미온적인 태도로 사내 사람과만 커뮤니케이션한다면 기회를 활용할 수 없다. 반면, 사외 사람과 적극적으로 커뮤니케이션해서 지식 교환을 한다면 무역상으로 가치를 만들 수 있다.

---

20 경영학자 마이클 터시맨(Michael L. Tushman)은 1977년에 조직 안과 밖을 연결해서 정보를 매개하는 사람을 경계 연결자(Boundary Spanners)라고 했다.
    Tushman, M. L. (1977). "Special boundary roles in the innovation process". Administrative science quarterly, 22(4), 587-605.
21 조직 안과 밖을 연결하는 경우나 여러 조직을 연결하는 경우가 있다. 한국어에는 '가교'라는 용어가 있어서 강이나 계곡을 연결하는 존재로 그곳을 사람이 지나간다.

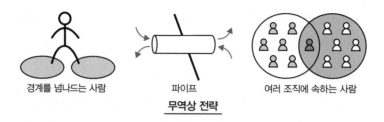

경계를 넘나드는 사람   파이프   여러 조직에 속하는 사람

무역상 전략

다른 형태로, 일과는 별도로 봉사 활동에 참여하는 것도 생각할 수 있다. 이것은 '신입사원의 전략안'에서도 소개한 것이다. 봉사 활동의 관리는 일보다도 어렵다. 월급을 받고 활동한다면 월급을 잃기 싫다는 이유로 다소 불만이 있더라도 참으려고 한다. 한편, 봉사 활동에서는 월급이 아닌 열의로 움직이고 있어서 문제가 발생한 때는 분명하게 드러나기 쉽다. 이것은 좋은 것이다. 프로그래밍 언어에 비유하면 오류 메시지가 제대로 표시되는 언어다. 학습을 효율화하기 위해서는 이상(理想)과 다른 것이 발생하면 바로 발견하는 것이 좋다.

기술 고문 등의 형태로 타사에 대한 컨설팅 서비스를 제공하는 것도 한 가지 방법이다. 이런 종류의 비즈니스를 하는 사람이 자주 하는 고민은 '지식을 출력하는 것에 시간이 너무 걸려서 새로운 입력을 할 시간이 없어진다'는 것이다. '지식'을 '돈'과 교환하는 비즈니스 모델이라면 활동을 통해 돈이 늘지만 지식은 늘지 않는다. 활동을 통해 자신이 지식을 얻을 수 없다면 그 사이에 학습을 계속해 온 사람과 비교해서 불리해지게 된다.

이런 문제를 야기하는 잘못된 멘탈 모델에 대해서도 6장에서 설명했다. 지식이 많은 사람이 적은 사람에게 가르치므로 정보의 흐름이 일방향이라는 멘탈 모델이다. 가르치는 역할과 배우는 역할로 나누는 것이 아니라 상호간에 배움을 주는 형태를 취하는 것이 좋다.

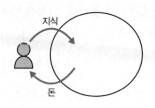

기술 고문의 나쁜 패턴   상호간에 가르치는 좋은 패턴

※ 오른쪽 그림에서는 돈의 흐름이 그려지 않았다. 이것은 '돈을 받지 않는다'라는 뜻이
아니라 '돈의 흐름보다 지식의 흐름이 더 중요하다'라는 뜻이다.

두 가지 패턴의 기술 고문

지식을 창조한다

이 책은 기술평론사 WEB+DB PRESS의 특집 기사인 '엔지니어의 학습법'을 바탕
으로 집필한 것이다. 이 책의 제목이 '엔지니어의 학습법'이 아니라 '프로그래머의
프로그래머에 의한 프로그래머를 위한 지적 생산 기술'이 됐는지를 마지막으로
설명하겠다.[22]

'배운다'고 할 때 암묵적으로 '지식은 자신의 밖에 있는 것으로 그것을 자신 속에
넣는 것이다'라고 생각하지는 않는가? 하지만 자신 밖에 있는 지식, 예를 들어,
교과서에 적힌 지식은 '이미 누군가가 만들어서 유통시킨 지식'이다. 지식은 복제
할 수 있으므로 지식이 유통된 시점에 이미 그 지식을 가지고 있는 사람이 몇 명
이고 생겨난 것이다. 따라서 외부의 지식을 습득하더라도 차별화를 만들어 내기
어려운 것이다.

반면 실제 현장에서 필요에 따라 만들어지는 지식은 유통되지 않고 현장의 상황
에 맞춘 높은 가치의 지식이다. 즉, 지식을 가지고 있는 것이 아니라 새로운 지식
을 만들어 내는 능력이 가치의 원천인 것이다. 구체적인 예를 생각해 보자. 프로그

---

22   내가 집필한 《코딩을 지탱하는 기술(コーディングを支える技術)》이 좋은 반응을 얻어서, 2014년 7월에 《엔지
니어의 학습법(エンジニアの学び方)》을 집필했다. 이 책을 집필하고 있는 지금은 2017년 9월이며, 그동안에도
여러 곳에서 학습법에 대한 워크숍이나 강연을 진행해 와서 생각이 더 다듬어졌다.

래밍 교과서에 적힌 것을 통째로 암기해도 차별화하지 못한다. 상황에 맞게 새로운 프로그램을 만들어 내는 힘이 가치의 원천인 것이다. 당연한 것이다. 이 '만들어 내는 힘이 가치의 원천'이라는 생각은 프로그래밍 이외의 영역에도 적용된다.

만들어 내는 능력이란 어떤 것일까? 어떻게 하면 익힐 수 있는지에 관해 나 스스로도 아직 명확하게 언어화되지 않은 상태다. 하지만 내가 과거에 집필한 서적이나 강연 자료로부터 많은 사람이 새로운 지식을 얻었다는 피드백을 받았다. 따라서 '지식을 창조하는 방법'을 언어화하지 못했지만, '지식을 창조하는 것' 자체는 할 수 있는 것이다. 그렇다면 지식을 창조하는 과정을 상세하게 관찰하면 언어화할 수 있지 않을까? 그렇게 생각하고 여러 실험을 해보았다. 이 책의 집필도 지식을 창조하는 과정의 하나다. 이 과정에서는 예를 들어, 5장의 칼럼 '메모하기 법의 실제 예'(155페이지)에서 소개한 것처럼 서로 다른 영역의 지식 간에 새로운 결합이 만들어지는 현상 등이 관찰됐다.

이 실험도 거의 마무리 단계에 있다. 가치가 있는 지식을 창조할 수 있고, 이 책을 통해 여러분에게 전달하고 있다. 이것이 여러분 속에 뿌리를 내려서 지적 생산을 도울 수 있기를 기도해 본다. 내게 있어서는 이것이 목표가 아닌 새로운 시작으로서 이 책의 출판 후 5년, 10년이 지났을 때 어떤 일이 벌어질지 두근거리는 심정으로 기대하고 있다.

찾아보기